PIPELINE DE DESEMPENHO

STEPHEN DROTTER
coautor de *Pipeline de liderança*

PIPELINE DE DESEMPENHO

Como atingir o desempenho certo em qualquer nível de liderança

Tradução
Leonardo Abramowicz

ALTA BOOKS
EDITORA
Rio de Janeiro, 2018

Pipeline de Desempenho — Como atingir o desempenho certo em qualquer nível de liderança
Copyright © 2018 da Starlin Alta Editora e Consultoria Eireli. ISBN: 978-85-508-0254-1

Translated from original The Performance Pipeline. Copyright © 2010 by John Wiley & Sons, Inc. ISBN 978-04-708-7728-9. This translation is published and sold by permission of John Wiley & Sons, Inc., the owner of all rights to publish and sell the same. PORTUGUESE language edition published by Starlin Alta Editora e Consultoria Eireli, Copyright © 2018 by Starlin Alta Editora e Consultoria Eireli.

A editora não se responsabiliza pelo conteúdo da obra, formulada exclusivamente pelo(s) autor(es).

Marcas Registradas: Todos os termos mencionados e reconhecidos como Marca Registrada e/ou Comercial são de responsabilidade de seus proprietários. A editora informa não estar associada a nenhum produto e/ou fornecedor apresentado no livro.

Impresso no Brasil.

Obra disponível para venda corporativa e/ou personalizada. Para mais informações, fale com projetos@altabooks.com.br

---

Tradução
Leonardo Abramowicz

Copidesque
Shirley Lima da Silva Braz

Editoração Eletrônica
Estúdio Castellani

Revisão
Mariflor Brenlla Rial Rocha | Edna Rocha

Produção Editorial
Elsevier Editora - CNPJ: 42.546.531./0001-24

Erratas e arquivos de apoio: No site da editora relatamos, com a devida correção, qualquer erro encontrado em nossos livros, bem como disponibilizamos arquivos de apoio se aplicáveis à obra em questão.

Acesse o site www.altabooks.com.br e procure pelo título do livro desejado para ter acesso às erratas, aos arquivos de apoio e/ou a outros conteúdos aplicáveis à obra.

Suporte Técnico: A obra é comercializada na forma em que está, sem direito a suporte técnico ou orientação pessoal/exclusiva ao leitor.

A editora não se responsabiliza pela manutenção, atualização e idioma dos sites referidos pelos autores nesta obra.

CIP-Brasil. Catalogação na fonte
Sindicato Nacional dos Editores de Livros, RJ

D853p

Drotter, Stephen J.
Pipeline de desempenho : como atingir o desempenho certo em qualquer nível de liderança / Stephen Drotter; tradução Leonardo Abramowicz. – Rio de Janeiro: Alta Books, 2018.

Tradução de: The performance pipeline
Inclui índice
ISBN: 978-85-508-0254-1

1. Liderança. 2. Desempenho. 3. Administração. 4. Comportamento organizacional. I. Título.

11-6054.

CDD: 658.4092
CDU: 005.322:316.46

Rua Viúva Cláudio, 291 — Bairro Industrial do Jacaré
CEP: 20970-031 — Rio de Janeiro - RJ
Tels.: (21) 3278-8069 / 3278-8419
www.altabooks.com.br — altabooks@altabooks.com.br
www.facebook.com/altabooks

*Para Lynn, Stephanie e Eric.
A família é tudo!*

Agradecimentos

Muitas pessoas me ajudaram neste livro de várias maneiras diferentes. Embora seja impossível prestar reconhecimento individualmente a todos que contribuíram para meu aprendizado, algumas contribuições especiais foram feitas pelas seguintes pessoas:

Eric Drotter forneceu insights importantes e críticas sinceras que me ajudaram a pegar o caminho correto no início e permanecer nele até o fim.

Bruce Wexler foi inestimável em seu apoio editorial, discutindo o conteúdo e o estilo ao mesmo tempo que fazia a história fluir mais naturalmente.

Peter Burrow expandiu minha base de conhecimentos em neurociência e foi um colaborador importante na abordagem do modelo de transição de camada hierárquica.

Ram Charam me encorajou e incentivou-me a escrever outro livro, da mesma forma que ele fizera com o *Pipeline de liderança*.

Minha rede de profissionais continuamente me procura com questões e oportunidades de aplicação, enquanto elaboram seus pipelines de desempenho. Tom Flanagan, Barry Venter, Terry Gilliam, Peter Ivanoff, David Burrell, Greg Waldron e Craig Mudge foram fundamentais para fazer avançar este trabalho.

O Grupo de Usuários do Pipeline tem sido uma fonte de energia e de feedback útil para mim e para os participantes. Sua disposição em compartilhar e debater tem sido de grande valor para o aprendizado. Dentre os membros mais antigos, estão Matt McGuire, do Cancer Treatment Centers of America, Abby Curnow-Chavez, da Newmont Mining, Zelia Soares, da Murray & Roberts, David Daines e Denice Allen, da Nu Skin,

Sarah Robinson, da Coca-Cola Hellenic, Kjetil Kristiansen, da Aker Solutions, Joanne Best, da QR National, e Samantha Wasserman.

Como sempre, as companhias que me convidaram para trabalhar em seus desafios e oportunidades deram grande impulso para o aprendizado. Não há substituto para a possibilidade de entrar em detalhes sobre como os negócios e as empresas trabalham em cada nível hierárquico e do que é preciso para se adaptar às condições de mercado em mudança e à evolução das exigências das estratégias de negócio. Sem essas experiências, não teria existido este livro. O aprendizado continua a cada novo desafio.

Finalmente, Barbara Kostka trabalhou incansavelmente por dias, noites e fins de semana para deixar o manuscrito de uma forma apresentável.

O Autor

Stephen Drotter é o CEO da Drotter Human Resources, uma companhia de planejamento de sucessão de executivos, desempenho de liderança e desenho organizacional, que atende a uma grande base de clientes globais. Ele completou mais de 40 planos de sucessão de CEOs de empresas para corporações como Citigroup, Goodyear, Marriott, Coca-Cola Hellenic, Ingersoll-Rand, Newmont Mining, DeBeers e Cancer Treatment Centers of America. Avaliações em profundidade de mais de 1.400 executivos seniores e o projeto de 40 estruturas organizacionais de grandes corporações geraram boa parte das informações para este livro. Steve trabalhou pelo menos uma semana com mais de uma centena de corporações importantes. Tem mais de 45 anos de experiência em organização e gestão.

Atuando como profissional de organização e gestão na GE, Steve foi um dos primeiros a conceber e implementar o sistema de planejamento de sucessão da GE. Como Chefe de Recursos Humanos, primeiro na INA (atualmente Cigna) e depois no Chase Manhattan, trabalhou na sucessão de executivos, no desenvolvimento e desempenho de lideranças e no desenho organizacional. Ele foi membro do Comitê de Políticas em ambas as companhias.

Steve é coautor de *Pipeline de liderança: o desenvolvimento de líderes como diferencial competitivo* e *The Succession Planning Handbook for the Chief Executive*. Ele é formado em economia pela Amherst College e concluiu o Programa de Recursos Hu-manos da GE.

Steve pode ser contatado pelo e-mail SJDrotter@ail.com.

Prefácio

Está cada vez mais claro para mim que os líderes em todos os lugares cometem sempre o mesmo erro fundamental: atuam no nível hierárquico errado. Em outras palavras, produzem pessoalmente os resultados que deveriam ser gerados em níveis hierárquicos subalternos. Esse erro é facilmente observável em todos os grandes setores de atividade empresarial ao redor do mundo. Vejo, com grande frequência, líderes desperdiçando boa parte de seu tempo resolvendo pessoalmente os problemas de hoje, e não dedicando tempo suficiente para a antecipação e o planejamento do futuro ou para o desenvolvimento de seu pessoal. O desempenho nos negócios é afetado porque os líderes não estão preparados para os novos desafios inevitáveis. *Pipeline de desempenho* aborda esse problema antigo definindo o propósito de cada camada hierárquica da organização e os resultados específicos exigidos dos líderes nessas camadas para assegurar o sucesso dos negócios em curto e longo prazo. Além disso, para que o pessoal que atua em níveis hierárquicos inferiores tenha sucesso, os líderes precisam delegar as atividades necessárias para eles se desenvolverem. Esse tema também é tratado aqui.

Este livro revela como o trabalho deve fluir de cima para baixo e define os resultados que cada camada hierárquica deve produzir, assim como o que cada uma delas deve delegar para permitir o sucesso de seu pessoal subordinado. Ao longo dos últimos 40 anos, trabalhei por pelo menos uma semana com mais de 100 companhias em cinco continentes, avaliei mais de 1.400 líderes, completei mais de 40 planos de sucessão de CEOs e conduzi várias centenas de entrevistas de trabalho (concebidas para entender em que os líderes atuam de verdade). Este livro se baseia naquilo que observei, aprendi e pratiquei. Sua premissa, nascida de minha experiência, é que os líderes se desenvolvem melhor quando buscam os resultados corretos para seu nível de liderança. Contrariamente a outras escolas de pensamento, descobri que o foco no comportamento tem algum valor, mas não produz o desenvolvimento necessário, pois o novo comportamento costuma ser aplicado no trabalho errado.

Há 10 anos, foi publicado o livro *Pipeline de liderança*, do qual fui um dos autores. A introdução de um novo sistema e uma nova linguagem mudou a discussão sobre o desenvolvimento da liderança e o planejamento da sucessão. Atualmente, *Pipeline de liderança* é aceito e conhecido em todo o mundo. Uma ideia fundamental contida nesse livro, e que lhe acrescentou um valor específico, é que as transições de uma camada hierárquica da organização para a seguinte são eventos importantes que demandam mudanças na capacitação, valores de trabalho e horizontes de tempo. Tenho sido constantemente solicitado por líderes em todos os níveis dentro das empresas para ajudar a enfrentar essas transições. No livro *Pipeline de desempenho*, procuro abordar esses desafios na transição com base nesses 10 anos de aprendizado e prática na gestão da transição. O fato de conhecer os resultados específicos exigidos em cada nível hierárquico ajuda a entender com maior precisão o que essas transições significam para a empresa e para o líder.

Pipeline de desempenho aborda três necessidades fundamentais para as empresas:

1. Como melhorar o desempenho da companhia definindo o propósito específico de cada camada hierárquica da organização e propiciando clareza e foco sobre os resultados a serem alcançados. O pipeline de desempenho faz exatamente isso.
2. Como propiciar que todos os líderes da empresa tenham sucesso, fazendo os gestores das diversas camadas da organização delegarem as atividades necessárias para esse êxito dos líderes de níveis hierarquicamente inferiores.
3. Como ajudar os líderes a fazerem a transição para um novo nível hierárquico e como remover os obstáculos ao desempenho para que os gestores consigam produzir os resultados exigidos nesse novo nível.

Meu objetivo mais amplo com este livro é ajudar os líderes na obtenção dos resultados necessários dentro do atual ambiente empresarial altamente incerto. A chave para isso é entender o trabalho dos líderes como *resultados* a serem alcançados nas áreas de finanças/operações, liderança, gestão, relacionamentos e inovação, e não um conjunto de *comportamentos*. Outro objetivo importante é analisar o problema do líder atuando no nível hierárquico incorreto, que, conforme descrevi, se trata de uma questão universal.

Considerando a crescente importância e a dificuldade de se alcançarem os resultados esperados por todas as empresas, espero que você considere este livro útil e oportuno.

Carlsbad, Califórnia
Stephen J. Drotter
julho de 2011

Sumário

Prefácio — xi

Parte I O Conceito de Pipeline de Desempenho
Introdução: Lidando com a incerteza generalizada — 3
1 Definindo seu Pipeline de Desempenho — 21

Parte II Resultados Esperados em Cada Nível de Liderança
2 CEO da Empresa: *Perpetuando a empresa* — 43
3 Gestores de Grupo: *Carteira de negócios* — 65
4 Gestores de Negócio: *Lucro de curto e longo prazo* — 85
5 Gestores de Função: *Vantagem competitiva* — 103
6 Gestores de Gerentes: *Produtividade* — 117
7 Gestores de Outros: *Os que possibilitam* — 133
8 Autogestores: *Fornecendo produtos e serviços* — 157

Parte III Implementação bem-sucedida do Pipeline de Desempenho
9 Criando um Contexto para o Desempenho — 181
10 Permitindo Transições de Camadas Hierárquicas — 201
11 Implementando seu Pipeline de Desempenho — 221
Ferramenta 1: Pipeline de Desempenho Real da Companhia E — 235
Ferramenta 2: Questionário para Entrevistas — 253

Índice — 257

Parte I

O Conceito de Pipeline de Desempenho

Introdução

Lidando com a incerteza generalizada

Embora pudéssemos considerar que o Pipeline de Desempenho já teria ajudado as organizações 10 anos atrás, os eventos e as tendências atuais o tornam ainda mais útil nos dias de hoje. Vamos começar examinando como um ambiente incerto e em rápida mudança conduz as organizações rumo ao modelo do Pipeline de Desempenho.

Atualmente, entramos em um período de grande confusão e volatilidade para as empresas e seus líderes. Os executivos em todos os níveis hierárquicos precisam apresentar resultados sob condições difíceis e em constante mudança. Deparamos com incertezas em uma ampla variedade de assuntos, incluindo:

- A velocidade e a natureza da recuperação da Crise Econômica Mundial.
- A viabilidade econômica de clientes e fornecedores importantes.
- A mudança no equilíbrio do poder econômico.
- Mudanças nos gastos dos consumidores.
- Onde e como investir capital.
- Encontrar as habilidades necessárias na mão de obra disponível.
- As consequências das decisões governamentais sobre cobrança de impostos e regulamentação.
- Preços de commodities e de recursos escassos.

Todas juntas, essas e outras incertezas externas colocam os líderes de todos os níveis hierárquicos sob grande estresse e as empresas em situação de alto risco.

Ao mesmo tempo, as companhias vivem grandes incertezas internas sobre capacidade da organização, eficácia da liderança, alinhamento das prioridades, capacidade de realizar o trabalho, cumprimento das leis, entre outros. Embora essas incertezas sempre tenham existido, elas se tornam menos toleráveis em um ambiente econômico mais difícil. Não podemos mais aceitar líderes que não trabalhem na definição do futuro, não atuem em colaboração com o restante da organização, não saibam o que seu pessoal está fazendo ou não desenvolvam profissionalmente seus subordinados ou a si mesmos. Em um ambiente externo altamente incerto, devemos concentrar todos os esforços no sentido de construir mais certezas em nosso ambiente interno, na capacidade de desempenho da organização. Semelhante ao violinista que precisa conhecer como seu instrumento reagirá quando tocado mais rapidamente ou mais lentamente, com mais pressão ou menos pressão, precisamos saber o que nossas organizações farão em caso de mudança de estratégia, alteração das condições operacionais ou mudança das necessidades dos clientes. Precisamos ter certeza de que nossos líderes conseguirão enfrentar os novos desafios. Sem uma arquitetura de desempenho que defina exatamente o que cada líder em todos os níveis hierárquicos precisa produzir para a empresa, todas essas mudanças e incertezas pegarão as companhias de surpresa. Esse é um dos motivos de o Pipeline de Desempenho ser uma ferramenta tão oportuna.

As drásticas mudanças na economia mundial complicam as coisas

Durante os anos de boom econômico, houve espaço para o erro e a ineficiência. As empresas cresceram e ganharam dinheiro apesar de suas deficiências. Alimentada pelo forte crescimento da Índia, da China e de outros países em desenvolvimento, assim como pela demanda insaciável do consumidor, que possibilitou um consumo sem precedentes no mundo desenvolvido, a economia global se expandiu. Havia vencedores em todos os setores econômicos e os problemas estruturais internos ficaram escondidos pelo crescimento lucrativo. Então, de repente, isso acabou; a economia entrou em colapso. A Crise Financeira Global afetou todas as empresas. Cortes de pessoal, terceirização e, em alguns casos, falência passaram a ser a ordem do dia para as empresas de todo o mundo. Foi necessário tomar algumas ações drásticas, e fazer escolhas dolorosas. O principal motivador para o esforço da liderança passou a ser a sobrevivência (e continua sendo no momento em que escrevo estas linhas).

À medida que, lentamente, saímos da recessão, enfrentamos muitas questões críticas e as incertezas parecem ser ainda maiores. Com que velocidade ocorrerá a recuperação? Como nossa estratégia deve mudar em função da incerteza? Com que rapidez as empresas devem recompor os estoques? Quando devemos começar a contratar e quantas pessoas devem ser trazidas para a folha de pagamento? Onde conseguiremos o capital necessário para os investimentos? Onde devemos investir e com que rapidez? Quais serão as mudanças prováveis na previdência e nos impostos e como devemos reagir?

Em consequência direta da incerteza exemplificada por essas questões, o trabalho de cada líder ficou ainda mais difícil. Sob esse tipo de pressão, os líderes em todos os níveis hierárquicos passaram a se concentrar mais no curto prazo e a reagir apenas quando precisavam antecipar e planejar rigorosamente.

Com os líderes enfrentando esses desafios vindos de fora, é preciso contar com novas soluções e muito mais alinhamento e flexibilidade dentro de suas empresas para se certificar de que consigam responder com eficácia. Não faz sentido algum retrogir para práticas antigas que foram desenvolvidas para enfrentar um conjunto de condições empresariais muito diferentes. Os líderes em qualquer nível hierárquico precisam pensar de forma mais abrangente, encontrar novos métodos, propiciar uma clareza maior e permitir um foco mais aguçado. São estas as ideias que devem passar a direcionar os líderes em todos os níveis. O fornecimento de resultados certos, no momento certo e da maneira correta, precisa ser prioritário e, para isso, são necessárias novas práticas e ferramentas. Precisamos fazer uma mudança fundamental nas práticas fundamentais da liderança se pretendemos ter sucesso nesse ambiente incerto. Conforme veremos no livro, o modelo do Pipeline torna possível essa mudança.

Quatro imperativos

Gostaria de focar sua atenção nos quatro imperativos fundamentais para os líderes em nosso ambiente atual de negócios. Esses imperativos se encaixam com as mudanças radicais que varrem as organizações nos dias de hoje; o Pipeline de Desempenho possibilita atender a esses imperativos. Antes de estudar como o Pipeline faz isso, vamos analisar os quatro imperativos e por que devem ser atendidos.

1. Pensar mais, aprender mais

Pensar sobre o desempenho atual e o direcionamento futuro de seu negócio ou função deve incluir as principais tendências econômicas, os eventos políticos mundiais, as flutuações da moeda, novos concorrentes, a melhor prática global, a tecnologia em rápida evolução que muda a forma de trabalhar, as preferências dos consumidores em muitos países, e assim por diante. As necessidades específicas associadas a seus produtos, clientes, fornecedores, concorrentes, prováveis novos participantes no mercado e sua mão de obra mudam *a forma como* você olha para o mundo (e não se você deve ou não olhar para isso). Todos nós estamos diante da necessidade de considerar um conjunto mais amplo de variáveis. Aprender sobre o mundo à nossa volta requer dedicação diária de tempo.

Felizmente, temos computadores e a internet para nos ajudar com o fluxo de informações. Embora não possamos confiar nelas implicitamente, há muitas informações no ciberespaço. Porém, antes de tomar decisões, essas informações precisam ser validadas por experiência própria, observações pessoais e dados de fontes confiáveis. Também devemos pensar cuidadosamente sobre o que significam essas informações ao ficarmos satisfeitos com sua validade, pois o contexto em que trabalhamos mudou.

Pensar toma tempo. Quanto maior o número de variáveis que considerarmos, mais tempo precisaremos para pensar. Como você certamente já está ciente, os líderes não dispõem de muito tempo para pensar. O cotidiano é composto por reuniões de manhã até de noite, uma centena ou mais de e-mails por dia, mensagens de voz, demandas da família e viagens. Nessas condições, é difícil pensar em profundidade e refletir. Somos pegos pela "armadilha do excesso de atividades" e, assim, deixamos de pensar e aprender.

O Primeiro Imperativo: *Todo líder deve utilizar diariamente de 30 minutos a uma hora ou mais em reflexão ininterrupta.*

2. Novos métodos para quase tudo

Não é exagero dizer que muitas empresas precisam de métodos novos para quase tudo que fazem – um ambiente em rápida mudança demanda isso. Infelizmente, a maioria das companhias é mais eficiente em esmagar as novas ideias do que em encorajá-las. Pense no que aconteceu com sua última boa ideia na empresa. Já passou quanto tempo desde que você a teve? Como ela foi recebida? Qual foi o resultado? Como você se sente ao propor mais uma ideia nova?

Em meio a todo o caos que existe na maioria das empresas, as novas ideias geralmente não são ouvidas. Nas reuniões de estratégia e orçamento, vozes poderosas defendem o *status quo*. Não há tempo suficiente para o pensamento criativo e, mesmo quando existe esse tempo, a cultura ou a gestão acabam rejeitando o risco que vem com o "novo". Assim, fazemos as mesmas velhas coisas, só que talvez de uma forma um pouco mais barata ou um pouco mais rápida. É muito mais fácil continuar fazendo aquilo que fizemos ontem.

O Segundo Imperativo: *Todos precisam inovar como uma parte natural e esperada da rotina diária.*

3. Clareza de papel e propósito

Quando as pessoas se apresentam para o trabalho, precisam saber o que se espera delas, para quando é o resultado, qual deve ser o custo e quais padrões precisam ser atendidos. Todos precisam conhecer essas variáveis. As práticas de gestão utilizadas atualmente não fornecem clareza sobre as funções. Na verdade, muitas das práticas atuais confundem, ao invés de esclarecer.

Embora os balanced scorecards* sejam sistemas valiosos para direcionar e medir o desempenho de equipes ou dos negócios, eles não dizem para os indivíduos qual é o objetivo de seu trabalho e, em geral, silenciam sobre o trabalho da liderança. A estratégia tem importância fundamental para a empresa, mas geralmente não penetra de forma natural até os níveis hierárquicos mais baixos. A estratégia precisa ser traduzida de cima para baixo, camada por camada, mas raramente isso acontece. As camadas hierárquicas inferiores ficam com a responsabilidade de interpretar quais deveriam ser suas contribuições. Vários estudos recentes sobre esse assunto concluíram que os empregados em níveis inferiores acabam continuando a fazer aquilo que vinham fazendo, mesmo quando não se encaixa na estratégia. As metas e os indicadores-chave de desempenho (KPIs – Key Performance Indicators) tendem a se concentrar em questões operacionais ou financeiras. Eles são ótimos até onde chegam, porém aspectos mais simples do trabalho de liderança acabam ficando fora da lista.

Os programas para desenvolvimento de líderes nas empresas são concebidos em caráter genérico e se concentram na cidadania empresarial. Eles não ajudam muito no esclarecimento do papel e propósito de um trabalho individual. Raramente se ensina como fazer seu trabalho específico.

O Terceiro Imperativo: *Os líderes devem fornecer clareza e propósito sobre o verdadeiro papel de cada empregado.*

4. Foco em propiciar valor

Os líderes que ficam presos o dia todo em reuniões, que passam o tempo "atuando diretamente na produção" e que trabalham no nível hierárquico de onde vieram, ou até mais abaixo, e não no estrato para o qual foram designados, não adicionam valor suficiente. Eles não conseguem envolver-se apropriadamente com seu pessoal. Consequentemente, com muita frequência as prioridades não ficam claras ou não existem para suas equipes. Falta

---

* *Nota do Tradutor*: Sistema de medição e gerenciamento de desempenho desenvolvido pelos professores Robert Kaplan e Davis Norton, da Harvard Business School.

o foco apropriado para propiciar os resultados certos no momento certo e da maneira certa. Questões estranhas ou apenas urgentes substituem o trabalho importante. Empregados bem-intencionados e motivados fazem o que pensam ser correto, mas isso, em geral, fica desconectado daquilo que realmente adiciona valor.

O tráfego eletrônico (e-mail, correio de voz, mensagens instantâneas e semelhantes) proporciona velocidade para a comunicação. Mas também destrói a concentração e o foco. Nossa vida, tanto no trabalho quanto em casa, é invadida por essas intromissões eletrônicas. Parece que qualquer mensagem eletrônica ou ligação telefônica é mais importante do que aquilo que acontece frente a frente ou aquilo que você esteja fazendo. Nunca foi mais difícil concentrar-se por um período de tempo maior do que agora. Também parece que a comunicação entre os líderes e seu pessoal nunca foi pior.

Algumas ferramentas de gestão e programas de Recursos Humanos altamente considerados acabam fazendo o foco ser na atividade, e não nos resultados. Os modelos de competência são amplamente utilizados e aceitos. Em sua forma original, são concebidos para explicar como classes específicas de trabalho devem alcançar resultados específicos em circunstâncias específicas. Agora eles são geralmente aplicados a todas as classes de trabalho e estão completamente desconectados dos resultados em circunstâncias específicas.

O Quarto Imperativo: *Os líderes precisam criar um ambiente no qual se alcance um foco adequado.*

O conceito de Pipeline de Desempenho

Para responder a esses quatro imperativos, você não precisa de um programa oneroso de "gestão de mudança" ou de um novo CEO. Na verdade, basta uma arquitetura do topo até a base que distribua a responsabilidade por camada hierárquica e defina como o trabalho flui para baixo até o nível apropriado. Essa arquitetura, chamada Pipeline de Desempenho, foi desenvolvida para ajudar os líderes a aumentar o tempo de reflexão, incentivar a inovação, propiciar clareza e permitir foco.

O Pipeline de Desempenho é baseado nas seguintes ideias:

- Cada camada hierárquica tem um propósito específico.
- Cada camada hierárquica fornece resultados específicos.
- Cada camada hierárquica contribui para o sucesso das camadas inferiores.
- Todas as camadas hierárquicas estão interligadas, sem lacunas ou sobreposições.

Traduzido em uma forma visual, o modelo do Pipeline de Desempenho para uma grande empresa se parece com o esquema da Figura I.1.

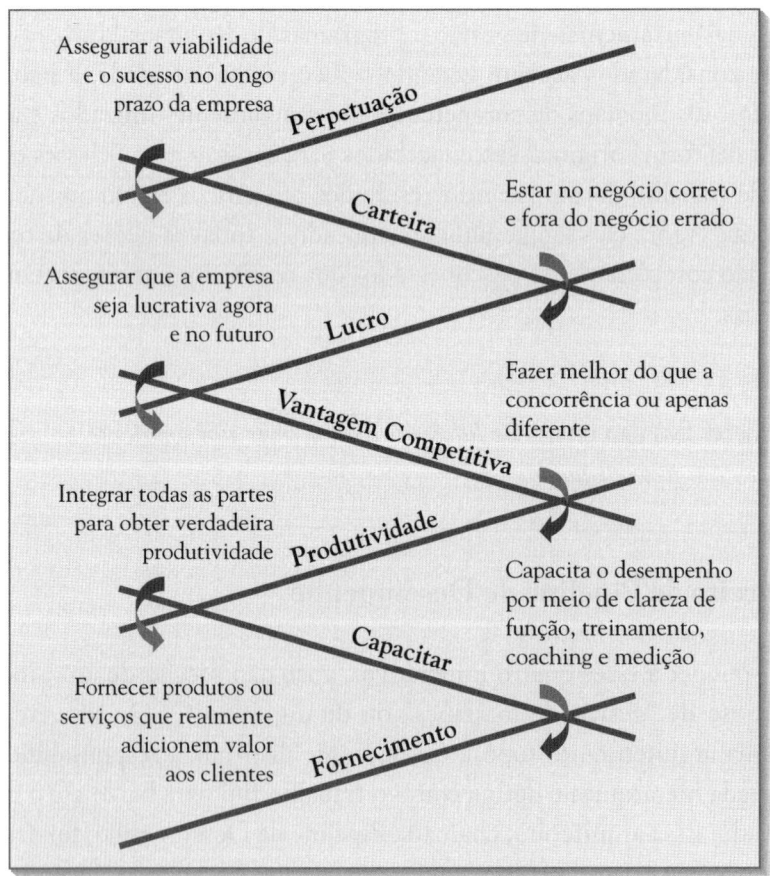

Figura I.1 O Modelo do Pipeline de Desempenho

Vamos agora examinar cada "segmento" do Pipeline de Desempenho. Tenho consciência de que algumas das observações seguintes podem parecer óbvias; tenha em mente que o valor do Pipeline é como ele concentra a atenção nos resultados de cada camada hierárquica, e na interligação das camadas. O Pipeline fornece um quadro completo para tornar a empresa toda eficiente e eficaz. Após a breve descrição de cada camada a seguir, estaremos em melhores condições de discutir o valor do Pipeline para as organizações e ver como ele funciona.

A pessoa no nível hierárquico mais alto é a responsável por definir como a empresa será no futuro em longo prazo. Ela recolhe informações de grandes grupos de clientes, parceiros externos, associados e governos. Ela toma decisões sobre demandas futuras com base em uma previsão sobre a situação futura no mundo, no mercado e no setor de atividade. Ela também decide como deverá ser a arquitetura interna. Essas decisões são expressas através de uma *estrutura estratégica corporativa*. As definições de visão, missão e valores geralmente estão incluídas.

A camada hierárquica exatamente abaixo utiliza a estrutura estratégica corporativa como base para avaliar a adequação e a viabilidade em longo prazo do negócio atual e áreas prováveis de exploração de novos negócios. Nela, define-se uma *estratégia de carteira*, possibilitada por um plano de investimento e um plano de sucessão.

A próxima camada abaixo produz uma *estratégia de negócio* e proporciona um lucro de curto e longo prazo baseado em sua posição na carteira e no capital disponibilizado. Essa camada monta uma equipe multifuncional e leva a equipe a trabalhar em conjunto.

Utilizando a estratégia de negócio como diretriz, o nível hierárquico abaixo determina como obter vantagem competitiva para a empresa mediante o esforço da função que coordenam. Uma *capacidade funcional* (pessoal, métodos e parcerias) apropriada é adquirida e instalada.

A próxima camada utiliza a capacidade na função para gerar produtividade, gestão profissional e fluxo de informações, mantendo todos dentro dos padrões e assegurando a existência de vantagem competitiva. Um *plano operacional* identifica as ações a serem tomadas.

Dentro do contexto do plano operacional, o nível hierárquico abaixo fornece *papéis claramente definidos*, *pessoal treinado*, *feedback* e *coaching* para permitir a produção.

No nível mais baixo, os colaboradores individuais fornecem projetos, produtos, vendas, distribuição e os serviços e apoio para todas essas atividades, de acordo com o cronograma e os padrões estabelecidos por seu líder.

Agora, tendo em mente todos esses elementos fundamentais, pense se sua organização preenche todas as condições, camada por camada. Em outras palavras, ela traduz a estratégia em papéis e responsabilidades específicas para cada camada hierárquica, e tenta coordenar o trabalho e os resultados para que lacunas e sobreposições entre os diversos níveis sejam minimizadas?

Como o Pipeline de Liderança produziu o Pipeline de Desempenho

O modelo do Pipeline de Liderança (Figura I.2) tem sido utilizado em muitas companhias, incluindo Johnson & Johnson, Marriott, IBM, Microsoft, Gap, Newmont Mining e Citigroup nos Estados Unidos; British American Tobacco, Aker Solutions e Coca-Cola Hellenic na Europa; Westpac, BHP e QR National na Austrália; e De Beers, Sasol e Murray & Roberts na África do Sul. O Pipeline da Liderança apresenta um modelo para analisar o trabalho da liderança e o desenvolvimento de carreira. A cada passagem, são exigidas mudanças importantes nas habilidades, uso do tempo e valores de trabalho, porque os resultados exigidos mudam e o horizonte de tempo se estende ainda mais para o futuro.

Meu trabalho com essas organizações, e muitas outras, além de ajudar a esclarecer minha forma de pensar sobre o Pipeline da Liderança, demonstrou a necessidade de uma arquitetura da companhia que ajude cada empresa a definir os resultados requeridos em cada nível hierárquico e fornecer uma base para a transição do conceito para uma ferramenta útil. A definição dos resultados requeridos por nível hierárquico fornece um sentido e uma utilidade adicionais para o Pipeline da Liderança. Tanto a orientação profissional quanto o planejamento para o desenvolvimento, o planejamento da sucessão e a sequência de trabalhos ganham sentido mais profundo quando os resultados requeridos são identificados. Ambos os conceitos funcionam lado a lado. Ao definir os resultados requeridos e o fluxo das exigências do topo até a base (Pipeline de Desempenho) e o fluxo para cima das carreiras de liderança (Pipeline da Liderança), as organizações conseguem

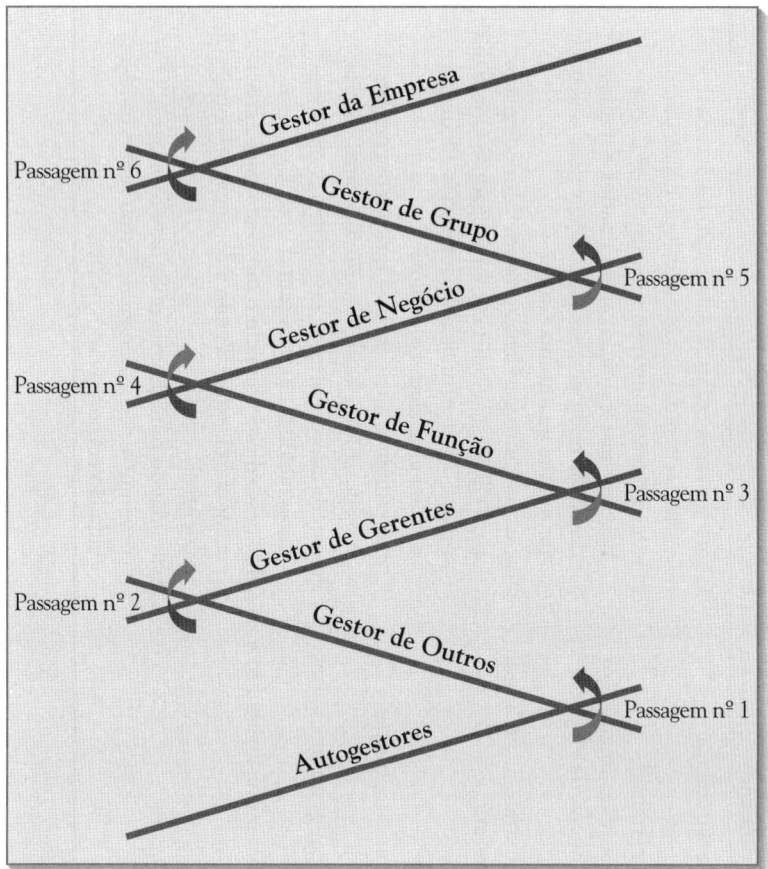

Figura I.2 O Modelo do Pipeline de Liderança

fundamentar o desenvolvimento e o desempenho nas necessidades críticas dos negócios.

Na Tabela I.1, os dois Pipelines são misturados. Desse ponto em diante, utilizarei a terminologia do Pipeline da Liderança para cada nível hierárquico – olhando a Figura I.2 e a Tabela I.1, você rapidamente se familiarizará com os principais termos.

Estudo de caso para o Pipeline de Desempenho

Toda vez que estamos diante de um novo modelo, a questão é sempre avaliar se a implementação vale a pena. Sempre há uma curva de aprendizado para

Tabela I.1 O Pipeline da Liderança com o Pipeline de Desempenho

Pipeline da Liderança: Passagem	Pipeline de Desempenho: Propósito Empresarial/Contribuição	Foco
Gestor da Empresa	Perpetuar a empresa/Estrutura estratégica da empresa	Como será essa empresa daqui a 20 ou 50 anos? Como obteremos os recursos que necessitamos?
Gestor de Grupo	Carteira correta/Estratégia da carteira; diferenciação estratégica por investimento por negócio; sucessão do gestor geral da empresa	Nós temos o conjunto certo de negócios? O que deve ser acrescentado ou eliminado? Estamos desenvolvendo pessoas para dirigir nossos negócios tanto hoje quanto no futuro?
Gestor de Negócio	Lucro de curto e longo prazo/Estratégia incluindo produtos, mercados, clientes etc.	Nossos produtos/serviços agregam valor adequado para clientes, acionistas e empregados? Como deve mudar nossa estratégia se quisermos adequar a carteira e agregar mais valor?
Gestor de Função	Vantagem competitiva/Excelência na função	Como podemos atuar melhor que os concorrentes? Nós possuímos a capacitação funcional correta?
Gestor de Gerentes	Produtividade/Integração e foco; gestores capazes	Possuo os líderes corretos e os melhores processos? Eles trabalham em conjunto?
Gestor de Outros	Possibilitar o fornecimento/Clareza na atribuição e no coaching	Meu pessoal está treinado e motivado para agregar valor aos clientes? Tenho a composição correta de talentos?
Autogestores (Colaborador Individual)	Fornecimento/Satisfação do cliente	Estou dando o melhor de mim para fornecer o produto/serviço adequado? Estou sendo um bom cidadão corporativo?

subir. Sempre há os céticos para convencer. Em minha implementação dos conceitos do Pipeline de Desempenho em organizações de todo o mundo, constatei que a utilização do Pipeline é muito vantajosa. Os benefícios não são incrementais ou limitados a uma área. Daquilo que observei e do que pude ouvir mais tarde de líderes dessas empresas, as vantagens advindas da utilização de resultados associados a padrões de desempenho diferenciados por camada hierárquica incluem os seguintes:

1. A clara diferenciação dos resultados requeridos, por camada hierárquica, permite *resultados melhores mediante melhor clareza e foco para todos os líderes*. Todos conseguem entender o trabalho requerido em seu nível hierárquico. Embora um bom desenho organizacional seja concebido para atender a esse objetivo, grande parte do esforço de projeto é gasta na estrutura horizontal. Estou convencido pelo meu trabalho com inúmeras organizações de que o grosso do problema está na estrutura vertical. A identificação de propósitos específicos para cada camada hierárquica na organização ajuda a acabar com a desorganização no trabalho diário que existe na estrutura vertical.
2. *A demanda por líderes pode ser reduzida*. Agora passa a ser possível operar com menos líderes (melhores) porque a abrangência do controle pode ser maior se todos os líderes compreendem seu propósito, trabalham no nível hierárquico correto e param de fazer o trabalho de seu nível anterior.
3. A medição de todos os resultados requeridos (não apenas os resultados financeiros) permite um desempenho melhor e *gera desenvolvimento a partir do próprio trabalho*. Tanto as medidas objetivas quanto as subjetivas são necessárias, e ambos os tipos funcionam.
4. A clara definição por camada permite a *transparência*. Um CEO sediado em Atenas, na Grécia, consegue ter uma visualização clara do trabalho de um gerente da linha de frente em Moscou, na Rússia. Algumas perguntas simples conseguem validar esse entendimento ou sinalizar um problema a ser enfrentado.
5. Melhora muito a *tomada de decisões sobre pessoas*. Isso ocorre especialmente nas decisões quanto à seleção de pessoal, pois há especificações melhores para a posição e dados melhores sobre o desempenho dos candidatos. Ao utilizar um conjunto mais completo de medições fica mais

fácil dizer quem deve ser promovido (ou não). Os padrões consistentes para essas decisões melhoram a consistência em toda a empresa.
6. *O tempo de liderança é gasto de forma mais apropriada* porque todos os líderes sabem os resultados que precisam fornecer para atuar no nível hierárquico correto. Os líderes graduados mais bem remunerados são medidos pela execução de um trabalho mais sofisticado. A maior parte do trabalho envolvendo produtos e serviços é feita pelo pessoal de camadas hierárquicas inferiores, com menor remuneração. Elimina-se o problema de pagar salários de executivos para "lavar as janelas". Além disso, o escopo de todas as posições de liderança é ampliado sem custo adicional.
7. *O desenvolvimento e o coaching possuem objetivos claros baseados nos resultados*, gerando uma produção melhor nos negócios em relação a tempo e dinheiro investidos. A atividade de coaching passa a ser voltada para o propósito de cada função e os resultados do desenvolvimento passam a ser mensuráveis.

Existem outros benefícios além desses sete, incluindo alinhamento de todos os programas de Recursos Humanos e consistência na medição de desempenho por todas as funções e negócios. Em vez de detalhar todos os benefícios, peço que você mantenha em mente o seguinte benefício geral: o Pipeline de Desempenho muda o código fonte do lado humano da empresa. *Ele altera o foco da ciência ou atividade comportamental para resultados diferenciados por nível hierárquico.* Em resumo, a liderança e a gestão são definidas como resultados.

Desenvolvimento de liderança: Frustrações... e soluções

As companhias se beneficiaram com o Pipeline de Desempenho de muitas maneiras, e vou apresentar suas histórias ao longo do livro. Porém, quero destacar neste ponto um modo bastante importante pelo qual o Pipeline de Desempenho ajuda as organizações: desenvolvimento de liderança. Essa é uma questão crítica quando se trata de construir empresas sustentáveis, além de causar muitas noites maldormidas e dias estressantes para os gestores de grupos.

Pergunte a si próprio por que sua organização não conta com um número suficiente de bons líderes. Você contrata "funcionários de primeira linha". Você possui uma ampla gama de programas de desenvolvimento de liderança. Todos adoram seu modelo de competência. Existem coaches em todos os negócios ou empresas. O planejamento da sucessão é feito religiosamente.

Todo ano recebo muitos chamados por conta desse assunto. Os que me chamam insistem no fato de que fazem tudo corretamente, mas seu desenvolvimento de liderança sai todo errado. A seguir, apresento três consultas típicas com descrições resumidas de como o modelo do Pipeline revela o que precisa ser mudado:

Caso 1
"Estamos com problemas para desenvolver Gestores Nacionais de Negócios, embora tenhamos uma grande quantidade de programas de desenvolvimento de liderança. Com muita frequência, acabamos tendo de buscar talentos fora da empresa."

Descobri que havia foco excessivo nas vendas e no faturamento, sem ênfase suficiente na obtenção de resultados em estratégia e planejamento, no desenvolvimento de pessoal e no corpo da organização em todos os níveis. As funções eram definidas de forma muito simplista. Os Gestores Nacionais de Negócios e seus relatórios diretos eram medidos e tinham foco semelhante aos dos vendedores.

Caso 2
"Temos uma vasta gama de programas de desenvolvimento de liderança; eles estão distribuídos por todo o mundo. Uma revista nos deu um prêmio por sermos os melhores. Contamos com uma grande equipe de especialistas no desenvolvimento de gerentes, mas não há qualquer efeito cumulativo. Não temos cinco anos de progresso equivalentes ao valor de cinco anos de esforço aplicado."

Descobri que a participação nos programas não era diferenciada; isto é, empregados de diversos níveis hierárquicos participavam ao mesmo tempo dos cursos. Esses cursos incentivavam os líderes de diferentes camadas hierárquicas a fazerem as mesmas coisas, sem diferenciação. Além disso, o conteúdo do curso mudava conforme o trabalho da pessoa encarregada. Sem uma âncora no desempenho, cada responsável pelo desenvolvimento de lideranças mudava o conteúdo de acordo com sua visão das exigências.

Caso 3
"Nós formamos uma força-tarefa para descobrir como enfrentar o futuro êxodo em massa de líderes. Fazemos planejamento da sucessão, conduzimos muitos programas de desenvolvimento de liderança e possuímos coaches externos trabalhando diariamente na empresa; no entanto, não possuímos uma reserva reforçada."

Descobri que o principal nível hierárquico para enfrentar as questões atinentes a um forte grupo de reserva (o de Gestor de Gerentes) não estava sendo solicitado a desenvolver ou administrar um orçamento. Esses gestores não estavam sendo solicitados a participar no desenvolvimento da estratégia. Eles não vinham sendo responsabilizados pelo desenvolvimento de sucessores. Consequentemente, eles acabavam tendo uma visão "muito estreita" para subir de cargo.

Por muito tempo, essas três companhias vêm tendo bastante êxito. Você ficaria orgulhoso se trabalhasse em qualquer uma delas. Pessoas excelentes trabalham nelas, e as companhias investem pesadamente no desenvolvimento de lideranças. No entanto, todas elas cometem um pecado importante nesse desenvolvimento de lideranças. Elas escolheram o ponto de partida errado. O desenvolvimento de lideranças não está vinculado a pessoas e programas. O fundamental é garantir que o trabalho de cada camada hierárquica seja efetivamente realizado. Essas companhias não definiam o trabalho de forma *apropriada* e, assim, a principal ferramenta no desenvolvimento da liderança (o trabalho em si) impedia o desenvolvimento dos participantes. Cursos e coaches não consertam esse problema.

Trabalhando com esses e outros clientes, cheguei a duas conclusões:

1. O processo bem-sucedido de desenvolvimento de liderança começa por definir completamente os resultados a serem alcançados.
2. O Pipeline da Liderança é mais útil se você tiver clareza sobre os resultados a serem alcançados.

O estabelecimento do trabalho a ser realizado em cada nível hierárquico e a criação de padrões para medir o desempenho devem ser decididos antes de o Pipeline da Liderança poder ser utilizado com eficácia. Neste ponto é que entra o Pipeline de Desempenho. Ele é o ponto de partida para o desenvolvimento da liderança e permite o fornecimento dos resultados certos no momento certo e da maneira correta.

O que você lerá

A ideia central deste livro é que os propósitos específicos e os resultados mensuráveis para cada camada hierárquica da organização podem e devem ser estabelecidos. Na Parte II, ao definir os resultados a serem esperados de cada camada hierárquica, concentro-me primeiro nos resultados mais críticos relativos ao propósito específico de cada camada. Os resultados esperados podem incluir alguns itens importantes, porém esquecidos ou mal compreendidos, que fazem a diferença. Pode haver ainda alguns resultados que servem de apoio a resultados mais conhecidos. Por exemplo, a análise da concorrência serve de apoio para a estratégia. Esses resultados serão resumidos e listados, junto com os resultados que possibilitam o desempenho e que devem ser transmitidos ao próximo nível subalterno. Uma definição real atualmente em uso do conjunto total de resultados e dos padrões de desempenho esperados também será apresentada. Esses quadros completos foram desenvolvidos em empresas bem-sucedidas e estão em pleno uso. Os nomes das empresas serão omitidos para se proteger a privacidade delas. Para ajudar a diagnosticar qualquer tipo de problema, identifiquei resultados normalmente (porém, erroneamente) fornecidos pelas diversas camadas hierárquicas.

Outra ideia central de *Pipeline de desempenho* é a de possibilitar que os níveis hierárquicos inferiores sejam bem-sucedidos. Cada camada hierárquica precisa contribuir com alguns resultados fundamentais que ajudem os que estão subordinados a entender o que e como fazer.

Os capítulos da Parte III analisam os desafios mais importantes para a implementação. A remoção dos obstáculos arraigados e inevitáveis para o desempenho, existentes em muitas empresas, é discutida em profundidade. Um novo método para permitir a transição de uma camada para a seguinte é explicado com alguns detalhes. No último capítulo, estão outras ações necessárias para o sucesso, baseadas em situações reais.

Ao ler este livro, espero que você veja como aceitar as incertezas ao invés de temê-las, como buscar novas experiências ao invés de evitá-las, e como ampliar a capacidade de liderança ao invés de estreitá-la, ao mesmo tempo que enfrenta seus desafios diários em um ambiente empresarial altamente incerto.

Talvez você considere útil analisar um pipeline de desempenho real antes de se aprofundar na leitura. A Ferramenta 1, ao fim do livro, apresenta um pipeline de desempenho completo atualmente em uso. Este livro lhe mostrará como elaborar seu próprio pipeline e como utilizá-lo.

1

Definindo seu Pipeline de Desempenho

A Crise Financeira Global de 2008-2009 tem fornecido provas convincentes sobre a necessidade de as organizações possuírem um pipeline de desempenho (assim como evidências de que muitas empresas não possuíam o pipeline durante essa profunda recessão econômica. Analise as seguintes perguntas e pense se poderia tê-las respondido na época (e agora):

- Você sabe o que cada líder em sua organização está tentando realizar hoje? Você tem uma forma conveniente de descobrir?
- Todos os resultados fundamentais foram atribuídos?
- As exigências para o pleno desempenho estão claras para todos os líderes?
- Cada líder está atuando no nível hierárquico para o qual foi designado?
- O trabalho certo está sendo feito da forma correta?
- Você sabe quais são os líderes que inibem o desempenho do pessoal que se reporta a eles?
- Você tem clareza sobre o próprio papel?

Ao longo dos últimos anos, especialmente durante a crise financeira, descobri que muitos líderes não conseguiam responder a essas questões. Era como se ninguém soubesse o que realmente estava sendo feito. Embora as empresas consigam evitar enfrentar essas questões nos períodos de crescimento e de estabilidade econômica, elas não conseguem ignorá-las durante qualquer tipo de crise ou período importante de mudança. Conforme observado na Introdução, vivemos em tempos extremamente voláteis; mesmo que as empresas saindo da Crise Financeira Global estejam apresentando um bom desempenho, provavelmente enfrentarão muitos outros desafios logo mais à frente. Se não conseguirem responder a essas questões, terão dificuldade com esses desafios.

Minha missão em anos recentes tem sido a de facilitar que os líderes de empresas respondam a essas questões, e isso me motivou a definir o Pipeline de Desempenho.

Pense em suas respostas a essas questões. Se respondeu negativamente a qualquer uma delas, então você precisa de um pipeline de desempenho para ajudá-lo a chegar à resposta "sim". Metas e KPIs (indicadores-chave de desempenho) não são suficientes porque não englobam todos os resultados da liderança, gestão ou relacionamento. O orçamento e a estratégia não são indicadores confiáveis sobre o que está sendo feito hoje (na verdade, eles normalmente são mal interpretados ou não direcionam o trabalho por outros motivos). Quando isso é constatado, há um forte incentivo para se implementar o processo do Pipeline.

No entanto, como você o implementa? À primeira vista, a necessidade de definir todos os resultados em cada nível de liderança pode parecer uma tarefa complicada. Deixe-me assegurar a você: é perfeitamente factível, desde que siga um processo testado e aproveite a experiência daqueles que fizeram antes.

O processo do Pipeline de Desempenho consiste das seguintes seis etapas:

- Definir o propósito – ser claro sobre qual resultado você deseja.
- Coleta de dados – descobrir o que realmente está sendo feito, ou não está sendo feito, mas que deveria estar sendo feito.
- Classificar e codificar os dados – organizar os dados de maneira útil.
- Definir os resultados a serem fornecidos em cada camada hierárquica e os padrões para medir esses resultados.
- Validar os padrões – obter o "de acordo" dos líderes.
- Permitir alguma flexibilidade – permitir que grupos diferentes se adaptem aos padrões para refletir necessidades específicas.

Discutirei, em seguida, em detalhes cada uma dessas seis etapas do processo, referindo-me também aos exemplos da Ferramenta 1 do fim deste livro (que deve facilitar a compreensão e o uso das informações fornecidas). Incluirei também boxes com "Lições Aprendidas" em que apresento o conhecimento advindo de experiências de campo (minhas e as de uma centena ou mais de empresas que utilizaram esse processo do Pipeline). Na verdade, começaremos com a primeira e uma das mais importantes lições.

Lições Aprendidas
A maioria dos problemas de desempenho da liderança pode ser atribuída à estrutura vertical

As questões levantadas no início deste capítulo dizem respeito à organização – e a organização é o *buraco negro* da empresa. Um grande esforço (energia entrando) parece produzir pouca melhoria (nada saindo). Quase todo o esforço vai para a estrutura horizontal – a grande discussão é decidir se a organização deve girar em torno dos clientes, das funções, da localização geográfica, dos produtos ou das unidades de negócio. Existem apenas algumas opções para a estrutura horizontal. Embora a estrutura horizontal seja importante, é na estrutura vertical que residem os problemas reais. As lacunas entre camadas hierárquicas devido a gestores que não gerenciam, sobreposições resultantes de microgestão, execução de trabalhos de níveis inferiores em camadas hierárquicas superiores e definição do trabalho das camadas inferiores de forma muito estreita geram problemas de desempenho em muitas companhias. Esses problemas verticais são quase infinitos e merecem muito mais atenção. Além de comprometer o desempenho, também bloqueiam a transparência e prejudicam o desenvolvimento da liderança.

Como você já deve ter suspeitado a esta altura, é possível pensar no Pipeline de Desempenho como um modelo de organização para a distribuição do trabalho. Ele distribui o trabalho do topo para a base, desde a estratégia até as tarefas de nível menor. Para obter o máximo de valor, você deve desenvolver uma versão exclusiva de sua empresa (personalizada), e não apenas utilizar uma versão genérica ou copiar uma de outra companhia. O processo para desenvolver o modelo exclusivo de sua empresa é realmente bastante simples. Uma equipe pequena de pessoas consegue completar essa tarefa em cerca de 10 dias de trabalho se tiver um conhecimento básico da empresa, do negócio e do trabalho em curso, assim como alguma experiência em técnicas de entrevistas estruturadas.

Você não precisa reinventar a roda. Se quiser conceber um pipeline de desempenho para se adequar à sua organização, pode beneficiar-se da metodologia que utilizei nos últimos 20 anos de prática. A essência dessa metodologia são as seis etapas do processo já apresentadas. Vamos analisar cada uma dessas etapas em detalhes, refletindo sobre as lições aprendidas em relação a essas etapas e sobre como você pode aplicar essas lições em seu projeto.

Definir o propósito

As empresas que fizeram mais progresso no desenvolvimento e uso dos pipelines de desempenho tinham, desde o início, clareza sobre os motivos de o estarem fazendo. Assim, antes que você faça qualquer outra coisa, decida quais benefícios ou resultados da empresa você quer que o modelo forneça. Isso o ajudará a escolher o trabalho certo e estabelecer os padrões apropriados. Eis alguns exemplos de propósito para desenvolver o pipeline de desempenho das empresas com as quais trabalhei:

- Passar mais autoridade e propriedade sobre os resultados para níveis inferiores (mineração).
- Melhorar o desempenho dos Gestores Nacionais de Negócios (setor de bens de consumo de grande saída).
- Permitir a expansão para novas regiões geográficas ou países (software, hotelaria).
- Mudar o foco e esclarecer a contribuição esperada de todos os líderes (transportes).
- Transformar a empresa (bens de consumo).
- Melhorar o desenvolvimento da liderança (construção, serviços financeiros).
- Facilitar a redução de custos (indústria farmacêutica).

Outros propósitos também são possíveis. O importante é que você tenha clareza sobre seu propósito quando chegar à fase de validação. Além disso, como muitas pessoas serão entrevistadas durante a fase de coleta de dados, elas precisarão ouvir o motivo pelo qual você está conduzindo esse processo.

Antes de começar, pense um pouco e discuta o que gostaria de mudar ou aperfeiçoar na forma como sua empresa opera e/ou no trabalho de seus líderes, para melhorar os resultados ou o sucesso de sua companhia. Pense no que está sendo ou não realizado em cada nível de liderança, separada e coletivamente. Seu pipeline de desempenho pode ser utilizado para atribuir um trabalho que não esteja sendo realizado, dar ênfase para uma área que necessita de melhoria, mover a responsabilidade sobre a realização de determinados trabalhos para camadas hierárquicas inferiores e estabelecer maiores desafios no trabalho do dia a dia para ajudar os líderes a se desenvolverem.

Para que sua organização funcione em nível elevado, as camadas hierárquicas precisam estar interligadas, sem lacunas ou sobreposições. As mudanças em determinado nível de liderança afetarão as camadas imediatamente acima e abaixo por causa das exigências de supervisão acima e as exigências de respostas abaixo. As mudanças na responsabilização caminham para cima e para baixo; portanto, a mudança em uma camada afeta todas as outras camadas. Não limite sua reflexão a apenas uma camada. Com um propósito bem definido, você provavelmente planejará com muitas camadas hierárquicas em mente; assim, conseguirá ligar cada camada específica com o propósito geral e minimizar as lacunas e sobreposições.

Exemplo

Fui chamado por uma companhia do setor de bens de consumo de grande saída para ajudar a formar Gestores Gerais de Negócios mais eficientes. Eles estavam pensando nessa camada hierárquica de forma isolada. Após conduzir entrevistas sobre a função com vários Gestores Gerais de Negócios, ficou claro para mim que eles não se desenvolviam por não receberem uma atribuição suficientemente ampla do trabalho. Eles eram medidos através de um conjunto de resultados bastante estreitos – receita e volume. Quando ampliamos o espectro de resultados para incluir desenvolvimento de pessoal, desenvolvimento e execução de estratégia, além de melhoria dos processos, então as medições e as atribuições de seus chefes (Gestores de Grupo) também precisaram ser modificadas para que repassassem o trabalho a seus subordinados em nível adequado. Além disso, as posições de Gestores de Função precisaram ser expandidas para melhorar a preparação para o papel de Gestor Geral de Negócios e aceitar o trabalho das funções que os

Gestores Gerais de Negócios passaram a executar. Assim, uma parte do trabalho realizado pelos Gestores de Função precisou ser repassada para os Gestores de Gerentes para equilibrar a carga. A busca do aperfeiçoamento em uma camada hierárquica logo se transformou em mudanças em todas as camadas.

Como a companhia tinha um foco estreito no início do processo, não estava preparada para o custo e o tempo demandados pela solução necessária. Trabalhamos quase o ano todo caminhando por todas as camadas hierárquicas da organização, modificando um nível hierárquico de cada vez. Ao estabelecer seu propósito, é fundamental que você olhe para o sistema como um todo, não subestimando a quantidade de mudanças necessárias em cada nível hierárquico.

Coleta de dados

Na coleta de dados, é preciso uma disciplina considerável, pois o que conta é o agregado de todas as respostas, e não apenas as respostas de uma camada ou de uma pessoa. É muito comum valorizar mais uma pessoa ou função específica do que outras, mas você precisa do quadro completo para chegar à melhor resposta. Os entrevistadores devem utilizar um conjunto padronizado de questões e ser disciplinados para fazer as mesmas perguntas a todos, sempre da mesma maneira.

Outra exigência para os entrevistadores é que eles tenham uma profunda compreensão sobre o que se constitui em resultados adequados. Um conjunto-padrão de questões pode extrair respostas úteis, mas os entrevistadores precisam interpretar e julgar se essas respostas estão suficientemente completas e apropriadas. As sondagens de verificação são sempre necessárias para se obter a resposta completa.

Questões da entrevista

A decisão sobre as questões a serem efetuadas está diretamente ligada ao seu propósito e à boa prática. Faz parte do esforço de construção de qualquer pipeline de desempenho um conjunto central de questões, assim como questões específicas associadas ao propósito. As questões centrais normalmente abordam o trabalho em si. As questões específicas costumam cobrar aspectos como a preparação necessária, prováveis mudanças, relacionamentos exclusivos e qualquer problema específico ou oportunidade que lhe interesse.

Lições Aprendidas
Os líderes nem sempre são fluentes na linguagem dos resultados

Um grande número de líderes não sabe quais resultados estão além dos financeiros ou dos de seu orçamento. Quando indagados sobre os resultados exigidos, eles listam tarefas. Quando indagados sobre as tarefas exigidas para se alcançarem os resultados, eles listam atividades ou dizem que já responderam. Os itens mais abstratos ligados ao lado humano da empresa são vistos como habilidades necessárias para as atividades, e não como resultados. Por exemplo, muitos executivos enxergam a construção de equipes eficazes como uma atividade baseada em habilidades, e não como um resultado mensurável – eles normalmente não falam sobre como as equipes são necessárias para se alcançarem resultados específicos; assim, os entrevistadores precisam extrair isso deles. O lucro é um produto obtido através de muitos resultados subjacentes, inclusive um ótimo planejamento e uma equipe eficaz. Os entrevistadores devem definir suas questões com os resultados em mente.

Um conjunto de questões que normalmente utilizo está contido na Ferramenta 2, no fim deste livro. A primeira questão, por exemplo, pergunta aos entrevistados sobre o escopo de seu trabalho. Essa questão o ajuda a entender como a pessoa pensa a respeito da amplitude e da profundidade daquilo que se imagina que ela deva dar em contribuição. Ela lhe dá uma boa ideia sobre a clareza da pessoa em relação ao seu papel, com que amplidão ou estreiteza ela vê sua responsabilidade, e como pensa se encaixar no funcionamento do negócio ou da empresa. A segunda questão refere-se aos resultados esperados. A resposta do entrevistado revela sua mentalidade ou ponto de vista sobre os resultados em relação aos resultados reais como ele os vê.

Essas questões foram concebidas para lhe fornecer dois conjuntos diferentes de informações. Um é a resposta relativa aos fatos; o outro é a mentalidade e a perspectiva. Você precisa de ambos os conjuntos de informações para planejar o melhor rumo a seguir; mudar os resultados exigidos sem mudar a mentalidade e a perspectiva não funcionará. Por exemplo, um Gestor de Função responsável por Vendas e Distribuição poderia dizer: "Os resultados que espero fornecer são

- Cumprir minha meta de vendas
- Cumprir ou ficar abaixo de meu orçamento de custos
- Manter o quadro de pessoal no nível do fim do ano passado
- Cumprir o prazo de entrega em 98% dos pedidos."

Embora essas respostas relativas aos fatos sejam importantes, esse entrevistado também demonstra uma mentalidade voltada para a execução. Os resultados associados à evolução dos negócios não são mencionados; essa pessoa não aborda assuntos como os de novos clientes, desenvolvimento de pessoal, trabalho em equipe entre vendas e distribuição, ou aperfeiçoamento dos processos. Embora essa pessoa possa efetivamente buscar atender a alguns desses itens relativos à evolução dos negócios, ela não é medida nem precisa prestar contas sobre isso.

A entrevista

Em condições ideais, todo líder deveria ser entrevistado. Na prática, é suficiente uma amostragem de cada nível hierárquico. É fundamental haver participação total das camadas superiores (Gestores Gerais de Negócio, Gestores de Grupo e Gestores da Empresa) para promover melhor entendimento e aceitação do produto final. Para os Gestores de Função, Gestores de Gerentes e Gestores de Outros (gestores da linha de frente), a utilização de uma amostra representativa é suficiente. Os números reais dependem do tamanho de sua empresa ou negócio, mas normalmente bastam de 5 a 10 pessoas por nível hierárquico.

Escolha cuidadosamente os entrevistados. O pessoal com elevado desempenho costuma apresentar um quadro melhor do que faz e de por que faz; os especialistas tendem a fornecer uma ideia melhor sobre o que precisa ser feito para gerar ótimos resultados. Em alguns casos, as pessoas recentemente indicadas em suas funções ou novas na empresa conseguem fornecer uma nova visão, mas, na maioria das vezes, não têm contexto suficiente para ser tão úteis quanto você precisaria que elas fossem. O pessoal com fraco desempenho não se constitui em bons entrevistados.

Faça uma lista dos de melhor desempenho por nível hierárquico e inclua todos os executivos. Programe 90 minutos para cada entrevista; as entrevistas poderiam ser feitas em 60 minutos, mas descobri que as pessoas realmente gostam de falar sobre seus empregos. Na verdade, você provavelmente será a primeira pessoa que conheceram em muito tempo que realmente deseja ouvir sobre o que elas fazem e como fazem. Ao permitir que a entrevista tenha uma "longa duração", você consegue obter respostas mais completas – informações mais profundas sobre o que as ajuda a gerar grandes resultados (e, às vezes, o que impede que o façam).

Neste ponto, o maior desafio é deixar que os entrevistados se sintam confortáveis. Eles desejarão saber o que acontecerá com suas respostas. Diga-lhes que não estão sendo julgados ou avaliados; que se trata da natureza de suas atribuições e que as respostas serão agregadas de forma a não permitir nenhuma identificação direta. Apenas será divulgado que houve a participação deles.

Fazer um preâmbulo introdutório também é uma boa ideia. Um grande varejista utilizou esta introdução:

> Nosso objetivo é melhorar o desempenho geral, com as pessoas certas no trabalho certo e no momento certo, para tirar proveito de nossas oportunidades de crescimento.
>
> Estamos tentando desenvolver um quadro mais real e preciso do trabalho realizado por líderes como você para que possamos integrar melhor o desenvolvimento em nossa cultura mediante a construção de ferramentas úteis para desenvolvimento, avaliação, seleção e coaching.
>
> Precisamos de suas informações e as de várias outras pessoas em todos os níveis hierárquicos. Estamos atrás da descrição o mais precisa possível de seu trabalho.
>
> Você foi escolhido porque sentimos que poderia fazer um bom trabalho na descrição de suas atribuições e na definição de alguns desafios que enfrenta. Suas informações serão anônimas; todas as respostas serão agrupadas por camada hierárquica da organização.
>
> Está sendo utilizada uma entrevista padronizada para gerar consistência. Lerei as questões para garantir que todos estejam recebendo as

mesmas perguntas da mesma maneira. Por favor, sinta-se livre para pedir esclarecimentos ou explicações, se necessário.

Obviamente, você deve adaptar esse preâmbulo ao seu propósito e situação específicos, embora fosse uma boa ideia começar com alguma versão sobre o primeiro parágrafo.

Classificar e codificar os dados

No agregado

Pergunte a si mesmo se a história se encaixa. Em outras palavras, quais as conclusões que você tira após ler todas as respostas? A quantidade de tempo que seus líderes gastam visitando os clientes sugere que a liderança e o gerenciamento da equipe assumem importância secundária? A autoridade para tomada de decisão parece razoável diante dos resultados esperados descritos por eles? Os obstáculos são graves ou apenas condições normais de mercado? A ideia é olhar para o quadro geral baseado em todas as respostas, em vez de se concentrar de forma estreita em uma parte das informações.

Lições Aprendidas
O verdadeiro caráter de uma função é determinado pelas decisões que o responsável pode tomar e pelos obstáculos a serem superados

Outros fatores podem ter impacto no caráter de uma função, mas esses dois definem o contexto em que ocorre o trabalho real. A responsabilidade pela tomada de decisão define aquilo que é sua "atribuição". Um exemplo: você pode descrever seu trabalho como o de "responsável pela estratégia", mas, se você não for quem decide qual será a estratégia final, então é um analista ou pesquisador ou aquele que recomenda uma estratégia, e não o verdadeiro estrategista. Os verdadeiros estrategistas tomam a decisão e assumem as consequências; assim, a tomada de decisão deles é mais difícil. Suas recomendações são importantes, mas você não está realmente determinando o futuro direcionamento da empresa. Um segundo exemplo: quando uma companhia com uma marca forte e sistemas de distribuição bem desenvolvidos lança um novo produto, os obstáculos diferem daqueles enfrentados por uma empresa pequena e desconhecida com distribuição limitada que lança um novo produto. Essas situações representam dois trabalhos completamente diferentes. Em um dos trabalhos, pode-se confiar no apoio de um histórico. No outro trabalho, é preciso superar obstáculos importantes sem a existência de um apoio. O apoio precisará ser construído ou comprado. Ouça com atenção as respostas para as perguntas 3A, 3B e 4 (ver Ferramenta 2). Busque cuidadosamente a ligação entre os resultados a serem entregues e as decisões que podem ser tomadas. Ouça também com cuidado, buscando captar presença ou ausência de apoio, e se há métodos estabelecidos ou se há coisas a serem construídas.

A análise da história como um todo é valiosa para a tomada de decisão sobre os padrões a serem escolhidos e quão desafiadores precisam ser em cada camada hierárquica.

O fato de olhar para o trabalho real em curso e a compreensão das pessoas sobre suas funções, ouvir aquilo que é "perfeitamente assumido" e o que precisa ser verificado, tudo isso fornece um quadro útil de como seus líderes realmente atuam. Em alguns casos, os dados agregados das entrevistas podem ser tão convincentes e surpreendentes que você chega a reavaliar seu propósito para a construção do pipeline de desempenho.

Exemplo – Encontrando surpresas

Uma importante empresa de bens de consumo com enorme presença global lançou um esforço significativo para a mudança de cultura da companhia. Após completar algumas aquisições muito grandes, ela queria criar uma nova cultura que incluísse um estilo de trabalho uniforme e um sistema de valores em comum. Estrategicamente, a ênfase estava no objetivo de um crescimento agressivo pela descoberta de novos produtos e mercados, assim como pela melhoria da cadeia de suprimentos. O grupo de desenvolvimento de liderança precisava criar novos programas para servir de apoio à mudança de cultura. Escolheu-se uma amostragem de 50 líderes em todo o mundo para participar das entrevistas sobre o trabalho. Cerca de 7 a 10 líderes por nível hierárquico foram entrevistados por uma pequena equipe de RH. Duas constatações inesperadas:

- *Ninguém mencionou o esforço de mudança de cultura como parte de seu trabalho (resultados, tarefas, decisões, obstáculos, alocação de tempo).*

- *Ninguém mencionou qualquer tipo de inovação.*

Em função dessas respostas inesperadas, a companhia decidiu utilizar o pipeline de desempenho para comunicar a mudança de cultura requerida como um resultado a ser fornecido e estabelecer o padrão desse resultado para cada líder ao redor do mundo. Seu propósito original era o de desenvolvimento, mas, com base naquilo que foi constatado nas entrevistas, seu principal propósito passou a ser o desempenho.

Lições Aprendidas
Todos os dados lhe darão uma visão de dentro sobre o que realmente acontece em sua organização

Descobri que as pessoas de Recursos Humanos ficam surpresas com as visões fornecidas por essas entrevistas sobre quem faz o que na empresa. A análise dos dados possibilita maior clareza sobre os desafios. Assim, utilize a entrevista para saber mais sobre a empresa. Se fizer muitas entrevistas, você será o maior conhecedor sobre o funcionamento interno de sua companhia.

Após analisar os dados das entrevistas, incentivo você a voltar a pensar em um propósito adicional, além daquele(s) previamente definido(s) no início, que seja fundamental para o sucesso de sua organização. A soma de todas as respostas para as questões sobre "obstáculos" e "necessidade de mais autoridade" lhe dará uma visão sobre onde existem pontos com problema, qual a sua abrangência e onde é necessário realizar mudanças nas atuais práticas de gestão.

Por camada

Tendo em mãos de 6 a 10 entrevistas completas para cada camada hierárquica, você pode começar a construir seu pipeline de desempenho. Inicie com os Gestores de Outros (gestores da linha de frente) e siga os passos apresentados. Uma rápida leitura do exemplo sobre um pipeline de desempenho real no fim deste livro (Ferramenta 1) o ajudará a entender aonde isso vai chegar.

Passo 1
Leia uma entrevista inteira para ter uma ideia sobre a pessoa e de como ela vê seu trabalho nessa camada hierárquica.

Passo 2
Destaque todos os substantivos, pois eles são resultados. Substantivos como estratégia, vendas, equipes, fornecedores, despesas e pessoal fornecem "pistas" sobre aquilo que é importante e precisa ser destacado e medido nessa posição. Isso deve ser fácil de fazer com as questões 1, 2, 3A, 3B e 4 (Ferramenta 2). Para questões como 5 e 6, você precisará interpretar as respostas para entender qual é o "substantivo". *Habilidade para construir equipes* significa *equipe*; *tempo gasto em planejamento* significa *planejar*. Repita isso para cada entrevista.

Passo 3
Escolha as categorias de trabalho mais adequadas a seu negócio ou empresa. Cada negócio precisa de resultados operacionais ou financeiros, resultados administrativos, resultados de liderança e resultados de relacionamento. Você pode utilizar outra linguagem ou ideias adicionais para suas categorias. Você também pode criar uma categoria para atender a uma necessidade especial.

Exemplo – Uma grande empresa de serviços financeiros
- *Resultados Financeiros*
- *Resultados de Efetividade com Clientes (conquistando, atendendo e mantendo clientes)*
- *Resultados Administrativos*
- *Resultados de Liderança*
- *Resultados de Relacionamento*
- *Resultados de Efetividade Global (apoio para outras regiões geográficas e negócios)*

Exemplo – Uma companhia de produtos diversificados para construção naval
- *Resultados no Fornecimento*
- *Saúde, Segurança e Meio Ambiente*
- *Pessoas e Equipes*

- *Práticas de Gestão*
- *Centrado no Cliente*
- *Diálogo Aberto e Direto*

Exemplos de categorias de necessidades especiais atualmente em uso

- *Resultados de Crescimento*
- *Resultados de Divulgação de Marca*
- *Resultados de Inovação*
- *Resultados de Segurança*
- *Resultados de Responsabilidade Social*
- *Resultados de Usuários/Pacientes (companhia de assistência médica)*

Passo 4
Crie a coluna um ("Resultados") do pipeline de desempenho para essa camada (ver Ferramenta 1). Encaixe todos os substantivos nas categorias de trabalho que você escolheu. Faça uma avaliação sobre a adequação da lista. Ela parece estar correta? Alguns dos elementos de trabalho deveriam estar em um nível hierárquico inferior? Em um nível superior?

Passo 5
Decida quais elementos de trabalho estão faltando na lista e faça quaisquer acréscimos. Existem algumas iniciativas importantes da empresa que deveriam estar representadas de alguma maneira? Algumas exigências básicas, como desenvolver um sucessor, executar a estratégia ou aperfeiçoar os processos da empresa, estão adequadamente representadas?

Consulte listas desenvolvidas por outras empresas conforme apresentado nos próximos capítulos. Além disso, observe que o pipeline do desempenho não é concebido para substituir o processo de planejamento; ele o complementa. Adicione os KPIs ou metas em anexo aos padrões para cada líder.

Passo 6
Estabeleça os padrões (coluna 2, "Desempenho Completo"). Agora é preciso tomar duas decisões fundamentais. Em primeiro lugar, onde você quer

estabelecer a referência para o desempenho? Cumprir com os objetivos orçados é um desempenho completo ou um desempenho excepcional? Quantos novos clientes você quer acrescentar? Quantos sucessores cada líder deve ter? De certa forma, esta é a parte mais difícil de se fazer. Em geral, é mais fácil diminuir o padrão mais tarde do que aumentá-lo depois.

Lições Aprendidas
O Pipeline de Desempenho possibilita uma capacidade essencial de adaptação

Um grande motivo para as estratégias não darem certo é que os novos trabalhos exigidos pela estratégia não são atribuídos a ninguém ou são atribuídos apenas a poucas pessoas. O Pipeline de Desempenho permite que, regularmente, seja feita uma reavaliação de todos os padrões e permite que você rapidamente os altere à medida que a estratégia for mudando. A mudança dos padrões enseja uma conversa entre o líder e sua equipe sobre direcionamento estratégico, novas prioridades, maneiras diferentes de trabalhar e esclarecimento de funções. Todo líder consegue estar ciente, de maneira simples e direta, dos novos resultados esperados. Aqueles perfis ou descrições de funções que você vinha utilizando não são adaptáveis sem muito esforço.

Em segundo lugar, defina a quantidade de padrões que você utilizará. Nem todos os elementos do trabalho precisam ter um padrão. Nem todos os elementos do trabalho são críticos todo ano. Escolha de 20 a 25 elementos mais importantes do trabalho, com base no planejamento operacional deste ano. Determine padrões para eles. Minha regra básica para o primeiro pipeline de desempenho de qualquer empresa é o estabelecimento de padrões em menor número, porém elevados. Outros padrões podem ser acrescentados mais tarde.

Passo 7
Defina o desempenho excepcional (coluna três). Se o desempenho excepcional não for definido, o desempenho completo logo passará a ser visto como excepcional. Para o Pipeline de Desempenho, o desempenho excepcional tem três elementos. Primeiro: os resultados são substancialmente maiores do que o planejado ou orçado; poucos pontos percentuais acima não representam um desempenho excepcional. Você pode confiar em sua intuição a esse respeito. Segundo: o desempenho excepcional é geralmente o melhor entre

os iguais. Ele é ou se torna o modelo que os outros tentam copiar. Terceiro: o desempenho excepcional pode ser algo relevante, mas inteiramente novo; ou algo em que ninguém pensou em sua empresa. Perceba, porém, que nem todo padrão de desempenho completo precisa de uma contraparte excepcional. De fato, alguns padrões, como os de segurança, não se encaixam em nenhum dos três elementos excepcionais. Um ano sem lesões ou acidentes é o que se espera, independentemente de qual meta você estabeleça.

Passo 8
Defina a transição em função dos valores do trabalho. Os valores do trabalho (ver o box Lições Aprendidas) ainda representam o ponto problemático no movimento de ascensão dos líderes e o principal motivo para o desempenho não cumprir os padrões estabelecidos para um dado nível hierárquico. Os líderes precisam aprender a assumir o valor correspondente ao trabalho exigido em seu novo nível hierárquico ou nível existente.

Lições Aprendidas
Quando os líderes sobem, mas não adotam os valores de trabalho de sua nova atribuição, a empresa não cresce de forma adequada e os líderes não se desenvolvem

Nas transições em níveis inferiores, os líderes devem valorizar, perseguir e fornecer resultados para o curto prazo, incluindo aspectos como entrega de produtos, satisfação dos clientes e custo da gestão. Nas transições em níveis superiores, os líderes precisam valorizar, perseguir e fornecer uma definição sobre o futuro, investimentos com retorno em longo prazo, desenvolvimento de futuros líderes e busca de possíveis novos parceiros. Quando os líderes sobem, mas continuam a valorizar, perseguir e fornecer resultados de curto prazo, a empresa não consegue crescer de forma adequada. As exigências fundamentais para o sucesso no futuro não estão sendo atendidas. Mudar os valores no trabalho é um impulsionador subjacente à empresa; não mudar os valores no trabalho se torna um problema subjacente à empresa.

Existem progressões naturais que definem a transição em termos de valores de trabalho. Existem também alguns aspectos exclusivos que devem ser pensados. Seguem dois exemplos de progressão natural de valores de trabalho: o primeiro quanto a atingir os resultados e o segundo quanto a mudanças no período e conteúdo do planejamento:

Camada Hierárquica	Alcançando os Resultados – Utilizando a organização, não apenas as pessoas
Autogestores	Pelo próprio esforço e em colaboração com os pares
Gestor de Outros	Pelo trabalho de outros
Gestor de Gerentes	Através dos gerentes (não através de autogestores)
Gestor de Função	Através de toda uma função
Gestor de Negócio	Pela integração de todas as funções
Gestor de Grupo	Através de gestores de negócios
Gestor da Empresa	Através de processos e sistemas integrados
Autogestores	Conclusão do projeto e produção semanal
Gestor de Outros	Ciclo anual para metas e orçamentos
Gestor de Gerentes	Planejamento operacional para dois anos
Gestor de Função	Estratégia quanto à função pelo período de três a cinco anos
Gestor de Negócio	Estratégia do negócio para cinco anos
Gestor de Grupo	Estrutura estratégica da carteira para 10 anos
Gestor da Empresa	Estrutura estratégica da empresa para 10 ou mais anos

A natureza de seu negócio promove muitas mudanças nos valores de trabalho requeridos pelas diversas camadas hierárquicas. Por exemplo, alguns especialistas (Autogestores) em serviços financeiros fazem negócios com o CEO e o CFO de empresas de bens de consumo. Para seu próprio bem, eles precisam aprender a construir um relacionamento com todo executivo sênior de companhias que agora não é, mas que pode vir a ser cliente – eles talvez precisem fazer uma transição, passando de valorizar o relacionamento com clientes atuais para valorizar relacionamentos com pessoas em geral (para criar redes de contatos, alianças, amizades, parcerias, e assim por diante). O ponto de partida é pensar nesse contato e na natureza do relacionamento. Pensar na ampliação dos contatos também é importante. Dessa maneira, as pessoas conseguem refletir sobre os tipos de relacionamento que valorizam (e que tipos de relacionamentos ignoram, mas precisam valorizar). Os líderes, por exemplo, precisam considerar os relacionamentos com a comunidade; em que nível hierárquico a maioria dos líderes se envolve com a comunidade?

Passo 9
Decidir o que mais incluir em seu pipeline de desempenho. As mudanças requeridas nos valores do trabalho devem estar no topo da página (ver Ferramenta 1). Se a primeira coluna contém os elementos de trabalho, a segunda coluna

lista os padrões para um desempenho completo e a terceira lista os padrões para um desempenho excepcional, o que você necessita na quarta coluna? Muitas companhias escolhem identificar as habilidades, a experiência e o conhecimento requeridos para realizar o trabalho (ver Ferramenta 1, coluna 4). Elas são extremamente úteis para planejar desenvolvimento, coaching e diagnosticar problemas. Vale a pena utilizar o tempo necessário para produzir esta lista. Dessa forma, fornece-se um direcionamento claro para todos os que quiserem melhorar seu desempenho.

Várias empresas optaram por encaixar neste ponto os seus modelos de competência. Esta é uma excelente ideia, pois as competências foram originalmente criadas para ajudar a produzir resultados, embora, em muitos casos, as conexões entre competências e resultados tivessem sido perdidas. A inserção dos modelos de competência na quarta coluna pode ajudar a restaurar essa conexão.

A coluna quatro pode ser utilizada também para detalhar aquilo que você não quer:

Exemplo

Uma importante empresa de software percebeu que seus gestores necessitavam de uma orientação adicional da organização. Eles decidiram utilizar a quarta coluna para identificar os sinais que exprimiam um desempenho inadequado ou uma fraca transição para a camada hierárquica. Para o Gestor de Outros, a coluna quatro incluía: "Passa o tempo todo dentro de seu escritório com a porta fechada" e "resolve sozinho todos os problemas difíceis". Esta ideia pode ser útil para você se sua empresa for nova e estiver crescendo com muita rapidez, se você ainda não construiu uma cultura gerencial em sua empresa ou se estiver tentando mudar as práticas de gestão.

Validar os padrões

Antes de colocar em prática seu pipeline de desempenho recém-concluído, os entrevistados e os gestores seniores devem revisá-lo. A condução de sessões de validação em grupos de pessoas, e não individualmente, parece funcionar melhor. A troca de informações na sala de reuniões ajuda todos a calibrarem o desempenho e permite uma definição única de palavras-chave.

Permitir alguma flexibilidade

A forma como seu pipeline de desempenho será utilizado é uma questão de escolha baseada em suas necessidades atuais e em sua percepção sobre o que o pessoal consegue absorver. Algumas empresas sugeriram que seria pedir demais a medição de seus líderes através de 25 padrões, em vez dos 5 ou 6 KPIs ou metas. Assim, elas utilizaram o pipeline de desempenho apenas para o desenvolvimento da liderança, pelo menos em seu primeiro ano de uso. Seu raciocínio era de que o conceito precisava ser socializado antes de ser implementado.

Lições Aprendidas
As reuniões de validação fornecem mais especificidade aos papéis

Sem as reuniões de validação, raramente acontece o diálogo sobre os papéis (tanto entre os participantes das reuniões quanto entre os subordinados e supervisões). Muitos líderes apresentam algum nível de preocupação com seu próprio papel e com o que deveriam pedir para seus subordinados. Apesar de haver instruções de se solicitar a eliminação de alguns padrões para que o documento possa ser objetivo e focado, cada grupo de validação, segundo minha experiência, acrescenta padrões! Eles querem mais especificidade e não menos.

A boa condução do processo é requerida para manter as reuniões de validação no rumo certo. Não tente resolver todos os problemas da empresa nesse contexto. Também é necessário escolher alguém para registrar as mudanças e os acréscimos. Um verdadeiro envolvimento pode ser alcançado em uma reunião de peso; assim, devem ser feitos todos os esforços no sentido de aproveitar as mudanças sugeridas pelos participantes. Obviamente, será necessário proceder-se à edição e à revisão do texto final por uma pessoa experiente.

Várias companhias utilizaram inicialmente seu pipeline de desempenho para melhorar o planejamento da sucessão. As definições aprofundadas de cada camada hierárquica melhoraram a consistência e a precisão tanto para o desempenho quanto para as possíveis avaliações. Os planos de desenvolvimento para melhorar o desempenho e reforçar o potencial foram fundamentados em alvos mais substanciais. O planejamento da sucessão não consegue ser eficaz se faltar um pipeline de desempenho que seja específico para a empresa. De fato, um CEO chegou a me dizer: "Não sei como algum dia fizemos o planejamento da sucessão sem esta definição."

Certamente, algumas companhias utilizaram desde logo o modelo do Pipeline para medição do desempenho e constataram que ele era extraordinariamente útil. Analisaremos como o processo de gestão do desempenho é modificado pelo Pipeline de Desempenho e como extrair o máximo de valor dele no Capítulo 11.

O desempenho da Companhia E é um bom exemplo da versão mais comumente utilizada de um pipeline de desempenho. Ele é apresentado na Ferramenta 1 (um pipeline de desempenho real) no fim deste livro. Analise com atenção a transição nos valores do trabalho listada no topo da primeira página para cada camada hierárquica. O conteúdo em todas as quatro colunas é clássico.

Lições Aprendidas
A gestão operacional pegará o Pipeline de Desempenho e se conduzirá com ele mesmo se o setor de Recursos Humanos não estiver preparado para colocá-lo em prática

Os líderes em funções operacionais tendem a entender imediatamente o valor do Pipeline e querem utilizá-lo desde logo para gestão de desempenho, planejamento da sucessão, organização e coaching. Na empresa de software que construiu sua quarta coluna em torno de exemplos de desempenho inadequado ou incompleto, os líderes da engenharia de software pegaram os padrões de desempenho e começaram a utilizá-los imediatamente, apesar das preocupações com a implementação e bem antes do início planejado pelo RH.

Considerando que o CEO é uma pessoa só com exigências específicas, normalmente não registro padrões de desempenho para esta posição, e as empresas não o requisitaram. Parece fazer mais sentido estabelecer uma definição específica para esse papel específico. Por esse motivo, não existe a camada do Gestor da Empresa na Ferramenta 1. Porém, os resultados podem ser definidos para os CEOs, mesmo que os padrões não tenham sido criados.

Os próximos sete capítulos abrangerão os resultados que devem ser fornecidos em cada camada hierárquica, começando com o CEO da empresa e descendo pelo Pipeline de Desempenho. Cada capítulo fornece definições específicas dos resultados a serem alcançados em cada nível hierárquico e as capacitações transmitidas às camadas inferiores para terem sucesso. Recomendo que você alcance cada capítulo antes de tentar elaborar os próprios padrões de desempenho para aquela camada hierárquica.

Parte II

Resultados Esperados em
Cada Nível de Liderança

2

CEO da Empresa

Perpetuando a empresa

Qual deve ser a contribuição do CEO da empresa para com a companhia? Ele (ou ela) deve ser avaliado tomando como base quais resultados? O que as outras pessoas da empresa devem esperar de seu CEO?

Muitas empresas respondem a essas questões de forma muito limitada. Após trabalhar 30 anos com CEOs e suas equipes e tendo desenvolvido mais de 40 planos de sucessão de CEOs, sei que existem muitos equívocos quanto às contribuições de um profissional desse tipo. Os pontos de vista expressos pela mídia têm participação especial na distorção das expectativas sobre o desempenho do CEO. Os Conselhos de Diretoria são ainda mais ativos e exigem mais atenção sobre alguns resultados fundamentais. O ambiente de incerteza demanda atenção e acompanhamento. Os clientes são os que mais exigem esforço. Os mercados financeiros e os analistas questionam e desafiam de forma implacável. Assim, há uma tremenda pressão sobre o CEO para ele manter o foco concentrado para cima e para fora da empresa. *O pêndulo oscila para o exterior e as necessidades internas não estão sendo suficientemente atendidas.*

A maior parte dos CEOs parece saber que não poderá ter sucesso sem contar com uma excelente equipe, estratégias sólidas e uma organização que consiga executar. A construção e a manutenção desses aspectos também exigem tempo e atenção. Os CEOs devem estabelecer o equilíbrio correto de sua atuação entre as necessidades internas e as externas. É essencial que compreendam a natureza do impacto interno de suas ações sobre os resultados de todos os níveis hierárquicos de liderança. Se estabelecermos de forma equivocada as exigências de resultados para os CEOs, todo o pipeline de desempenho fica comprometido. Ao estabelecer os resultados corretos para os CEOs, asseguramos que eles executem seu trabalho da melhor maneira possível, em vez de realizar trabalhos das pessoas de outros níveis hierárquicos da pior maneira possível.

(Agora é comum chamar de "CEO" a pessoa que dirige um negócio, o que aumenta a confusão. Este capítulo é sobre CEOs de Empresas: como devem contribuir e o que devem delegar para que os outros, e a empresa, tenham sucesso.)

Exemplo

Quando Larry assumiu como CEO de uma empresa de transportes em dificuldades, herdou alguns bons líderes, uma mão de obra experiente e posições bastante fortes no mercado em dois negócios. Porém, os problemas superavam em muito os aspectos positivos. A companhia não era tão rentável quanto deveria, em parte por não haver foco suficiente no atendimento ao cliente. Os "feudos" antigos faziam com que não existisse o trabalho em equipe. As Funções Corporativas tinham poder demais. Um Grupo de Negócios tinha mais contratos gerando prejuízos do que lucros. Nos níveis de média gerência – Gestores de Função e Gestores de Gerentes –, a maioria dos líderes não tinha senso de responsabilidade sobre o todo e se concentrava principalmente em seu trabalho técnico. A norma era apagar incêndios e manter o status quo, e não conduzir as mudanças necessárias no atendimento ao cliente e na gestão dos custos. Talvez a situação mais problemática fosse a falta de dados financeiros precisos e atualizados, o que resultava em decisões empresariais ruins. A companhia também apresentava falta de pessoal em posições gerenciais (Larry não tinha um CFO* e dois Grupos de Negócios tinham apenas líderes informais) e era excessivamente dependente de empregados temporários. Acima de tudo, a companhia apresentava questões alarmantes de segurança – um grave acidente ocorrera dias antes de sua chegada.

Estabelecendo como missão aprender mais sobre a companhia, Larry

---

* *Nota do Tradutor*: Chief Financial Officer (CFO) corresponde ao Diretor Financeiro, Chefe do Setor Financeiro, Vice-Presidente Financeiro, ou equivalente.

começou a visitar os principais clientes. Em seguida, após circular pela empresa, participar de grandes e pequenas reuniões com funcionários e ouvir pessoas de todos os níveis hierárquicos, ele deu uma parada. Nessas incursões, ele havia sido bombardeado por ideias, reclamações, desculpas e outras coisas do gênero. Precisava tomar decisões difíceis sobre prioridades e sobre sua própria contribuição.

Larry concluiu que a segurança seria sua primeira prioridade, vindo, em seguida, atendimento ao cliente e sucesso comercial. Ajudou a preencher as posições abertas de subordinados com novos funcionários capazes que coordenariam as Funções Corporativas ou Grupo de Negócios. Ele não tentou dirigir os negócios ou as funções gerenciais. Larry fez seu CFO recém-contratado trabalhar na precisão dos dados e reforçar o aspecto comercial das decisões de investimento de capital. Larry também estabeleceu como objetivo que os novos líderes dos Grupos de Negócios melhorassem seus resultados em áreas como pontualidade do serviço, controle de custos e lucratividade.

Ao trazer a maior empresa de consultoria do mundo na área de segurança em busca de aconselhamento, Larry pessoalmente falou com quase todos os funcionários sobre a necessidade de tornar a segurança a prioridade deles. Consciente das ameaças enfrentadas pela empresa, Larry implementou um novo treinamento em práticas de segurança para todos os funcionários, acrescentou novas medidas e reformulou os procedimentos de comunicação.

Larry também abordou a responsabilidade dos funcionários nas questões de atendimento aos clientes e geração de resultados melhores. Uma estratégia apoiada em cinco pilares estabeleceu o direcionamento geral sobre o que Larry pretendia fazer. Ajudou a elaborar um pipeline de desempenho para definir os resultados esperados de cada líder. A segurança estava no topo da lista dos resultados, mas o serviço de atendimento aos clientes recebeu grande atenção, assim como o sucesso comercial. Desafiou todos os líderes a melhorarem a capacitação de suas equipes e a desenvolver sucessores.

Ao focar em feedback e coaching, Larry manteve reuniões individuais mensais com seus subordinados diretos. Enquanto trabalhava para desenvolver a capacidade da empresa nas áreas de segurança e prestação de serviço aos clientes, ele também desenvolvia a capacidade de atuação de cada líder sênior. Optou por focar em resultados que afetassem a todos os clientes e a todos os empregados enquanto dava espaço e direcionamento para seus subordinados operarem, de modo que eles pudessem desenvolver suas atividades e funções.

Após três anos na função, Larry obteve sucesso em todos os aspectos. Os resultados foram bastante fortes, a ponto de permitir uma IPO* bem-sucedida. Larry escolheu colocar em prática várias atividades que deveriam servir de exemplo para novos CEOs de Empresas. Ele:

- *Dedicou algum tempo para pensar nas exigências de longo prazo de seu trabalho, e não apenas em buscar vitórias de curto prazo*
- *Concentrou-se nos grandes desafios que envolvem e afetam a todos, não apenas melhorias no Marketing ou nas Operações*
- *Estabeleceu um pipeline de desempenho que forneceu a cada líder novos parâmetros e padrões para a condução das atividades que tornaram mais claras as expectativas*
- *Abriu espaço para seus subordinados diretos realizarem seus trabalhos e deu a orientação necessária para aprimorar suas habilidades*
- *Adicionou alguns novos talentos como prioridade, sem rebaixar os funcionários existentes*
- *Ouviu a organização e os costumes, e não apenas os clientes*

Embora nunca tivesse sido anteriormente CEO de Empresa, Larry sabia que era um trabalho que queria e prestou atenção em seu desenvolvimento ao longo do processo. A partir de suas leituras e observações, estava claro para ele que a empresa era uma coisa única, como o basquetebol, e não uma coleção de coisas, como um saco de bolas de golfe.

O que um CEO precisa produzir

O propósito do CEO é perpetuar a empresa. Ele coloca em ação os aspectos que farão a empresa obter sucesso pelo máximo de tempo possível. Alguns resultados fundamentais parecem destacar-se dos demais: lucros,

---

* *Nota do Tradutor*: IPO (Initial Public Offering – Oferta Pública Inicial) é o evento que marca o lançamento de ações de uma empresa no mercado acionário.

uma equipe eficaz na alta administração da empresa, uma estrutura estratégica, um pipeline de desempenho, relações externas de alto nível, talento, uma marca saudável e um "sistema imunológico". Certamente, o trabalho representa mais do que isso; assim, outros resultados importantes também serão detalhados nesta seção. No entanto, à medida que você for lendo este capítulo, preste atenção especial nesses resultados fundamentais. Os resultados que conduzem a empresa na direção de um futuro de sucesso podem ser colocados em categorias para o CEO da mesma forma que fizemos com as posições em níveis hierárquicos inferiores. Essas categorias são:

- Resultados dos Negócios – resultados financeiros e em termos de clientes
- Resultados de Liderança – o lado humano do negócio
- Resultados Gerenciais – planejar, organizar, integrar, medir, executar
- Resultados de Relacionamentos – as conexões necessárias
- Resultados de Inovação – novas maneiras de agregar valor

Quando você considera todos esses resultados, o surpreendente é que os CEOs *produzem* muito pouco deles próprios em comparação com a grande quantidade de resultados que *possibilitam* aos outros produzirem. Nesta parte das exigências dos CEOs referente à capacitação é que surge boa parte da confusão sobre a contribuição deles. Isso ocorre principalmente nas grandes companhias que fazem negócios em todo o mundo e naquelas com diversas unidades de negócios. Os CEOs muitas vezes deixam os resultados de capacitação para outros porque ficam ocupados aparecendo em eventos chiques e visitando pessoas poderosas. Eles dispõem de pouco ou nenhum tempo para se dedicar ao sucesso dos níveis hierárquicos inferiores.

As seções seguintes analisarão de perto os cinco principais tipos de resultados mencionados em nossa lista (não discutirei algumas categorias importantes de resultados, como Responsabilidade Social ou Eficácia Global, porque são específicas para cada companhia). À medida que examinarmos esses cinco tipos, procurarei focar nos resultados mais importantes que os CEOs fornecem pessoalmente e nos resultados que possibilitam que outros obtenham. O que muitas pessoas consideram interessante é o fato de os resultados amplamente aceitos dos CEOs derivarem de resultados *subjacentes* fundamentalmente importantes. Esses resultados subjacentes também são exigências reais para a eficácia do CEO e devem ser compreendidos e fornecidos. As seções seguintes esclarecerão quais são os resultados subjacentes e por que são importantes.

Resultados dos negócios

Algumas empresas e CEOs preferem chamar essa categoria de "Resultados Operacionais" e estabelecer categorias em separado para áreas como Divulgação da Marca ou Resultados em termos de Clientes; mas, para nossos propósitos, tudo será incluído sob a denominação "Resultados dos Negócios". Vamos analisar o que são esses resultados.

Ganhos, ganhos por ação, lucro

Em geral, aplica-se uma grande pressão sobre o CEO para que ele gere ganhos exatamente dentro dos percentuais previstos ou, caso contrário, corra o risco de perder um valor enorme em termos de capitalização de mercado. Além de serem importantes para o CEO, os ganhos certamente interessam aos investidores, proprietários, acionistas e Conselho de Diretoria. Os ganhos resultam de uma vasta gama de ações, decisões, planos, etapas de execução e assim por diante. Embora outros líderes e funcionários tenham impacto sobre os ganhos, os CEOs contribuem de duas maneiras. Primeiro, eles *apreendem* o que a organização pode fazer e quais são as condições de mercado. Segundo, com base nesse aprendizado, estabelecem as *metas* apropriadas. Essas metas concentram o esforço de todos. Esses resultados subjacentes (aprendizado e metas) fazem uma grande diferença.

Lembre-se de nossa discussão sobre incertezas feita na Introdução; cada uma dessas incertezas impacta na contribuição do CEO nesta área de ganhos. Para lidar de forma eficaz com todos os pontos de interrogação existentes, os CEOs precisam convidar outros para o processo e construir uma boa equipe no topo da empresa. Além disso, é necessário dar informações honestas, fazer pesquisas inteligentes, avaliar de modo realista a capacidade da organização, fornecer feedback sincero, levantar pressupostos validados e projeções bem fundamentadas. Os CEOs precisam escolher as pessoas certas para ajudá-los. Por exemplo, precisam certificar-se de que um indivíduo esteja motivado para contribuir dentro do melhor interesse da empresa, e não apenas em seu próprio interesse. As pessoas que conseguem chegar ao topo normalmente possuem egos muito fortes e considerável ambição pessoal. É fundamental escolhê-las por sua capacidade de trabalhar em equipe.

Para estabelecer as metas corretas de ganhos, os CEOs têm uma série de responsabilidades internas: estratégias que geram o posicionamento correto do negócio, planos operacionais que definem como o lucro será obtido, e assim por diante. Esses requisitos internos são difíceis, porém estão dentro do controle da empresa. No entanto, uma quantidade equivalente de variáveis externas é muito mais difícil de controlar.

Fora da empresa, os CEOs precisam estabelecer um amplo conjunto de ligações e relacionamentos. Na verdade, os CEOs são muitas vezes as únicas pessoas que conseguem estabelecer essas conexões – com líderes de companhias clientes, fornecedores, governos em nível local e nacional, organizações não governamentais (ONGs) e parceiros e grandes investidores.

Assim, os resultados exigidos para ganhos, ganhos por ação ou lucros são amplos. Porém, os grandes CEOs não geram ganhos excelentes apenas focando em informações financeiras. Para entender a verdadeira história por trás da contribuição deles para os ganhos, considere o que os CEOs fornecem e o que possibilitam nessa área:

O que o CEO fornece

- Metas de ganhos difíceis, mas alcançáveis
- Uma equipe para apoiar a tomada de decisão
- Processos de obtenção de dados que produzem informações precisas
- Estratégias, planos operacionais e orçamentos que definem como o lucro será obtido e mantido
- Relacionamentos com aqueles no caminho crítico

O que o CEO possibilita

- Comunicação sincera de metas para ganhos, ganhos por ação e lucro
- Um contexto para o desempenho que extraia o máximo de cada um
- Compreensão das necessidades de lucro em curto e longo prazo

Embora as pessoas tendam a julgar os CEOs com base no valor do lucro, esses resultados subjacentes e de capacitação fornecem uma descrição mais precisa de como o desempenho deles impacta a empresa em curto e longo prazo, e de como o lucro acontece.

Clientes

Às vezes, os CEOs assumem muita responsabilidade em relação aos clientes, principalmente quando invadem as áreas de Vendas e de Marketing. Os CEOs têm um papel a desempenhar aqui, mas não devem usurpar o poder ou a responsabilidade de Vendas e de Marketing, ou dos líderes desses setores. Talvez um dos maiores erros que os CEOs cometem nesta área seja fazer concessões que servem para "adoçar o acordo". Em outras palavras, eles usam suas visitas para mostrar aos clientes como estão envolvidos, reduzindo os preços e melhorando os termos. Infelizmente, isso, muitas vezes, resulta na recusa dos clientes em tomar qualquer atitude no futuro sem primeiro receber a visita do CEO.

É raro um CEO não querer se encontrar com clientes. Porém, os CEOs precisam estabelecer o propósito para essas visitas. Construir uma parceria ou relacionamento visando ao futuro agrega grande valor. Montar estratégias conjuntas, planejar em comum acordo, conseguir o compromisso pessoal pela entrega, comunicar apoio mútuo: esses são exemplos do que pode ser feito sem prejudicar o trabalho do pessoal de Vendas e Marketing. Obviamente, devem ser seguidos parâmetros legais e éticos, junto com as exigências de transparência.

O que o CEO fornece

- Relações de alto nível com os clientes que permitem bons negócios

O que o CEO possibilita

- Informações sobre o futuro como o cliente o vê
- Aceitação dos produtos e serviços da empresa pelo cliente

Marca

Aqui, o desafio para os CEOs é estabelecer ou restabelecer o padrão da marca sem ficar excessivamente envolvido no trabalho de desenvolvimento da marca. Preservar e reforçar a identidade da marca da empresa é algo considerado de alta prioridade para muitos CEOs. Para as companhias novas ou em mudança, a definição da marca pode ser o principal requisito. Todo CEO é cobrado pela situação da marca quando deixa o cargo. Algumas das polaridades da identidade de marca são o excelente serviço ou serviço imprevisível, produtos de alta qualidade ou de qualidade questionável, condições de trabalho seguras ou condições perigosas de trabalho, ser um empregador de escolha dos funcionários ou um local com péssimas condições de trabalho. No entanto, o principal aspecto que os CEOs precisam ter em mente é que, na verdade, a percepção da marca se estabelece em função do trabalho de pessoas em níveis hierárquicos muito mais baixos na organização.

O que o CEO fornece

- Parâmetros de marca claramente definidos

O que o CEO possibilita

- Recursos suficientes para cumprir a promessa da marca
- Compreensão clara sobre os requisitos da marca por parte de todos os funcionários
- Um ambiente de trabalho disciplinado que serve de apoio para a construção da marca

Investimento

Os desafios frequentes para qualquer CEO são os de decidir onde, quando e quanto investir, e onde, quando e quanto não investir. O que ajuda os CEOs a oferecerem contribuições significativas nessa área é começar no lugar certo. O lugar certo é ter uma visão clara sobre o futuro desejado, tanto em curto quanto em longo prazo. Os CEOs eficazes definem o futuro que desejam e começam a construí-lo no presente investindo em áreas de importância no futuro. O investimento pode ser tão simples quanto um equipamento ou tão complicado como um novo negócio. Os CEOs avessos ao risco e que relutam em investir no futuro são pegos desprevenidos no pior momento possível.

O que o CEO fornece

- Decisões de investimento que se encaixam e permitem a visão ou estratégia

O que o CEO possibilita

- Definição sobre a situação futura
- Compromisso com o futuro

A obtenção dos Resultados subjacentes dos Negócios ajuda tanto o CEO quanto todos os funcionários (principalmente aqueles que participam do processo de tomada de decisão) a ter clareza sobre o negócio e a focar nos componentes apropriados do lucro. Não cumprir metas de lucro por apenas um centavo ou dois pode custar bilhões em capitalização de mercado. Fornecer, repetidas vezes, os Resultados dos Negócios prometidos é a prova de que sua empresa sobreviverá.

Resultados de liderança

Os Resultados de Liderança são geralmente maldefinidos para CEOs, produzindo desempenhos padronizados. Para definir de forma eficaz os

Resultados de Liderança para CEOs, precisamos olhar para três áreas: o direcionamento que a empresa deve tomar; o envolvimento com funcionários para obter sua participação e adesão; e possibilitar o sucesso assumindo as ações necessárias, inclusive a aquisição de recursos. Tudo isso é fácil de fazer se os talentos certos estiverem à disposição.

Direcionamento – A estrutura estratégica

Estabelecer o direcionamento para a organização é a primeira prioridade de todo líder, mas é especialmente importante para o CEO. O direcionamento pode assumir várias formas, incluindo visão, missão, valores, estrutura estratégica da empresa, estratégia de negócio, planos operacionais, orçamentos, metas, um balanced scorecard e indicadores-chave de desempenho. Os CEOs centram-se em alguns poucos, dependendo do tamanho e da maturidade da empresa. Visão, missão e valores normalmente fazem parte do que os CEOs precisam fornecer. Geralmente os fundadores estabelecem esses três, que costumam ter uma vida longa; mas eles podem precisar ser atualizados e revisados para a realidade atual dos negócios. Embora outros possam ajudar os CEOs na definição desses aspectos, o trabalho pesado deve ficar com estes.

Os CEOs precisam estabelecer a estrutura estratégica da empresa para reunir toda a energia e esforço gerados na busca da visão e da missão. Essa estrutura estabelece as fronteiras para a companhia e inclui aspectos como contexto para o desempenho (discutido no Capítulo 9), o pipeline de desempenho, o terreno estratégico que os subordinados precisam para desenvolver a estratégia de carteira ou a estratégia de negócio, e a arquitetura social que comanda o comportamento do dia a dia. Normalmente, a estrutura estratégica inclui todos esses elementos entrelaçados.

Considerando que as empresas existem em muitas formas e tamanhos diferentes, nem todas as posições de CEO são iguais. Nas grandes empresas em que muitas unidades de negócio são administradas por Gestores de Grupo, o CEO não desenvolve estratégia de carteira ou estratégia de negócio. Nas empresas em que vários negócios se reportam diretamente ao CEO, ele desenvolve a estratégia de carteira. Naquelas de um único negócio, o CEO estabelece a estratégia de negócio e a estratégia de carteira.

O que o CEO fornece

- Visão, missão, valores (novos ou atualizados)
- Uma estrutura estratégica da empresa clara o suficiente para penetrar na confusão

O que o CEO possibilita

- Orientação para o esforço e energia de todos
- Estratégia de carteira e estratégia de negócio
- Sentido de propósito para todos

De certa forma, um direcionamento claro e consistente é o resultado mais importante que o CEO fornece.

Envolvimento

Conversas frente a frente sobre o direcionamento da empresa representam responsabilidade fundamental do CEO. Os CEOs vendem a lógica e estabelecem a necessidade por sua escolha de direcionamento, e fazem isso com o máximo de funcionários possível. Eles devem contar a história, mas também devem fazer um esforço para ouvir a reação; devem prestar especial atenção aos problemas com a aceitação ou com as fortes crenças que se opõem. O interlocutor pode muito bem ter as informações e a experiência que faltam ao CEO. O propósito do envolvimento é a compreensão e a aceitação. Para se chegar à compreensão, talvez se façam necessárias várias discussões. Para se obter a aceitação, pode ser preciso algum ajuste ou redefinição no direcionamento.

À medida que o tempo passa e os pressupostos se mostram corretos ou incorretos, podem ser necessários novos envolvimentos. Funcionários em todos os níveis hierárquicos podem perder a confiança no direcionamento escolhido. Eles também podem ter ideias sobre como chegar ao objetivo de forma mais rápida, barata ou melhor. Novos empregados podem não estar suficientemente informados ou ter novas ideias úteis. Não basta um único envolvimento ousado para vender o direcionamento.

O que o CEO fornece

- Clareza e motivo (para o direcionamento)
- Redirecionamento quando as circunstâncias o justifiquem

O que o CEO possibilita

- Compreensão e aceitação do direcionamento por todos os funcionários
- Convicção e compromisso com o direcionamento
- Um direcionamento para todos
- Foco naquilo que é importante
- Livre fluxo de informações e ideias
- Compromisso de pessoas que o CEO pode nunca ter visto

Facilitação

Os CEOs precisam convencer seu pessoal de que falaram sério sobre o direcionamento que estabeleceram, e a melhor maneira de atingir esse objetivo é ajudando as pessoas a superarem os obstáculos que enfrentam, obterem os recursos que precisam e adquirirem as capacitações que faltam (todas essas questões surgem durante o processo de envolvimento). Ao investir em treinamento e desenvolvimento, na contratação de novas pessoas com as habilidades necessárias e na remoção de obstáculos que impedem as pessoas de gerar os resultados esperados, os CEOs facilitam a crença no sucesso da empresa e dos indivíduos. Os funcionários têm de acreditar que é possível seguir o caminho definido e que ele não se trata apenas de uma fantasia do CEO.

O que o CEO fornece

- O dinheiro para as capacitações e os recursos necessários
- Compreensão do desafio

O que o CEO possibilita

- Aquisição dos recursos necessários
- Crença no direcionamento
- Capacidade de alcançar o rumo traçado
- Sucesso ao perseverar no rumo traçado

O processo de facilitação é a diferença real entre desejar que a empresa tenha sucesso e tornar possível que a empresa tenha sucesso.

Talento sênior

Cabe ao CEO o requisito exclusivo de buscar aqueles indivíduos considerados membros da "propriedade corporativa". Isso inclui seu sucessor, seus subordinados e prováveis sucessores para duas camadas hierárquicas abaixo dele. No mínimo, a "propriedade corporativa" inclui todos os responsáveis pela geração do lucro (resultado) e os sucessores para ocupar essas posições. Assegurar ao Conselho e outras partes interessadas que a empresa consegue alocar rapidamente e com elevada confiança pessoas para essas posições é um dos ingredientes para assegurar a perpetuação da empresa. Os CEOs que se envolvem nas indicações para essas posições fundamentais, no desenvolvimento dos atuais ocupantes e dos sucessores, remanejamentos, alterações de funções e discussões sobre carreira têm uma percepção muito melhor sobre a capacitação desses líderes. Um aspecto que se tem mostrado de grande valor é o de assegurar a possibilidade de fazer remanejamentos difíceis testando pessoas-chave em novos papéis com novos chefes. Isso é algo que somente o CEO pode fazer. Um CEO eficaz gera uma equipe de trabalho e, em especial, líderes comprometidos em perpetuar a companhia, porque eles veem que o líder da empresa se preocupa com eles.

Resultados de administração

A alta administração está ficando com uma "má reputação" nos dias de hoje. Ela é equiparada com a burocracia, vista como algo que sufoca a inovação, além de ser considerada uma ideia antiga em um mundo novo. Mas o problema não é a gestão; o problema é a má gestão. Os CEOs que assumem seriamente a boa gestão, fazem isso focando em planos, organização e mecanismos de controle que sustentam a execução eficaz. Eles também constroem e mantêm um pipeline de desempenho.

Planos

Os planos são necessários para o prosseguimento do envolvimento, facilitação e direcionamento estabelecidos. Líderes e outros funcionários altamente motivados e compromissados não podem "ser largados". Prioridades, limites de custo, pessoal e outros recursos novos precisam ser alinhados. A maioria dos CEOs não faz o planejamento sozinho. Na verdade, eles requisitam que seus subordinados diretos preparem planos que estejam focados na execução da estratégia de forma ordenada, incluindo metas e orçamentos aceitáveis. As tarefas consistem em revisar os planos desenvolvidos por outros para assegurar a adequação estratégica e o alinhamento. A aprovação é o resultado requerido.

O que o CEO fornece

- Parâmetros ou diretrizes para o planejamento
- Aprovação final em tempo hábil (permissão para prosseguir)

O que o CEO possibilita

- Solicitações de propostas de planejamento com a autoridade do CEO
- Infraestrutura do planejamento
- Planos (estratégias), planos operacionais, planos táticos

Organização

A estrutura horizontal da organização fornece a conexão de cada funcionário com as estratégias e os planos. O desafio é fazer atribuições específicas para indivíduos que contribuem para todos os resultados. Os CEOs definem a estrutura organizacional geral da empresa, incluindo a Equipe Corporativa e as Unidades Operacionais subordinadas a ela. Esta definição tem grande impacto sobre o desempenho que será alcançado. As Funções da Equipe Corporativa são relativamente simples e diretas. Porém, os CEOs precisam refletir mais se as funções serão somadas sob um Diretor Administrativo (ou alguma variação desse cargo), ou se todos responderão diretamente ao CEO, ou se serão somadas para alguns e diretamente para outros. As solicitações do CEO definem o que se espera da Equipe Corporativa, já que o CEO é seu principal (e às vezes único) foco.

Do lado operacional, o CEO faz a escolha estrutural de grupos de unidades de negócio, unidades de negócio individuais ou funções como subordinados diretos. Outras opções incluem região geográfica, clientes, produtos ou problemas. As decisões da estrutura operacional têm grande impacto na forma como a empresa funcionará. O fator de decisão habitual é o alinhamento com a estratégia; isto é, essa estrutura atenderá à estratégia?

Eficácia do Pipeline de Desempenho

A estrutura vertical da organização tem muito mais possibilidades do que a estrutura horizontal, e fornece fluxo e interligação para cima e para baixo que a estrutura horizontal não consegue fornecer. O CEO fica no topo do pipeline de desempenho e é o único líder com fácil acesso a todo ele. Ele é a pessoa lógica para ter o controle de tudo. O livre fluxo de trabalho e informações para baixo requer a existência de ligações corretas entre as camadas hierárquicas. O custo da gestão e o desenvolvimento de liderança requerem que o trabalho certo seja realizado no nível hierárquico correto. Desenvolver velocidade e eficiência requer completa compreensão sobre como funciona o Pipeline de Desempenho, sobre onde poderão estar os pontos de estrangulamento, de onde pode vir a confusão e onde as decisões são tomadas. Com esse controle, o CEO sabe exatamente como a companhia ganha dinheiro, adiciona valor, satisfaz os clientes ou falha no fornecimento.

Os CEOs podem transferir a construção do pipeline de desempenho para outros, mas precisam validar pessoalmente os padrões de desempenho. As discussões regulares com pessoas de todos os níveis hierárquicos para descobrir o que estão realizando e o que as está impedindo fornecem o melhor quadro de como a empresa realmente funciona. Os CEOs aprendem como sua empresa realmente ganha dinheiro e, assim, não precisam adivinhar. Eles também descobrem rapidamente quem são os bons líderes; aqueles que são dignos de confiança para a tomada de decisões.

O que o CEO fornece

- Uma estrutura organizacional da empresa que consegue realizar a estratégia

- Um pipeline de desempenho que assegure que todo o trabalho esteja atribuído
- Requisitos do processo e disciplina do processo
- Padrões para o pessoal e decisões efetivas sobre pessoal
- Distribuição de poder entre os níveis hierárquicos adequados

O que o CEO possibilita

- Política corporativa
- Conexão adequada das camadas hierárquicas
- Práticas que reforçam a disciplina do processo
- Decisões tomadas no nível hierárquico apropriado
- Quem pode ou não estar na folha de pagamento

Controle e sistema imunológico

Os CEOs têm o controle da frente, do meio e da retaguarda. Interromper os problemas antes que iniciem, eliminando as encrencas antes que impactem a empresa, é o sistema de controle verdadeiramente eficaz. A estrutura estratégica corporativa, o pipeline de desempenho e a visão, a missão e os valores são mecanismos para controlar a partir da frente. Todos têm um senso de direção e propósito antes de agir.

Manter todo o trabalho na rota traçada e atender a todas as datas de entrega com a qualidade e o custo corretos são tarefas grandiosas que requerem controles a partir do meio; isto é, controle enquanto o trabalho está em andamento. Os CEOs têm um importante papel a desempenhar, tanto pessoalmente quanto capacitando outros. Eles precisam estabelecer revisões regulares com seus subordinados diretos, individual e coletivamente. Reuniões semanais da equipe, discussões individuais e relatórios periódicos são padrões em muitas companhias. Caminhar pela empresa e fazer visitas aos locais em eventos especiais também são atividades comuns. Quando a empresa efetua muitas transações em bases diárias para que o CEO possa revisar ou muitas pessoas para que o CEO consiga encontrar, é necessário haver mecanismos de controle adicionais.

Está ficando cada vez mais comum a construção de um "sistema imunológico" na empresa. O pessoal de Finanças e Recursos Humanos é utilizado como extensões do CEO até a base da organização. Eles têm a responsabilidade de interromper de imediato as transações inadequadas. Se a pessoa atingida não responde, o pessoal de Finanças ou Recursos Humanos tem o direito de avaliar o problema até que seja fornecida uma resposta apropriada. Coisas como decisões inadequadas de contratação, relatar informações erradas ou falsas e reter fatos importantes são exemplos de "vírus" que o sistema imunológico ataca.

Relatórios financeiros frequentes e atualizados em todos os níveis correspondem provavelmente à melhor forma de controlar a partir da retaguarda. As correções devidas podem ser feitas através de discussões abertas e francas.

O que o CEO fornece

- Direcionamento claro, com padrões
- Um sistema imunológico
- Revisões regulares de todos os tipos
- Feedback frequente para subordinados e outros, conforme apropriado

O que o CEO possibilita

- Auditorias de todos os tipos
- Feedback franco e frequente em todos os níveis hierárquicos
- Um clima de compromisso com resultados
- Livre fluxo de informações sobre desempenho
- Revisões de estratégia

Ao utilizar o pipeline de desempenho e boas práticas de gestão, o CEO tem enorme poder para impulsionar resultados em todos os níveis hierárquicos.

Resultados de relacionamentos

A maioria dos CEOs entende que é responsável por fazer a conexão da empresa com o mundo à sua volta. Alguns dos relacionamentos que surgem desse processo de conexão são óbvios, tais como aqueles com os líderes de governos, chefes de organizações que sejam clientes ou fornecedoras, líderes do setor de atividade e investidores. Alguns não são óbvios, incluindo aqueles com líderes acadêmicos, CEOs de setores paralelos e pessoas que possam fornecer conselhos sobre negócios. Em todos os casos, os relacionamentos devem cumprir dois objetivos principais: ajudar no fluxo das informações que entram e que saem, e que podem ser úteis para ambos os lados; e estabelecer a confiança na empresa pelas partes interessadas externas. Em termos deste segundo objetivo, as pessoas devem sentir confiança de que o CEO fará a coisa certa em todos os momentos, mas principalmente quando se vir sob pressão.

Os relacionamentos internos não podem ser presumidos. Não é fácil conquistar a confiança e o respeito daqueles que trabalham na empresa – e a manutenção desses sentimentos exige esforço constante. O envolvimento já foi discutido sob os Resultados de Liderança, mas vale a pena repetir. Os funcionários precisam ver e ouvir o CEO para saber o que ele defende. Muitos CEOs são desconhecidos de seu próprio pessoal, embora estejam totalmente engajados externamente.

Cada Conselho de Diretoria possui exigências únicas às quais o CEO precisa atender. Os Conselhos são, ao mesmo tempo, críticos e conselheiros. A confiança deles no CEO gera vantagens como rapidez na tomada de decisão, aceitação das mudanças de estratégia e aprovação dos investimentos solicitados. Estabelecer equilíbrio na atenção dispensada ao conselho para conquistar sua confiança requer um planejamento inteligente do CEO. Exagerar na atenção é tão ruim quanto dar atenção de menos.

O que o CEO fornece

- Confiança e respeito dentro da empresa
- Ampla base de relacionamento externo
- Confiança e apoio do Conselho de Diretoria

O que o CEO possibilita

- Aceitação da empresa por agentes externos
- Acesso a informações e a outros recursos
- Ambiente positivo para relacionamentos internos

Os relacionamentos são excelentes para viabilizar a atuação, e os CEOs precisam construí-los em todas as direções se pretendem gerar resultados.

Resultados de inovação

A perpetuação da empresa requer adaptação a um ambiente em mudança. O sucesso em longo prazo do CEO está diretamente ligado à sua capacidade de inovar, de acrescentar valor de novas maneiras aos clientes e de satisfazer as necessidades de mudança das partes interessadas. A inovação real ocorre em níveis hierárquicos inferiores, mas um CEO eficaz torna as expectativas claras e a execução possível. As inovações podem ser grandes (invenções) ou pequenas (aperfeiçoamentos nos processos), mas eles precisam facilitá-las.

Expectativas claras

Todo funcionário pode ser inovador se souber que a inovação é esperada. Os CEOs colaboram para que isso aconteça ao estabelecer expectativas claras e comunicá-las de forma consistente, estabelecendo padrões e medindo resultados. A inovação exige um tempo extra e um esforço adicional, que podem não acontecer se não houver estímulos. O pipeline de desempenho é usado atualmente para informar expectativas e medições. O que parece funcionar melhor é tornar claro o requisito sem especificar a natureza da inovação. Isso pode ser especificado com maior precisão pelos níveis hierárquicos inferiores.

Apoio à execução

Os CEOs têm maior possibilidade de apoiar a inovação do que qualquer outra pessoa na empresa. Orçamentos, prêmios, organização, publicidade e reconhecimento são apenas algumas das opções. O que importa aqui é que as escolhas sejam aceitáveis e convincentes. Uma das melhores opções é estabelecer o clima que incentive o aprendizado e a experimentação sem punição dos erros. Esse assunto é tão vasto que existem livros inteiros escritos sobre ele. A intenção aqui é propiciar uma consciência sobre a questão – e não fornecer todas as respostas.

O que o CEO fornece

- Expectativas claras quanto à inovação
- Parâmetros de medição
- Clima de apoio
- Recompensa e reconhecimento

O que o CEO possibilita

- Total participação
- Disposição de tentar
- Gestão e aplicação local

O que os CEOs não devem produzir

O principal papel dos CEOs é perpetuar a empresa, garantir que ela tenha sucesso. Isso deixa pouco tempo para trabalhar em resultados estranhos e contraproducentes. Assim, não queremos os CEOs fornecendo o seguinte:

Todas as respostas. À medida que os CEOs ficam cada vez mais eficazes em seu papel, seus subordinados diretos e frequentemente muitos em níveis hierárquicos inferiores, querem saber o que o CEO acha, o que o CEO quer, o que o CEO faria. Muitas decisões ou questões são assim adiadas aguardando por ele. Embora seja sedutor ter sua opinião ou avaliação solicitada para quase tudo, fornecê-la destrói a organização. Isso criaria muita dependência e eliminaria até mesmo os desafios razoáveis. As pessoas param de fazer a pesquisa e a análise necessárias quando o CEO tem todas as respostas.

Todo o poder. Muitas pessoas acreditam que planos, projetos, programas, mudanças e afins precisam do apoio do CEO para ter sucesso. Embora o CEO precise saber quais são as novas iniciativas planejadas e implementadas, não deve precisar fortalecê-las. A delegação consciente e específica de autoridade e o fortalecimento deliberado de pessoas fundamentais abaixo dele requerem reforço constante. Toda a empresa precisa saber que o Grupo Executivo, Chefes de Funções Corporativas e outros líderes-chave falam em nome dele.

Decisões emocionais. A paixão está em voga como um ingrediente valioso para todos, mas especialmente para os líderes. Ela surge como ingrediente-chave para o sucesso em empresas no mundo inteiro. Embora seja útil em vários níveis hierárquicos na organização, principalmente naqueles que fazem diretamente o produto ou atendem aos clientes, é um veneno para um CEO. A tomada de decisão desapaixonada é muito mais útil. O CEO precisa analisar aquilo que funciona ou não, estar pronto para abandonar práticas importantes (mas que não funcionam mais) e equilibrar os interesses de todas as partes interessadas – mas não precisa do desequilíbrio que vem junto com a paixão.

Encontrando o equilíbrio correto

Quando se trata de resultados no topo da organização, os CEOs precisam estabelecer um equilíbrio delicado. Se focar seus esforços de maneira muito estreita, faz todos os demais na empresa serem, de certa forma, enganados; focar de maneira muito ampla pode tirar a iniciativa dos outros. Fornecer resultados também é apenas uma parte da equação. Compreender aquilo que deve ser capacitado na empresa vale qualquer esforço requerido. Se você é CEO, se trabalha com um deles ou se orienta algum, entender os fatores possibilitados pelo CEO listados em cada categoria de resultados neste capítulo deve estar entre as maiores prioridades. Muitos CEOs ficam enredados pela fascinação e o poder associados às suas posições e acabam perdendo de vista sua obrigação de fazer a empresa obter sucesso. Fornecer resultados ao mesmo tempo que capacita outras pessoas na organização a ter sucesso requer maturidade, equilíbrio e um pipeline de desempenho. Tantos CEOs enfatizaram exageradamente os componentes externos de seu trabalho que as partes internas estão sendo negligenciadas. O atual clima de incertezas nos negócios torna o desequilíbrio ainda pior. Encontrar o equilíbrio correto entre as preocupações externas e internas é mais difícil do que nunca. Para se atingir o propósito do CEO (perpetuação da empresa), são necessários resultados sustentados e sustentáveis produzidos por todos os funcionários da empresa. Pensar além de si próprios e de seu mandato ajuda os CEOs a terem sucesso; fazer todos terem sucesso ajuda a empresa a progredir.

3

Gestores de Grupo

Carteira de negócios

Vamos começar definindo a camada hierárquica de Gestor de Grupo, pois a definição pode variar por organização e setor econômico. Um Gestor de Grupo é responsável por vários negócios e pode ser chamado de CEO de Grupo, Executivo Regional ou Executivo Setorial. Algumas empresas menores possuem apenas um Gestor de Grupo; ele pode ser o Presidente ou o Chief Operating Officer (COO). Os Gestores de Grupo são responsáveis por fornecer a estratégia da carteira (de produtos ou negócios), que inclui quais os negócios que a empresa deve explorar e quais os que devem ser abandonados. Eles também devem estabelecer a sucessão da camada hierárquica de Gestor de Negócio para garantir que existam pessoas qualificadas para dirigir os negócios. Eu me aprofundarei nestas duas contribuições principais, assim como em outras que podem não ser tão óbvias, mas que são importantes.

Em primeiro lugar, porém, deixe-me apresentar duas ideias sobre Gestores de Grupo que surgiram de meu trabalho. Pelo fato de os Gestores de Grupo serem os principais candidatos a CEO, fiquei envolvido de perto com muitos deles em minhas tarefas ligadas à sucessão de CEOs.

De todas as posições executivas, esta é a que apresenta maior necessidade de clareza de função e foco. Com muita frequência, os Gestores de Grupo se intrometem nos negócios por falta de clareza de propósito.

Não crie posições de Gestor de Grupo apenas por não possuí-las, mas garanta que executivos específicos recebam a responsabilidade pelas contribuições dessa camada hierárquica. Muitas companhias não possuem Gestores de Grupo. Nesses casos, os líderes que se reportam ao CEO devem prestar contas pelos resultados identificados neste capítulo. Os resultados necessários são requisitos fundamentais e precisam ser assumidos por outros. Decida quem deverá assumir a responsabilidade e considere o CEO como um candidato; considere também como redistribuir as responsabilidades pelos resultados – tópicos que aprofundarei mais adiante, neste capítulo.

Os resultados mais negligenciados pelos Gestores de Grupo

Exemplo

No período de uma semana, os CEOs de três grandes corporações dos Estados Unidos me fizeram, cada um deles, a mesma pergunta: "Como fazer meus subordinados diretos sentarem a uma mesa para falar sobre a companhia?" Esses CEOs sentiam que os Gestores de Grupo queriam conversar e tratar apenas de seus próprios negócios, seus próprios orçamentos e suas próprias necessidades.

Trabalhando separadamente com esses três CEOs, descobrimos que os Gestores de Grupo não estavam assumindo a responsabilidade pelo sucesso da empresa como um todo. Eles dedicavam tempo demais disputando a alocação de recursos e as prioridades. Os Gestores de Grupo não apoiavam as iniciativas corporativas e transformavam o CEO em árbitro. Os líderes das Funções Corporativas (Diretor Financeiro, Diretor de Recursos Humanos, Diretor Jurídico, e assim por diante) também se reportavam ao CEO e também ficavam aquém nesta categoria de resultados. Eles não permitiam a otimização dos Resultados da Empresa, pois focavam apenas no sucesso de suas funções.

Responsabilidade pelos resultados da empresa

Gerar os Resultados Financeiros da Empresa é o primeiro e mais importante resultado. Esse Grupo Executivo não deve ser considerado bem-sucedido se atender às suas metas e a empresa não conseguir. Se um Gestor de Grupo consegue gerar seus números, mas a empresa não atinge suas metas de ganhos, ou se fracassam importantes iniciativas da empresa, provavelmente haverá uma publicidade ruim e o preço das ações cairá. Todos nessa camada hierárquica têm de estar afinados, fazer os ajustes aos seus próprios planos, compartilhar recursos e apoiar iniciativas que envolvam toda a empresa.

Apoio às iniciativas corporativas é outro requisito fundamental para Gestores de Grupo; esse requisito muitas vezes recebe baixa prioridade ou é totalmente ignorado. As Funções Corporativas têm de fornecer resultados que abranjam a empresa toda. Quando exaustivamente discutidos com os Gestores de Grupo e outros Gestores de Funções Corporativas e aprovados pelo CEO, esses resultados funcionais se transformam em obrigação para o Gestor de Grupo. Quando totalmente revisados pelos colegas e aceitos pelo CEO, as novas exigências de informações financeiras, um novo programa de avaliação de desempenho ou uma mudança nos termos dos contratos precisam ser fornecidos. Não importa o quão "sobrecarregado" se sinta o Gestor de Grupo, a realização dos programas corporativos é uma obrigação. Os Gestores de Grupo devem assumir a responsabilidade pelo sucesso dessas iniciativas em seu grupo e em toda a companhia, mesmo que não concordem.

Por outro lado, os Líderes das Funções Corporativas precisam criar programas, desenvolver estratégias e conceber iniciativas com uma noção clara de sua própria responsabilidade pelos Resultados da Empresa. Isso deve ocorrer tanto para resultados financeiros quanto para os não financeiros. Custo razoável, facilidade de implementação e impacto no lucro são critérios exigidos para a concepção de iniciativas corporativas. Os Gestores de Grupo e os Líderes de Funções Corporativas têm mais resultados exigidos em comum do que individuais. O trabalho em equipe em seu nível hierárquico é fundamentalmente importante, mas raramente é alcançado. Ainda que a tensão criativa entre esses dois grupos de liderança seja produtiva, a abordagem colaborativa é ainda mais produtiva.

Alocação eficaz de capital

Embora o lucro seja de responsabilidade do Gestor de Negócio (uma camada hierárquica abaixo), o Gestor de Grupo aprova metas de lucro, faz a distribuição de recursos e apoia outros ajustes que assegurem o sucesso total. Como parte de sua responsabilidade financeira, os Gestores de Grupo precisam dominar os meandros da alocação de capital. Esse tipo de resultado pode ser desafiador, pois decidir qual negócio possui a estratégia com maior probabilidade de sucesso requer um trabalho árduo e um julgamento afiado. Considerando que os Gestores de Grupo exercem supervisão direta sobre as estratégias de cada negócio, eles têm a melhor perspectiva para priorizar as alocações de capital. Eles também são responsáveis pela decisão sobre quais novos negócios entrar, e como entrar. Em geral, é necessário um investimento importante; assim, eles precisam abordar as prioridades de investimentos adicionais que surgem. No topo de tudo isso, eles precisam conseguir trabalhar em estreita colaboração com o CFO e outros Gestores de Grupo para tomar decisões perspicazes de alocação e angariar apoio para elas. Embora o CEO e o CFO definam a estratégia para a alocação geral de capital, os Gestores de Grupo fazem as escolhas que impactam decisões maiores da empresa. Quando não existem Gestores de Grupo, o CEO e o CFO tomam as decisões de alocação de capital com informações da equipe do CEO, dos Gestores de Negócio e de outros Chefes de Função da Equipe Corporativa.

Exame do ambiente e monitoramento das incertezas estratégicas

Como os Gestores de Grupo não cuidam do dia a dia dos negócios, normalmente têm tempo de examinar o panorama do negócio para verificar a concorrência, avaliar as tendências do setor e monitorar a economia global. Assim, eles conseguem produzir uma análise do ambiente que permite que os Gestores de Negócio tomem as melhores decisões. Eles também permitem um exame raramente discutido, mas muito necessário, sobre as incertezas estratégicas. Os Gestores de Grupo produzem uma estratégia de carteira e, em seguida, monitoram os aspectos que ameaçam essa estratégia. São ameaças diretas às ações adotadas ou planejadas por concorrentes, governos, clientes, sindicatos e outros. Os Gestores de Grupo não conseguem fornecer esse conjunto de resultados quando perdem de vista aquilo que é importante. Se eles deixam de considerar ações que representam ameaças e não fazem as correções em tempo hábil, sua estratégia de carteira se torna insuficiente. Porém, se mantiverem o monitoramento dessas ameaças e incertezas, então suas análises e prováveis decisões poderão ser transmitidas para os Gestores de Negócios e ajudá-los a fazer ajustes oportunos nas estratégias de negócio.

O que o Gestor de Grupo deve fornecer

- Resultados Financeiros da Empresa
- Resultados Financeiros do Grupo
- Sucesso das iniciativas corporativas
- Recomendações sobre alocação de capital
- Exame do ambiente
- Exame das incertezas estratégicas

O que o Gestor de Grupo possibilita

- Capital para investimento nos negócios
- Exames do ambiente relevantes para os negócios
- Avaliações das incertezas estratégicas
- Ajustes oportunos nas estratégias de negócio
- Aceitação das iniciativas corporativas

O trabalho completo

Outros resultados de negócios: Novos empreendimentos

Normalmente faz parte das responsabilidades do Gestor de Grupo o desenvolvimento de capacidade para negócios futuros através de joint ventures e parcerias. Encontrar meios de acelerar o desenvolvimento da capacitação em resposta a condições em constante mudança é mais importante agora do que nunca. O compartilhamento de tecnologias, propriedade intelectual ou outros ativos em comum, a escolha inteligente de parceiros ou a opção de seguir sozinho são decisões fundamentais.

Resultados de liderança

Considerando a importância dos Resultados de Negócios para os Gestores de Grupo, aqueles que conseguem alcançar Resultados de Liderança voltados para o futuro são os mais bem-sucedidos e os melhores parceiros para o CEO. As contribuições mais importantes são a estratégia e o desenvolvimento de pessoas, seguidas de perto pela liderança na empresa – o futuro da empresa se apoia no cumprimento das projeções de lucros, obtidos pelo fato de ela estar nos negócios corretos no momento certo e com o líder de negócio e equipe corretos.

Estratégia

Nesse nível hierárquico, a estratégia significa estratégia de *carteira*. Ela define os negócios em que a empresa estará nos próximos 5 a 10 anos a partir de agora. A armadilha para os Gestores de Grupo do ponto de vista do desempenho é a seguinte: assumir ações heroicas para "salvar" um negócio só será aceitável se houver uma vantagem competitiva realmente sustentável, mas os Gestores de Grupo não devem enganar a si próprios ou aos outros. Os gestores que fornecem Resultados Estratégicos aprendem a constatar a diferença entre um negócio com um grande futuro e um negócio com somente um grande passado.

O trabalho de estratégia nesse nível hierárquico tem o luxo de possuir uma ampla escolha e a obrigação de focar em oportunidades reais. Os Gestores de Grupo que brilham encontram as oportunidades de mercado e concebem como incorporá-las de maneira sustentável. Eles resistem à tentação de enfrentar os problemas dos negócios atuais, deixando-os para os Gestores de Negócio. Embora os Gestores de Grupo precisem estabelecer a realocação de recursos de um negócio para outro, a fim de assegurar o sucesso do grupo, eles não têm de se prender na solução de problemas em outras áreas. Na verdade, passar mais tempo resolvendo problemas do que buscando oportunidades é um sinal vermelho que indica que os Gestores de Grupo estão correndo atrás dos resultados errados. Seu foco deve ser em encontrar oportunidades em meio a toda essa incerteza.

A estratégia de carteira ajuda os Gestores de Negócio a enxergarem a forma do futuro provável. Ela também ajuda esses gestores a entenderem a estrutura estratégica da empresa. Quando os Gestores de Grupo tornam clara a estratégia de carteira, aumenta a probabilidade de as estratégias de negócios estarem no caminho correto. A revisão e a aprovação das estratégias dos Gestores de Negócio fazem parte das obrigações dos Gestores de

Grupo. Uma estratégia de negócio aprovada libera os líderes de negócio em todos os níveis hierárquicos a buscarem os resultados corretos, confiantes de contarem com o apoio daqueles que estão acima deles.

Desenvolvimento de pessoal

Em muitos aspectos, a maior contribuição dos Gestores de Grupo para a empresa é desenvolver Gestores de Negócio que possam ter um desempenho de alto nível. Infelizmente, nem sempre os Gestores de Grupo reconhecem o desenvolvimento de pessoas como sua maior prioridade, preferindo concentrar-se nos Resultados Financeiros que propiciem um sucesso mais rápido e mais fácil de ser constatado. Os Gestores de Negócio que se reportam a eles assumem esse direcionamento implícito e se mostram relutantes em investir seu tempo e energia no desenvolvimento de pessoal. O desenvolvimento do Gestor de Negócio é um processo longo, que exige boa dose de esforço.

Os Gestores de Grupo identificam os candidatos a Gestor de Negócio logo cedo em suas carreiras (preferencialmente, ainda em nível hierárquico de Gestor de Gerentes). Eles exigem planos para esses candidatos, envolvendo coaching, rotatividade no trabalho, experiência em mais de uma função e desenvolvimento de um conjunto adequado de habilidades de liderança. Para que isso aconteça, os Gestores de Grupo devem defender o processo de planejamento da sucessão. Para identificar os possíveis Gestores de Função é preciso envolver-se pessoalmente com o nível hierárquico dos Gestores de Gerentes. Os Gestores de Negócio recomendam suas escolhas para Gestor de Função, mas o Gestor de Grupo detém a aprovação final. Assim, o Gestor de Grupo deve adquirir profundo conhecimento sobre a capacidade e o interesse dos Gestores de Gerentes de melhor desempenho. Igualmente importante é desenvolver Gestores de Função para o papel de Gestor de Negócio, mas isso deve ser considerado a obrigação mínima.

Orientar de forma eficaz os Gestores de Negócio, principalmente quando são novos no papel, pode representar a diferença entre atingir as metas de lucro ou perdê-las. Instintivamente, muitos Gestores de Grupo tendem a dar bastante espaço para os Gestores de Negócio mostrarem do que são capazes. Isso pode ser bom em longo prazo, mas, no início, os Gestores de Negócio precisam de uma boa dose de orientação. Conforme será explicado no próximo capítulo, a transição para Gerente de Negócio é a mais difícil de todas as transições definidas em *Pipeline de liderança*. A orientação deve ser dada desde cedo e com frequência.

Liderança na empresa

Quando um CEO se reúne com seus subordinados diretos, a esse grupo de pessoas chama-se Comitê de Política ou Equipe Executiva ou Conselho de Administração (utilizaremos "Comitê de Política"). Durante seu trabalho, o Comitê de Política deve ter o foco na empresa; no entanto, como já observado, os membros desse comitê geralmente preferem uma perspectiva mais estreita defendendo seus próprios interesses a assumir essa mentalidade voltada para a empresa. Um Gestor de Grupo eficaz se coloca à altura do desafio e é um campeão na liderança da empresa. Os requisitos básicos são: preparar-se adequadamente para as reuniões, apoiar as ideias dos outros, compartilhar informações, permanecer focado no panorama geral e fazer sugestões pensando na empresa como um todo.

O que o Gestor de Grupo deve fornecer

- Estratégia de carteira
- Novos empreendimentos
- Estratégia de negócios aprovada
- Sucessão do Gestor de Negócio
- Coaching e desenvolvimento do Gestor de Negócio e do Gestor de Função
- Modelo de liderança para a empresa

O que o Gestor de Grupo possibilita

- A estrutura para a estratégia de negócio
- Coaching para Gestores de Negócio e Gestores de Função
- Desenvolvimento para Gestores de Gerentes
- Um sistema de sucessão para desenvolver Gestores de Negócio
- Conexão com a estrutura estratégica da empresa

Resultados de administração

Quando se trata dessa categoria de resultados, os Gestores de Grupo muitas vezes cometem o seguinte erro: tentar administrar o negócio, em vez de tentar administrar os Gestores de Negócio. Os Gestores de Grupo normalmente foram Gestores de Negócio durante sua ascensão na hierarquia da empresa e tiveram êxito nesse papel. Ficar pendurado neste papel é bastante comum porque o trabalho do Gestor de Negócio é repleto de ações e decisões importantes; muitos Gestores de Grupo dizem que o papel de Gestor de Negócio era muito mais recompensador. É preciso bastante cuidado para garantir que os Gestores de Grupo atuem nessa função, e não como Gestores de Negócio.

Transparência

A informação atualizada sobre o estado de cada negócio ajuda os Gestores de Grupo a fazerem uma adequada distribuição dos recursos. Os Gestores de Grupo devem estabelecer o processo para o fluxo de informações. Dentre as definições do Gestor de Grupo estão: decidir quais informações são necessárias, quando são necessárias e qual a forma que deverão assumir. A transparência nos relatórios ajuda os Gestores de Grupo, as Funções Corporativas e o CEO a tomarem decisões melhores.

Delegação

As empresas precisam assumir riscos adequados, administrar esses riscos e gerar resultados. Os Gestores de Grupo delegam autoridade suficiente para permitir que os riscos sejam assumidos e administrados. Ao mesmo tempo, porém, os Gestores de Grupo precisam implementar mecanismos de controle para evitar o risco excessivo e garantir uma administração adequada do risco. Dar apoio ao "sistema imunológico" do CEO (discutido no capítulo anterior) e certificar-se de que ele funcione ajudam o Gestor de Grupo a monitorar o progresso.

Revisões

Um elemento do sistema de controle é o processo de revisão operacional. Revisões operacionais regulares permitem que o Gestor de Grupo veja os resultados e ouça sobre progresso e obstáculos. A franqueza é fundamental e o Gestor de Grupo estabelece o tom e os padrões para as reuniões. As revisões também fornecem oportunidade para se construir a equipe e se criar um ambiente de trabalho saudável. Pode ser desafiador manter essas reuniões relevantes e construtivas, de forma a não se transformarem em palco para apresentações superficiais. Um aspecto fundamental consiste em estabelecer as métricas corretas. Os painéis de avaliação (*scoreboards*) podem ser úteis, mas não tornam suficientemente clara a responsabilidade individual pelos resultados. Neste caso são mais úteis as metas e medições dos negócios que sejam exclusivas para o indivíduo e o negócio.

O que o Gestor de Grupo deve fornecer

- Processo para as informações
- Delegação
- Sistemas de controle
- Revisões operacionais
- Métricas para o grupo
- Ambiente de trabalho aberto

O que o Gestor de Grupo possibilita

- Transparência
- Autoridade
- Padrões para o desempenho
- Medições apropriadas para os negócios

Resultados de relacionamentos

Quando os Gestores de Grupo não conseguem atender aos requisitos de desempenho de seu nível hierárquico, geralmente significa que deram pouca atenção a uma multiplicidade de relacionamentos. Muitas vezes fazem isso porque a construção e a manutenção desses relacionamentos são vistas como de responsabilidade maior por parte de outros gestores em outros níveis hierárquicos. Na verdade, ajudar no desenvolvimento e na manutenção desses relacionamentos é uma responsabilidade fundamental do Gestor de Grupo no apoio para o sucesso da empresa. Embora a necessidade de relações de trabalho eficazes com as pessoas de camadas hierárquicas inferiores seja bem compreendida, outros relacionamentos talvez não sejam tão óbvios.

Por exemplo, os Gestores de Grupo devem desenvolver *relacionamentos com o governo* em nome da empresa, gerando verdadeiras parcerias quando possível. Os CEOs não podem fazer tudo sozinhos, portanto contam com os Gestores de Grupo para compartilhar o fardo. As Funções Corporativas também ajudam nesse trabalho. Identificar as pessoas corretas, construir relacionamentos construtivos e éticos e transmitir o compromisso da empresa com o bom governo compõem esse trabalho desafiador.

O *relacionamento com clientes* também é uma responsabilidade a ser compartilhada. Da mesma forma que ocorre com os governos, os CEOs não conseguem construir relações de trabalho com grande quantidade ou com uma ampla variedade de clientes importantes. Os Gestores de Grupo devem preencher parte dessa lacuna. O objetivo é estabelecer parcerias. De forma semelhante ao CEO, os Gestores de Grupo não devem passar por cima do processo de venda, e sim construir relacionamentos que permitam o planejamento conjunto de futuros negócios com foco no longo prazo e no benefício mútuo.

Os Gestores de Grupo também devem construir um forte *relacionamento com o setor de atividade* para obter informações e ideias para o desenvolvimento da estratégia de carteira. Os especialistas do setor, os concorrentes, as lideranças e as associações podem fornecer ideias valiosas sobre novos direcionamentos e a confirmação sobre tendências negativas. Para empresas com negócios em muitos setores econômicos, o Gestor de Grupo deve ser o porta-voz da empresa nos setores relevantes em seus negócios. Compartilhar aquilo que aprende com os negócios sob sua gestão beneficia toda a organização.

As *alianças e parcerias* já assumidas para o crescimento ou o desenvolvimento dos negócios podem ser cheias de problemas advindos de relacionamentos difíceis; os Gestores de Grupo estão geralmente em excelente posição para facilitar esses esforços em colaboração. A decisão sobre qual direção adotar, a entrada em novos mercados, experiências, compartilhamento de propriedade intelectual e muitas outras ações podem levar a desentendimentos. Em muitos casos, os Gestores de Grupo podem e devem responsabilizar-se por incentivar a transparência e a flexibilidade que ajudem no florescimento dessas parcerias, ao mesmo tempo que eliminam ou enfrentam os desentendimentos.

Os *relacionamentos com colegas* representam a quinta área em que os Gestores de Grupo precisam assumir responsabilidade pela empresa. Trabalhar bem com os pares ajuda a empresa a ter sucesso. Ego, ambição, agendas diferentes, falta de respeito e falta de disposição para se comprometer são falhas comuns entre os Gestores de Grupo. É razoável supor que os Gestores de Grupo alcançaram esse nível hierárquico na organização porque possuem personalidade forte; sua crença em si mesmos foi reforçada por seu sucesso. No entanto, quando não trabalham bem com outros indivíduos ou em equipe, as pessoas notam. Os que estão em cargos inferiores tiram exemplos desse nível hierárquico sobre como devem trabalhar com colegas de outros grupos ou funções. Dependendo do exemplo que estabelecem, os Gestores de Grupo podem construir muros de "feudos" ou derrubá-los.

Finalmente, *relacionamentos com o CEO e o Conselho de Diretoria*, que devem ser trabalhados regularmente, e não considerados garantidos. Os Gestores de Grupo têm obrigações para com seu chefe de entender o que ele está tentando realizar para a empresa. Os CEOs precisam contar com o esforço e a boa vontade de seus subordinados diretos, mesmo quando as atividades externas reduzem o tempo dedicado à discussão em conjunto dos assuntos. O Conselho também precisa contar com os Gestores de Grupos. Os diretores precisam confiar que os gestores apresentarão os resultados e que o futuro está sendo cuidado. Considerando que o conselho representa os acionistas, seus membros precisam saber que tanto os investidores de curto prazo quanto os de longo prazo estão sendo atendidos apropriadamente. Portanto, os Gestores de Grupo devem comunicar e demonstrar aos CEOs e aos membros do conselho que "entenderam" o que é importante para eles e que estão na mesma sintonia quando se trata desses objetivos.

O que o Gestor de Grupo deve fornecer

- Relacionamentos com governos
- Relacionamentos com clientes
- Relacionamentos com o setor de atividade
- Relacionamentos com parceiros e alianças
- Relacionamentos com colegas
- Relacionamentos com níveis hierárquicos superiores
- Relacionamentos com subordinados

O que o Gestor de Grupo possibilita

- Clientes receptivos
- Clima de colaboração
- Benefícios com relacionamentos externos
- Boa cidadania
- Análises e tendências do setor de atividade

Exemplo

Derek foi CEO da Snelling Company, fabricante regional de bens de consumo com uma forte história de crescimento. A Snelling foi organizada como um único negócio com grande força de vendas, mas com uma equipe de apoio muito pequena. Quando a Snelling foi adquirida pela Bravo Enterprises, Derek foi solicitado a ficar na empresa e dirigir sua área de negócio. Após muita discussão com o CEO da Bravo, Derek concordou em permanecer.

Passados dois meses, Derek passou a dirigir seu negócio, mais dois outros, e seu cargo mudou para Vice-Presidente Executivo da Região do Oriente Médio. Agora era um Gestor de Grupo dirigindo três negócios, em um papel totalmente novo para ele. Após reunir-se com as equipes seniores de cada um de seus negócios, ele refletiu sobre o que havia aprendido:

- *As duas equipes dos novos negócios estavam infelizes por terem sido adquiridas, assim como sua própria equipe estava. Eles se ressentiam da perda de autonomia e não gostavam da Bravo, bastante conhecida pela concorrência direta.*

- *Eles se ressentiam porque ele não tinha legitimidade real na Bravo e provavelmente só interferiria nos negócios deles, pois o conheciam por sua reputação como Gestor de Negócio que põe a mão na massa.*
- *Nenhuma das equipes de negócio, incluindo a sua, queria trabalhar com o Pessoal Corporativo da Bravo, que todos viam como uma sobrecarga desnecessária.*

Tratava-se de problemas novos para Derek, e ele não tinha certeza de como enfrentá-los.

Após participar da reunião mensal com o CEO da Bravo, Derek perguntou ao VPE da América Latina como ele havia organizado sua região. O colega sugeriu que pegasse Margret (VP para o Desenvolvimento da Organização) para ajudá-lo a elaborar um plano, tal qual ela fizera com ele. Parte desse plano consistiu em definir claramente os resultados esperados dele e os resultados esperados dos Gestores de Negócio, de modo que os papéis ficassem claros. Derek convidou Margret para uma reunião em seu escritório em Dubai para fazer algo semelhante em sua área.

Margret passou um dia trabalhando com Derek na definição de seu papel como Gestor da Região e os papéis dos Gestores de Negócio que se reportavam a ele. Ela utilizou os padrões de desempenho que a Bravo havia adotado para explicar as diferenças entre os resultados do Gestor de Negócio e do Gestor de Grupo. Após conversar sobre os papéis, ficou claro para Derek que ele precisava substituir a si mesmo em seu anterior negócio da Snelling; assim, chamou seu Chefe de Vendas e pediu que ele assumisse o trabalho. Depois pediu que seus três Gestores de Negócio se reunissem com ele no dia seguinte para discutir papéis, responsabilidades e organização do trabalho.

Com Margret atuando como facilitadora da discussão, Derek e sua nova equipe passaram boa parte do dia discutindo como ter sucesso no Oriente Médio e como fazer cada um de seus negócios ter sucesso, assim como eles próprios. Todos tiveram muito a aprender sobre a Bravo Enterprises, o papel de Derek e seus próprios papéis nessa nova situação.

A reunião da equipe foi tão franca e produtiva que acabaram retomando-a no dia seguinte. Todos gostaram de ouvir os exemplos de Margret sobre como os especialistas da Equipe Corporativa ajudaram outros negócios e regiões. Os Gestores de Negócio também estavam gratos pela oportunidade de discutir seus papéis com o novo chefe. Ficou bastante claro que Derek seria o defensor deles na Bravo. Eles estavam acostumados a tomar suas próprias decisões sobre aplicação de capital nas companhias anteriores, mas agora tinham de viver com os processos da Bravo. A área corporativa ajudava com promoções de marketing, informações de clientes, planejamento logístico e tecnologia da informação. Derek percebeu que precisaria da cooperação e apoio corporativos para ter sucesso. A reunião concluiu com acertos sobre o que seria de "responsabilidade" dos Gestores de Negócio, como seriam os relatórios para Derek, um pequeno plano para saber em primeira mão como a Equipe Corporativa poderia contribuir e o que Derek faria para ajudar a região a crescer e ganhar estatura no Oriente Médio e na Bravo.

Durante a semana seguinte, Derek reuniu-se com seu chefe, o CEO da Bravo, para apresentar a definição de sua nova posição executiva na região e mostrou que ela poderia trabalhar em benefício de todos. O CEO lhe forneceu um quadro claro das expectativas dele em relação ao Vice-Presidente Executivo. No topo da lista, estavam assumir responsabilidade pelo sucesso da Bravo, trabalhar colaborativamente com a equipe sênior e cumprir as metas financeiras. O CEO disse que revisaria os Padrões de Desempenho do Gestor de Região, pois, com base na conversa, alguns requisitos novos seriam necessários, principalmente em termos de relacionamentos de trabalho.

Padrões de desempenho do Gestor de Grupo

A Tabela 3.1 contém os padrões revisados para Gestor de Região na Bravo ("Cia B"). Os padrões originais foram elaborados para ajudar a Bravo a buscar a meta de liderança global em seu setor de atividade. A Snelling e as outras foram adquiridas como parte deste objetivo. Embora fosse solicitado que os Gestores de Região se concentrassem em seus superiores e se voltassem para fora da empresa, não havia ênfase suficiente em focar os subordinados para fazer os negócios individuais e seus líderes terem sucesso. Os acréscimos assinalados em *itálico* na tabela foram feitos para refletir a importância dos Gestores de Região (Gestores de Grupo) em permitir esse sucesso.

A companhia colocou os valores de trabalho requeridos na segunda coluna para enfatizar que era esperado que todos os funcionários atuassem na camada hierárquica correta, inclusive os das companhias adquiridas. O fato de ser adquirido mudou a camada hierárquica de muitos executivos.

Tabela 3.1 Vice-Presidente Executivo, Região (Gestor de Grupo)

Dimensões de Desempenho	Valores de Trabalho Requeridos	Desempenho Completo
Resultados de Negócio	- Sucesso do negócio global.	- Os resultados de Negócio/Função permitem que a [Cia B] forneça o valor previsto para o acionista.
- Desenvolvimento de capacitação global - Grandes Projetos - Eficácia do Comitê de Gestão - Centros de Excelência	- Pensamento de primeira classe em nível mundial. - Não defender apenas seu território. - Valor para o acionista. - Responsabilidade Social.	- Os centros de excelência são de classe mundial. - A taxa de crescimento supera a do setor, ano após ano. - Projetos de alto nível identificados e encaminhados. - Marcas globais e possíveis marcas globais são cultivadas e protegidas.
- Rede Global Equilibrada	- *Ter uma visão de resultados como a de proprietário.*	- Registro histórico de atendimento/superação das metas de lucro e de crescimento, consistentemente ao longo de cinco anos.
- Métodos Operacionais	- *Crescimento da participação de mercado do grupo.*	- *Conectou e ampliou os negócios de forma proativa para obter resultados adicionais quando imposto pelas necessidades da [Cia B].*
- Marcas	- *Sucesso dos negócios do grupo*	- *Defendeu aquisições que melhoraram a participação em termos de ganhos/imagem e que rapidamente foram assimiladas pela comunidade da [Cia B].*

- Imperativos Estratégicos
  Lucro do grupo
  Crescimento do grupo
  Novos empreendimentos
		- *A eficácia da cadeia de suprimento estabeleceu o padrão global.*

Resultados de Liderança - Liderança na [Cia B]	- Defesa do Comitê de Gestão. - Talento de classe mundial.	- Representa um exemplo para os membros do Comitê de Gestão. - Impacta diretamente o desenvolvimento da estratégia da empresa [Cia B].
- Desenvolvimento da Estratégia Corporativa e da Estratégia de Grupo	- Recursos humanos conforme estratégia.	- Compreendeu completamente a estratégia de Grupo.
- Equipe Motivada	- *Sucesso dos Gestores de Negócio.*	- Modelo para orientar os princípios.

- Pessoas Certas nos Lugares Certos
- Coaching e Desenvolvimento

- Recruta/Orienta para um desempenho de primeira classe.
- Porta-voz eficaz da [Cia B] interna e externamente.
- Fonte considerável de energia para o Grupo.
- *Interligou os negócios com a empresa.*
- *Elaborou a sucessão do Líder de Negócio.*
- *Colocou os Gestores de Negócio corretos e tirou os inadequados.*
- *A capacidade do Grupo melhorou a cada ano.*
- *Os programas do Grupo comprovadamente melhoraram a capacidade de negócios da [Cia B].*

Resultados de Administração

- Supervisão eficaz.

- Delegação
- Realocação
- Medições Apropriadas

- Delegação claramente definida e medida, e sistema de controle em funcionamento.
- Incertezas estratégicas monitoradas de perto.
- Resultados corretos no momento certo.
- As informações de negócio fluem rapidamente e com precisão.

- Transparência.
- Execução impecável.
- Governança de primeira classe.

- Análise de Risco e Gestão

- *Obtenção de resultados através dos Gestores de Negócio.*
- Aplicação de medições que permitem um alerta rápido.

- Alinhamento de Prioridades/Recursos
- *Revisão e Acompanhamento das Operações*
- *Revisões de Planos*
- *Alinhamento de Mercados com a Estratégia da Companhia*

- Custos de transação reduzidos a cada ano.
- Sem surpresas.
- Projetos executados perfeitamente.
- *Revisões operacionais regulares dos resultados da gestão dos negócios em todos os mercados.*
- *Recursos alocados e redistribuídos para assegurar que os resultados dos Negócios e da Empresa sejam alcançados.*

Dimensões de Desempenho	Valores de Trabalho Requeridos	Desempenho Completo
Resultados de Relacionamentos		
Relações com o Governo (para o Grupo, com visão do acionista)	Representar externamente a [Cia B]. Estadista.	Focou no bem comum da [Cia B]. Aberto e franco com o Conselho Externo e seus membros.
Conexão em Nível de Mercado	Trabalho em equipe no âmbito executivo.	Os principais parceiros externos apoiam de bom grado a [Cia B].
Comitê de Gestão	Livre fluxo de informações internamente.	Os colegas se mantêm plenamente informados.
Conselho Externo		Os relacionamentos com o Mercado Final permitem um diálogo frequente e aberto em ambas as direções.
Alianças Estratégicas		Os conselhos dados ao Presidente, Diretor Administrativo, colegas Diretores foram estudados e refletiram a perspectiva do grupo.
		Construiu parcerias com o governo visando o benefício do Grupo e dos acionistas.
		Desenvolveu de forma proativa relações de trabalho sólidas com funcionários graduados do governo na Região.
		Apoiou ativamente a estratégia Funcional.
Resultados de Inovação	Inovação que alavanca os resultados de negócios.	Criou um ambiente em toda a organização que estimulou o desafio, a inovação e a mudança.
Cultura de alavancar (inovações de valor agregado e mudança) ideias multinacionais/entre fronteiras.	Ampla diversidade de fontes de ideias e informações.	Utilizou a compreensão sobre os clientes, consumidores, fornecedores, partes interessadas internas e externas, para orientar as decisões de negócio.
	Inovação entre negócios – todos os níveis, todas as funções.	Os resultados indicam o uso de ideias novas.
	Aplicação rápida de boas ideias.	*Abriu espaço e tempo para questionar, refletir e rever os pressupostos sobre o modelo, práticas e processos dos negócios.*

Tenho apresentado esse exemplo porque ele ilustra a lógica de os Gestores de Grupo interligarem os negócios com a empresa e a empresa com os negócios. O exemplo também deixa claro que os relacionamentos são complicados e que a melhor maneira de construí-los é trabalhar naquilo que realmente importa.

A reunião entre Derek e sua equipe aconteceu e continuou por um segundo dia, conforme descrevemos. Nenhum deles se lembrava de, alguma vez, ter aplicado tanto tempo para conseguir definir adequadamente os papéis e as relações de trabalho. Eles concordaram em revisar os papéis e as relações a cada seis meses.

Resultados que não queremos de Gestores de Grupo

A transição para Gestor de Grupo apresenta muitas ciladas e armadilhas. É fácil cometer erros. O detalhamento dos resultados que os Gestores de Grupo não devem produzir ajuda a esclarecer o papel e impede que eles interfiram no trabalho dos Gestores de Negócio.

Estratégia do negócio. Os Gestores de Grupo, com certa facilidade, assumem o processo de desenvolvimento da estratégia para os negócios de sua carteira. Eles foram promovidos a Gestor de Grupo por serem eficazes no desenvolvimento e na execução de estratégia de negócio. Os subordinados diretos, principalmente os que são novos na gestão de um negócio, acabam recorrendo a eles. Os Gestores de Grupo criticam a estratégia de negócio, fazem as perguntas corretas, questionam os pressupostos e pressionam por alternativas, mas não formulam as respostas ou a estratégia. Os Gestores de Negócio precisam aprender a pensar estrategicamente e desenvolver estratégias sólidas de negócio por conta própria.

Competição com Gestores de Negócio. Incutir confiança e desenvolver as habilidades dos Gestores de Negócio ajuda na obtenção dos resultados corretos para os negócios e para a empresa. Não importa o quanto seja tentador ou o quanto poderia ser fácil, os Gestores de Grupo não devem demonstrar superioridade ou disputar com os Gestores de Negócio. A melhor abordagem é o relacionamento baseado na confiança e a orientação adequada. É possível o Gestor de Negócio se responsabilizar pelos resultados sem transmitir superioridade. A ruptura de relações entre essas duas camadas hierárquicas pode desconectar o negócio da empresa.

Feudos. O foco exagerado sobre o sucesso do grupo pode levar a esquecer ou ignorar outros grupos e a Equipe Corporativa. Quando os grupos estão em setores econômicos ou regiões diferentes, fica especialmente fácil esquecer todos os demais. Quando isso acontece, a empresa fica enfraquecida, os relacionamentos importantes não são construídos e as informações não fluem. As oportunidades de negócios podem ser perdidas. O propósito do CEO é subvertido (normalmente não é essa a intenção) e ele não fica satisfeito, podendo resultar em conversas que coloquem em risco a carreira. Este é um cenário comum e não pode ser consertado por reuniões de equipe. Destinar um tempo para os colegas de mesmo nível hierárquico pode eliminar muitos problemas e produzir alguns resultados úteis.

Candidatos a sucessão do CEO

Finalmente, eu estaria sendo omisso em nossas discussões dos requisitos do gestor de Grupo se deixasse de mencionar a questão da sucessão. A escolha do próximo CEO dentro dos quadros da empresa tem probabilidade de sucesso cerca de 10 vezes superior à da contratação de um candidato de fora. Os Gestores de Grupo e o CFO são os concorrentes mais prováveis. A preparação crucial dos candidatos ao cargo de CEO envolve a aceitação da responsabilidade pelo sucesso da empresa, a construção de relacionamentos externos e com colegas, representar a empresa diante de subordinados diretos e parceiros de todos os tipos e desenvolver a estratégia de carteira de negócios. Portanto, os Gestores de Grupo precisam dominar essas habilidades, não apenas para apresentar um desempenho de alto nível em seu trabalho, como também para que possam começar com força total, caso sejam nomeados CEOs.

A melhor opção é promover um candidato interno. Porém, se os Gestores de Grupo estiverem tendo dificuldade com algum ou todos esses requisitos, o CEO pode concluir que um novo talento precisa ser acrescentado. Se a ideia for buscar um candidato externo, é melhor fazê-lo na camada hierárquica de Gestor de Grupo do que recrutar alguém para a posição de CEO que não possua um desenvolvimento interno. Antes de ascender ao topo, é preciso tempo para conhecer a companhia e construir os relacionamentos. Com todas as pressões e visibilidade, o cargo de CEO é um lugar extremamente difícil para se ocupar em uma nova empresa.

4

Gestores de Negócio

Lucro de curto e longo prazo

Esta é uma posição de liderança muito buscada e de alto nível, mas, apesar de sua visibilidade dentro das organizações, os resultados para esse nível hierárquico são geralmente maldefinidos. De fato, esse é um nível que recebe muita atenção, mas uma definição insuficiente. Consequentemente, os Gestores de Negócio podem parecer estar fazendo um bom trabalho porque brilham em uma área de muito destaque, mas sem o conhecimento da organização podem estar deixando de fornecer todo o espectro de resultados.

Vamos iniciar apresentando uma definição apropriada para este papel, que muitas vezes não existe nas empresas. Em primeiro ligar, esteja ciente de que as posições de Gestor de Negócio geram grande impacto tanto nos encarregados pelo cargo quanto na empresa. Os encarregados tendem a se apaixonar por sua ocupação. Muitos me disseram que é estimulante e reconfortante ter o controle direto das partes essenciais de um negócio. Muitas corporações reconhecem a importância dessa posição de liderança e investem pesadamente em programas de desenvolvimento e na evolução da carreira para contar com pessoas capacitadas para dirigir os negócios. Dado que o desempenho dos encarregados se reflete no preço das ações da companhia, as empresas removem mais rapidamente os que apresentam um desempenho fraco do que fazem no caso de gestores em quaisquer outros níveis hierárquicos. Os índices de fracasso ficam atrás apenas dos CEOs das Empresas. Em geral, a ênfase está no lucro e nos indicadores financeiros. Deveria estar na construção de uma máquina de geração de lucros – uma organização que gere resultados em quaisquer condições. Conforme veremos, o desempenho fica prejudicado quando há foco demasiado na "classificação" e não há foco suficiente no aprendizado para atuar no jogo com crescente habilidade.

Para evitar confusão, deixe-me esclarecer como estou definindo um verdadeiro Gestor de Negócio. Pura e simplesmente, trata-se de alguém com responsabilidade pelo lucro e autoridade direta para tomada de decisão sobre custo e receita. Administrar o relacionamento entre esses dois requisitos é de importância fundamental; portanto, ter somente uma ou outra responsabilidade desqualifica um indivíduo de ser um Gestor de Negócio, pelo menos em termos do Pipeline de Desempenho. As pessoas que dirigem linhas de produto são, muitas vezes, chamadas de Gestores de Negócio, mas como elas não controlam o custo ou as vendas, isso não é suficiente; elas são, na verdade, Gestoras de Função. As pessoas que dirigem organizações de vendas são às vezes chamadas de Gestoras de Negócio, mas elas também não possuem responsabilidade total pelo resultado, muito embora possam ser medidas a esse respeito, ainda que sem administrar o custo do produto.

Os verdadeiros Gestores de Negócio também têm responsabilidade por várias funções, como Desenvolvimento ou Engenharia, Produção ou Fabricação, Vendas e Marketing, Finanças e Recursos Humanos. Se a empresa possui apenas um único negócio completo, o CEO é um Gestor de Negócio. Quando há mais de um negócio e os Gestores de Negócio se reportam ao CEO da Empresa, eles têm alguma responsabilidade pelos resultados do Gestor de Grupo. Os Gestores de Países em companhias multinacionais muitas vezes possuem a verdadeira responsabilidade de Gestor de Negócio quando há várias funções se reportando a eles e controlam um demonstrativo de lucros e perdas. Dados esses vários títulos de cargos, a melhor maneira de identificar os verdadeiros Gestores de Negócio é certificando-se de que possuem responsabilidade por custos e receitas. Este capítulo foca em coisas a serem feitas no sentido de assegurar que o lucro seja obtido agora e no futuro.

Requisitos fundamentais para a construção de uma máquina de geração de lucros

Na seção anterior observei que os Gestores de Negócio são responsáveis pela construção de uma máquina de geração de lucros. Isso é significativamente diferente de ser responsável por atingir metas de lucros; os Gestores de Negócio que se limitam a atingir essas metas normalmente prejudicam suas organizações. A obtenção de lucros contínuos requer um Gestor de Negócio que consiga ajudar a organização a gerar consistentemente mais do que aquele que consegue gerar um lucro significativo baseado em seu esforço heroico.

Os Gestores de Negócio bem-sucedidos com os quais trabalhei colocam quatro ingredientes importantes em ação:

- Uma proposição de valor que os clientes querem
- Alinhamento estratégico
- Fortes relações de trabalho
- Um ritmo contínuo de negócio

Quando os Gestores de Negócio têm dificuldade para executar uma estratégia de negócio, geralmente fracassam. Esses quatro ingredientes estabelecem um direcionamento e tornam a execução possível.

Uma proposição de valor que os clientes querem

Encontrar a combinação correta de oferta de produto, preço, qualidade, serviço, entrega e assim por diante é o propósito de boa parte do pensamento e planejamento estratégico dos Gestores de Negócio. A adequação com a estratégia de carteira do grupo e com a estrutura estratégica da empresa é essencial. A "proposição de valor" resultante define o propósito do negócio. Os bons Gestores de Negócio trabalham definindo um propósito que posicione o negócio com vantagens competitivas. A proposição de valor se torna uma força condutora para todos os outros líderes e funcionários. Ela os ajuda a focar no trabalho correto com os parâmetros corretos. Ela torna muito mais fácil o estabelecimento de prioridades. Acima de tudo, tenta abrir caminho em meio à bagunça encontrada em muitos documentos sobre estratégia de negócio.

Dados o ritmo rápido de mudança e o alto grau de incerteza que existe no cenário atual, muitas empresas estão descobrindo que sua atual proposição de valor não funciona mais. Os clientes não respondem mais da maneira habitual, quando os tempos eram melhores. Os Gestores de Negócio precisam definir e implementar uma proposição de valor que os clientes queiram.

Em muitos aspectos, esse é o resultado mais importante que um Gestor de Negócio pode fornecer.

Exemplo – Uma nova proposição de valor necessária

Alguns anos atrás, a De Beers detinha mais de 90% de participação no mercado de diamantes brutos. Apesar de sua posição dominante, as projeções de crescimento para sua Diamond Trading Company eram relativamente estáveis, enquanto outros bens de luxo experimentavam rápido crescimento. As vendas de bolsas e sapatos de grife, férias luxuosas e relógios de primeira linha estavam crescendo mais rápido do que as vendas de joias com diamantes. O mercado de bens de luxo estava aquecido, mas não para joias com diamantes. Após ampla pesquisa de mercado e análise de questões e preferências das partes interessadas, a companhia concluiu que precisaria mudar. Os negócios de mineração da De Beers também apresentavam dificuldade, devido aos custos crescentes. O retorno do investimento associado aos custos de mineração estava caindo. A Diamond Trading Company precisava de uma grande reformulação para obter retornos aceitáveis. Aumentar os preços em um mercado estável ou apenas cortar custos não seria suficiente. A companhia precisava gerar volume e dinheiro no aquecido mercado de bens de luxo.

Baseados em um sólido pensamento estratégico, os Gestores de Negócio da De Beers criaram uma nova proposição de valor mais relevante. Eles decidiram trabalhar na direção de se tornar o "fornecedor de escolha". De fato, eles mudaram de "você tem de vir até nós" para "você quer vir até nós". As práticas de vendas tinham de ser mudadas para se encaixar na nova proposição de valor. Em vez de pedir para os clientes (chamados "investidores locais") comprarem uma caixa de diamantes sortidos (pegar ou largar), eles incentivavam os compradores a adquirirem pedras correspondentes para desenhos de joias que possuíssem mais de um diamante. Realizou-se um grande gasto para promover joias de diamantes com múltiplas pedras (o anel com três diamantes). Reduziu-se a venda para revendedores e deu-se maior ênfase na venda para fabricantes de joias. Talvez a maior mudança fosse desistir de sua posição de quase monopólio em diamantes brutos, conquistando um importante grau de liberdade em relação às restrições de regulamentos. Eles diminuíram propositadamente sua participação de mercado para menos de 50%. Os novos participantes no mercado os empurraram nessa direção, mas a Diamond Trading Company fez isso em seus próprios termos. A questão é que os Gestores de Negócio buscaram uma mudança corajosa, mas necessária, e investiram nos elementos de apoio para começar a fornecer uma nova proposição de valor mais relevante no mercado. As vendas e o lucro cresceram a taxas de dois dígitos nos diversos anos seguintes.

Alinhamento estratégico

O alinhamento estratégico (Figura 4.1) é o resultado abrangente que os Gestores de Negócio devem produzir. Todos os elementos listados na

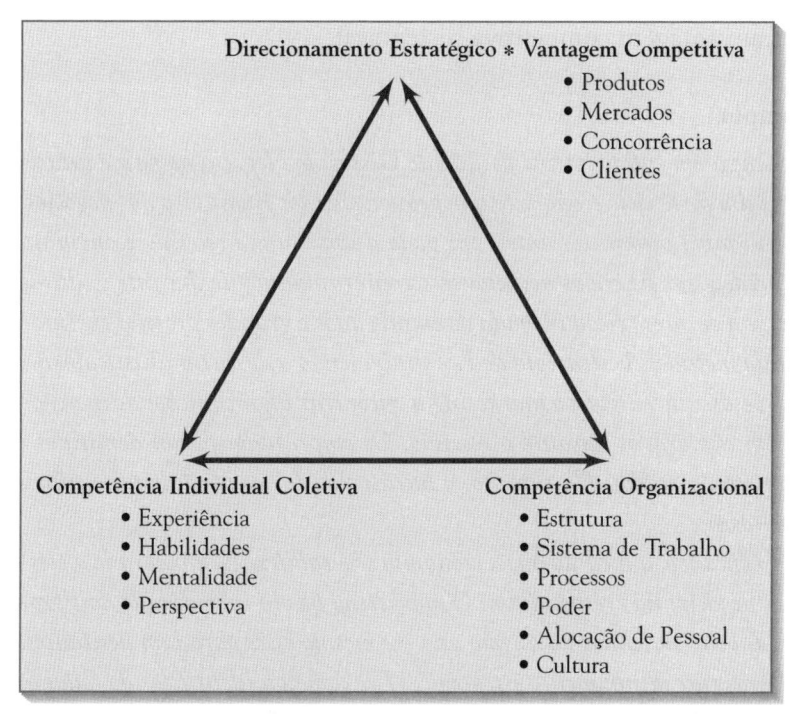

Direcionamento Estratégico * Vantagem Competitiva
- Produtos
- Mercados
- Concorrência
- Clientes

Competência Individual Coletiva
- Experiência
- Habilidades
- Mentalidade
- Perspectiva

Competência Organizacional
- Estrutura
- Sistema de Trabalho
- Processos
- Poder
- Alocação de Pessoal
- Cultura

Figura 4.1 Alinhamento Estratégico
Observação: Todos os três lados desse triângulo precisam estar alinhados para um negócio sustentar vantagem competitiva. Quando qualquer mudança importante é feita em um elemento, é preciso trabalhar para trazer os outros elementos para um completo alinhamento.

Figura 4.1 requerem tempo e atenção individualmente e esforço conjunto. Embora a criação de uma nova proposição de valor relevante possa ser o resultado mais importante para os Gestores de Negócio de hoje, a definição da estratégia de negócio ainda é sua principal tarefa. Para se alcançar esse resultado, é fundamental estabelecer a estratégia colocando todos os elementos corretos no lugar, funcionando dentro de um ritmo. A proposição de valor não dará uma vantagem competitiva ao negócio se não conseguir ser fornecida de forma lucrativa e previsível por causa dos problemas de alinhamento.

O alinhamento é alcançado quando o gestor é claro sobre o trabalho necessário, certificando-se de que todo o trabalho exigido tenha sido atribuído e contando com pessoal capaz para realizar esse trabalho. Os Gestores de Negócio "caminham pelo perímetro" desse triângulo de alinhamento para garantir que todos os elementos estejam dispostos e sejam apropriados para se alcançar vantagem competitiva sustentável.

Exemplo

Lee estava em sua primeira posição de Gestor de Negócio no país e lutava contra um forte ciclo econômico que provocava caos financeiro nos negócios. Lee assumira oito meses antes, em meio a uma grave recessão econômica. Seu predecessor fizera os negócios crescerem rapidamente durante o último boom, e a empresa ficou inchada de empregados e grandes projetos executados pela metade. A estratégia de Lee vinha sendo a de cortar drasticamente as despesas e incentivar o marketing a encontrar alguns nichos de mercado a serem explorados durante a recessão. Os empregados foram demitidos e os projetos, cortados. No entanto, a lucratividade havia caído para níveis inaceitáveis.

No entanto, à medida que a economia se estabilizava e voltando a crescer, os negócios não respondiam. O marketing havia introduzido dois programas bem-sucedidos no último ano – e mesmo esses pareciam hesitantes.

Para criar alinhamento estratégico, Lee começou identificando todas as principais dificuldades enfrentadas pela empresa, incluindo:

- *Os clientes estavam abandonando a empresa, mas a fonte de sua insatisfação era ambígua. Poderia ser um problema com os serviços ou talvez os novos programas, que agora haviam sido disponibilizados*

por outros concorrentes. Ninguém tinha certeza sobre os motivos para os clientes estarem deixando a empresa.
- *A equipe de Marketing estava fraca. Embora muitos estivessem na empresa há muito tempo e fossem dedicados e trabalhadores, seu foco tendeu a ficar estreito e limitado. Longos conflitos entre as pessoas foram deixados sem solução por uma série de gerentes. Lee via o Chefe de Marketing, seu subordinado direto, seguindo agendas individuais e às vezes contraditórias.*
- *As operações vinham sendo lentas para responder aos programas anteriores voltados aos clientes, e sua liderança era de segunda categoria. O Gestor de Operações reclamou que os programas de serviços mais recentes foram introduzidos antes de se definirem e estabelecerem inteiramente a realocação de pessoal e as diretrizes para os serviços.*
- *As finanças tinham uma história de fraca colaboração com o restante da organização. Os dados financeiros atualizados sempre demoravam a chegar. Lee recebeu algumas reclamações de seus colegas afirmando que o CFO não respondia aos pedidos para participar de iniciativas financeiras abrangendo toda a empresa, incluindo a melhoria do processo orçamentário.*

Lee tinha de enfrentar todos esses desafios, mas precisava fazê-lo de uma forma que encaixasse tudo no mesmo contexto. Ele precisava que tudo e todos focassem para o mesmo objetivo de produzir resultados sustentáveis. Era necessário implantar uma solução integrada que incluísse: contratar um novo Chefe de Marketing que conseguisse descobrir o que os clientes queriam e que construísse uma equipe melhor de Marketing; insistir no trabalho em equipe de seus subordinados diretos; pressionar por dados financeiros mais precisos; e desenvolver uma melhor estratégia de negócio e proposição de valor. O corte de custos e o reforço das receitas não levariam a um sucesso sustentado dos negócios sem informações dos clientes, trabalho em equipe e estratégia.

Em algumas situações, os Gestores de Negócio abordam todos os desafios que o negócio enfrenta, mas fazem isso de maneira segregada ou desconectada. Por esse motivo, seu desempenho sofre, pois o negócio não melhora o suficiente.

É difícil alcançar o alinhamento, assim como mantê-lo. Os Gestores de Negócio eficazes superam essa dificuldade examinando continuamente todos os desafios, certificando-se de que sejam os corretos a examinar e assegurando que todas as ações em relação a essas questões estejam coordenadas e focadas para um único objetivo.

O alinhamento não pode ser alcançado se o negócio não conta com o pessoal correto para o trabalho necessário. Esse canto do triângulo de alinhamento sempre merece substancial atenção quando o Gestor de Negócio "caminha pelo perímetro". Não pode haver alinhamento se a equipe líder não for forte o suficiente para conduzi-lo para os níveis hierárquicos mais baixos da empresa. Todos devem possuir uma mentalidade do tipo "Estou aqui para fornecer valor aos clientes".

Finalmente, ao lidar com o alinhamento estratégico, os Gestores de Negócio precisam empregar a abordagem a que estive me referindo, a de "Caminhar pelo perímetro". Isso precisa ser feito regularmente, envolvendo análise, diálogo, observação direta, teste e coaching. Muitos dos elementos individuais são de responsabilidade de outra pessoa. A adequação e conexão deles representam a contribuição abrangente do Gestor de Negócio.

Fortes relações de trabalho

Quando se trata de resultados, muitos Gestores de Negócio podem não colocar a construção de relacionamentos no topo de suas listas. Parece ser uma meta muito "frágil" para alguém do nível hierárquico deles. No entanto, os relacionamentos lubrificam o trabalho, fazendo o pessoal se mover mais rapidamente e com mais eficácia à medida que realiza suas tarefas. Os clientes também se mostram mais receptivos quando os relacionamentos são positivos. Os empregados são menos sarcásticos e os fornecedores apoiam mais quando os relacionamentos são fortes. Embora os Gestores de Negócio não possam determinar que todos se deem bem, podem assumir a responsabilidade pelos relacionamentos, estabelecendo o tom para uma colaboração positiva. Isso não significa que devam conversar e enviar e-mails incentivando uma atitude cooperativa. Na verdade, eles devem servir de modelo para o comportamento que desejam que os outros adotem.

Como os professores gostam de dizer a seus alunos, isso não é uma disputa de popularidade. Os Gestores de Negócio não precisam que todos gostem deles e, sobre esse aspecto, nem precisam gostar de todas as pessoas com quem trabalham. Um Gestor de Negócio me disse que seu parâmetro era bastante simples. Ele disse: "Se eu e você trabalhamos juntos hoje, devemos querer trabalhar juntos novamente amanhã, não importando quão arduamente tivemos de trabalhar, quanto tempo tivemos de fazê-lo, quão difícil foi o trabalho ou quão difícil foi a situação." As ações que essa afirmação estimula são: construir a confiança através de um esforço honesto, uma atitude construtiva, ser justo, concluir o trabalho, mostrar preocupação e comunicar-se honestamente.

Embora os Gestores de Negócio precisem cultivar uma variedade de relacionamentos, dois deles são mais importantes (e, muitas vezes, os mais problemáticos). Em primeiro lugar, precisam trabalhar bem com todos os subordinados diretos. Isso pode parecer óbvio, mas, na verdade, muitos Gestores de Negócio favorecem um ou dois subordinados diretos em relação aos demais. Em geral, os Gestores de Negócio subiram na hierarquia a partir de uma função e, quase naturalmente, entendem seu valor. A dedicação de mais tempo ao líder dessa função ocorre com facilidade. Outros chefes de função podem não conseguir obter tempo e atenção necessários porque o Gestor de Negócio não conhece o que a função realmente realiza ou não valoriza determinadas funções com base em experiências negativas no passado. A qualidade e o trabalho em equipe sofrerão, a menos que todas as funções sejam valorizadas e seus líderes, tratados com o mesmo respeito. O desempenho da função desrespeitada será provavelmente o mínimo aceitável. Provavelmente se formarão feudos como meio de autodefesa. O verdadeiro crime nesse aspecto é que as melhores pessoas acabam saindo da empresa.

O segundo relacionamento importante é com os Gestores de Grupo, que ajudam os Gestores de Negócio a focarem na empresa. Como os Gestores de Negócio possuem, essencialmente, uma organização autônoma (várias funções, sua própria estratégia e clientes, além de seu próprio plano operacional e orçamento), com frequência ignoram a empresa ou sentem pouca responsabilidade pelo sucesso dela. As Funções da Equipe Corporativa são vistas como problemas a serem evitados. Mais de um Gestor de Negócio já respondeu "Tenho um negócio para dirigir!", ao ser solicitado para participar de uma iniciativa da empresa. Este é um grande erro que prejudicará o desempenho. Seus negócios não terão sucesso por muito tempo se a empresa não for bem-sucedida.

Um ritmo contínuo de negócio

Os grandes negócios têm um ritmo e uma maneira de trabalhar relativamente suave. As ideias de produtos são convertidas em projetos de produtos. Os projetos são fabricados. O envolvimento do cliente é transformado em venda desses produtos, gerando dinheiro. O dinheiro é investido em mais produtos ou novos produtos. As pessoas conseguem realizar seus trabalhos porque sabem o que é esperado delas e sabem quando seu trabalho se encaixa. Todos estão adequadamente preparados e treinados. Em todos os lugares se veem e se ouvem a comunicação eficaz e o trabalho em equipe.

Você consegue literalmente sentir esse ritmo quando se envolve no negócio. Há uma energia palpável – você anda pelos corredores do escritório, entra em uma reunião ou observa uma equipe trabalhando e sente esta excitação e compromisso. De forma semelhante, você consegue sentir quando falta ritmo nas empresas. Desentendimentos, discordâncias, menos trabalho ou trabalho inferior e falta de informação criam uma desconexão no trabalho, uma falta de coordenação e de um funcionamento suave. Enquanto caminha pelo perímetro para ver se todos os elementos corretos estão em ação, o Gestor de Negócio precisa também observar o fluxo de trabalho e ouvir o tom das conversas quando os indivíduos e as organizações estão trabalhando juntos.

Um ritmo contínuo de negócio é construído com indivíduos e organizações que confiam uns nos outros para fazer a coisa certa e na capacidade de cada um apresentar um bom desempenho. Consequentemente, o trabalho flui suavemente, pois há pouco ou nenhum conflito entre os indivíduos envolvidos ou relutância em responder às solicitações. Os recursos devem estar disponíveis quando necessários de forma que o trabalho possa ser feito sem mais delongas. Todos precisam ter clareza sobre os planos e as prioridades. Pressões oriundas do excesso de trabalho, prioridades conflitantes e falta de apoio do gerente precisam ser enfrentadas. Os cínicos, os que apresentam desempenho ruim, os egoístas e os que não são cooperativos precisam ser mudados ou eliminados. A perfeição não é exigida, mas as situações problemáticas, as pessoas problemáticas e os processos problemáticos devem ser enfrentados. Os Gestores de Negócio precisam perceber de onde vêm os problemas de fluxo de trabalho para corrigi-los na origem.

Ou os Gestores de Negócio conseguem fazer o ritmo se estabelecer ou não. Em tempos de incertezas, os mercados param e avançam, os clientes mudam suas exigências e os fornecedores caem; uma abordagem rítmica oferece confiança e estabilidade e mantém os gestores sãos.

Resumos dos resultados fundamentais

Mais uma vez, forneço um resumo que detalha os resultados para esse nível hierárquico, separando em resultados fornecidos e resultados possibilitados. Perceba que reafirmo as quatro categorias de resultados já discutidas e adiciono resultados que servem de apoio aos quatro requisitos fundamentais. Os resultados possibilitados listados a seguir são aspectos necessários em níveis hierárquicos inferiores para ajudar no sucesso desses níveis. Eles são especialmente importantes para os Gestores de Negócio, pois fazem o negócio fluir melhor.

O que o Gestor de Negócio deve fornecer

- Proposições de valor relevantes para o mercado
- Análise estratégica
- Alinhamento completo
- Funções integradas
- Relações eficazes de trabalho, para cima e para baixo
- Igual valor para todas as funções
- Ritmo contínuo do negócio
- Respeito e confiança

O que o Gestor de Negócio possibilita

- Foco na proposição de valor – assegura que todo funcionário saiba aonde se pretende chegar
- Contexto estratégico – apresenta o mesmo panorama para cada funcionário

- Ritmo para o negócio – torna mais fácil conseguir que o trabalho seja feito por todos
- Tratamento igual para todas as funções – evita principalmente que a equipe de apoio se sinta como cidadã de segunda classe
- Modelo para relacionamentos – estabelece o tom de como trabalhar em conjunto
- Trabalho funcional integrado – todos puxam na mesma direção

O trabalho completo e as medições

Os Gestores de Negócio possuem uma ampla gama de resultados para fornecer além daqueles já discutidos. A Tabela 4.1 apresenta o trabalho completo, com padrões de desempenho desenvolvidos pela Companhia E. Sediada na porção Centro-Oeste dos Estados Unidos, a Companhia E produz e vende componentes químicos que são utilizados em uma variedade de aplicações comerciais nos setores de hotelaria, restaurantes, cuidados com a saúde e em residências. A companhia pediu um pipeline de desempenho para ajudar com seu objetivo geral para a empresa de apresentar um crescimento rentável, inclusive em outros países.

Enquanto preparávamos o pipeline de desempenho da empresa, descobrimos que alguns Gestores de Negócio valorizavam o crescimento, mas essa não era a prioridade deles. Decidimos colocar mais ênfase nas medições de crescimento para que os Gestores de Negócio percebessem a importância desse tipo de resultado. Com essa finalidade, foi estabelecida uma categoria específica de resultados chamada "Crescimento", destacando o assunto e definindo alguns resultados fundamentais em termos de crescimento. A companhia também definiu estratégias de crescimento para o negócio, levando em consideração o crescimento de outros negócios. Outra medição importante que foi definida é a de examinar e buscar novos mercados, assim como novas aplicações para os produtos existentes.

Além da categoria de crescimento, itens relacionados ao crescimento, como aquisições e "liberação da energia da organização" (assegurando maior compromisso, foco e criatividade), se tornaram parte dos padrões de desempenho dos Gestores de Negócio. A Companhia E também enfatizou a produtividade e a gestão de custos como um resultado para equilibrar o desejo normal de buscar o crescimento em detrimento do lucro.

Tabela 4.1 Companhia de Produtos Químicos/Comerciais, Gestor de Negócio

Mudança nos Valores de Trabalho
- De resultados através da função para resultados através de gestão abrangente do negócio
- De resultados no estado da arte para sucesso no negócio
- De excelência funcional para valor ao cliente
- De planejamento de resultados na função para criação de planos estratégicos em longo prazo

Resultados	Desempenho Completo	Desempenho Excepcional	Habilidades, Conhecimento e Experiência
Resultados de Negócio/Funcionais - Vendas, Despesas de Vendas/Gerais/Administrativas, Busca de Oportunidades - Análise da concorrência - Proposição de valor - Estratégia para recursos - Ambiente econômico - Decisões de aquisição	- Os resultados planejados de curto prazo para o negócio são fornecidos sem comprometer o crescimento em longo prazo - A vantagem competitiva é sustentável - A proposição de valor atende e antecipa as necessidades dos clientes e as necessidades da [Cia E] - O conhecimento econômico, político, da concorrência, do mercado e do setor fica evidente na estratégia e na tomada de decisão - As aquisições são avaliadas holisticamente e através de uma mentalidade estratégica	- O lucro cresce mais rápido que a receita - A vantagem competitiva é conseguida pela inovação - A proposição de valor lidera o setor - As aquisições são perfeitamente integradas	- Compreensão do impacto financeiro das decisões - Planejamento do negócio; profundo conhecimento da contribuição de cada função - Saber onde buscar os dados e como interpretar as implicações nos negócios - Habilidade de pensar tática e estrategicamente - Capaz de pensar em termos de rentabilidade e sustentabilidade, e não de capacidade funcional - Sabe como ler e interpretar os dados do mercado e a resposta da concorrência

Resultados	Desempenho Completo	Desempenho Excepcional	Habilidades, Conhecimento e Experiência
Administração - Planejamento operacional - Estrutura organizacional - Gestão do negócio - Foco - Solução de problema estratégico - Condução da estratégia - Segurança	- Energia organizacional é direcionada no sentido de se alcançarem os resultados do negócio - Atividade funcional totalmente integrada e alinhada, incluindo Operações, Pesquisa/Desenvolvimento e Engenharia e funções de apoio, através de um plano operacional - Sistema imunológico plenamente em funcionamento - As revisões (revisões de projeto, progresso mensal, plano) são conduzidas para gerar decisões ao invés de compartilhar informações - A estratégia do negócio é executada otimizando-se os custos - A estratégia de segurança serve de apoio à obtenção dos resultados do negócio	- A energia organizacional é superior à dos colegas e concorrentes - Resultados inovadores são obtidos através de estratégias líderes no setor - As unidades de negócio são totalmente integradas e alinhadas através de uma plataforma de fornecimento de resultados - As práticas de negócio são copiadas pelos concorrentes	- Habilidade para tomar decisões difíceis e coragem para manter o curso - Planejamento de contingências - Habilidade para arquitetar uma organização que sirva de apoio para a estratégia - Habilidade para selecionar e avaliar líderes de função baseado na estratégia do negócio - Habilidade para antecipar e evitar problemas - Habilidade para resolver problemas diretamente na raiz - Experiência multifuncional
Liderança - Liderança pessoal - Força de equipe - Possibilita liderança de funções - Cultura de desempenho - Influência - Visão estratégica - Capacitação da companhia - Cultura de vendas cruzadas	- Pessoalmente conectado para associações em todos os níveis - A força da equipe corresponde às exigências estratégicas - Um desempenho de nível "A" é obtido por todos os membros da equipe - Defensor, na organização, do desenvolvimento de um pipeline de talentos com diversificação - O uso do poder é equilibrado e apropriado para desenvolver líderes fortes de função e assumir os riscos do negócio - A estratégia de negócio fornece vantagem competitiva, e é compreendida e aceita pelos funcionários e pela Companhia - Resultados apontam evidências tangíveis de apoio entre várias divisões	- Modelo de incorporação de diretivas e valores corporativos - A equipe apresenta desempenho com ou sem o envolvimento do Gerente Geral - Visto como principal empregador por diversos talentos dentro e fora da organização - Procurado por vários setores da organização para coaching e pensamento estratégico - Estratégia copiada pelos concorrentes - Oportunidades de parcerias entre divisões ou internacionais são ativamente aproveitadas	- Elevada integridade - Respeito dos outros - Disposição em se basear e ter confiança nos líderes de função para atingir os resultados - Sabe como construir alianças para se alcançarem resultados - Habilidade para criar um futuro do qual as pessoas queiram fazer parte - Comunicador articulado e ouvinte eficaz

Resultados	Desempenho Completo	Desempenho Excepcional	Habilidades, Conhecimento e Experiência
Relacionamentos - Relacionamento com clientes importantes - Relacionamento com subordinados e executivos sênior - Relacionamento com pares e colegas - Porta-voz da companhia - Relações com a comunidade - Relacionamentos políticos	- Parcerias de alto nível estabelecidas com clientes - Fortes relações de trabalho com cada membro da equipe e cada executivo sênior - O ambiente favorece a construção de relacionamentos em todos os níveis e pela organização - Destaca a [Cia E] no setor e na comunidade de analistas, agindo como porta-voz persuasivo da empresa quando apropriado - Representante da [Cia E] na comunidade pela participação em conselhos e iniciativas da comunidade	- Parcerias em nível sênior com clientes são aproveitadas para o crescimento da [Cia E] - Deliberadamente, elimina fronteiras entre negócios e entre o negócio e as funções corporativas - Influência e ideias buscadas pela comunidade e por líderes do setor para o avanço de iniciativas	- Aprecia os relacionamentos pelo seu próprio valor - Habilidade de fazer amizade com todos - Habilidade de compreender o que move outras pessoas - Habilidade de interpretar pessoas poderosas e situações complexas - Fica confortável no papel de liderança - Bem versado em eventos atuais - Compreende o bem maior
Crescimento - Estratégia de crescimento - Novos mercados - Novas aplicações - Inovação - Novos produtos e serviços	- Estratégia de crescimento resulta em crescimento rentável dentro do próprio negócio, como em outros negócios da [Cia E] - Os processos de negócio são continuamente aperfeiçoados e exploram oportunidades de crescimento e/ou custo menor - Investimentos são aproveitados para se criarem novos mercados e novas aplicações - Aquisições são completadas com base em análise de primeira classe e atendem às expectativas de desempenho	- A [Cia E] é inserida na estratégia de clientes - A responsabilização dentro da equipe é ampliada para aumentar a contribuição individual - Os clientes investem em novos produtos e aplicações	- Curiosidade intelectual - Inteligência de mercado - Habilidade de pensar de forma abrangente e em longo prazo - Habilidade e disposição de explorar o mercado - Mente aberta e tolerante com as diferenças - Disposição de assumir riscos e de aprender com os erros - Disposição de experimentar e tentar novas coisas

Finalmente, a companhia manteve os Gestores de Negócio responsáveis pelos talentos – desenvolver e selecionar os líderes certos foram estabelecidos como requisitos importantes. Ela queria garantir que o crescimento fosse apropriadamente administrado e que houvesse um quadro de pessoal preparado para ocupar as novas posições. A Companhia E escolheu identificar habilidades, conhecimento e experiência requeridos para o sucesso nessa camada hierárquica, principalmente porque queria ter certeza de que as decisões de alocação de pessoal, os planos de desenvolvimento e coaching estariam focados em permitir a agenda de crescimento.

Como você pode ver, existem mais exigências de resultados do que os quatro principais que delineei no início deste capítulo. Entrei em detalhes aqui para que você pudesse ter uma noção de todo o "conjunto" de resultados para a camada hierárquica do Gestor de Negócio. A Tabela 4.1 apresenta definições específicas de resultados que os Gestores de Negócio devem fornecer.

Dê especial atenção à coluna "Desempenho Excepcional", pois isso foi fundamental para a Companhia E quando ela desenvolveu seu pipeline. Ao assegurar uma verdadeira compreensão da diferença entre o desempenho completo e o desempenho excepcional, a empresa criou uma nova meta para os funcionários mais atuantes. Ela também evitou que os funcionários com desempenho completo, que ligeiramente excedessem suas metas, sentissem que eram excepcionais e que, portanto, mereceriam recompensas maiores.

Essa empresa tinha forte interesse no desenvolvimento de lideranças; assim, dedicaram-se muito tempo e esforço para produzir a quarta coluna: "Habilidades, Conhecimento e Experiência." O desenvolvimento no trabalho era composto por grande parte da abordagem de desenvolvimento da companhia e, assim, ela queria uma lista abrangente para uso das chefias, RH e coaches externos. Não era sua expectativa que houvesse o domínio completo da lista. Na verdade, a empresa queria saber quais caminhos buscar quando fosse necessário ou desejado o crescimento, assim como para se tornar um líder melhor ou construir relacionamentos melhores.

Os Gestores de Negócio possuem trabalhos complicados, e é necessária uma ampla variedade de capacidades e habilidades. Os Gestores de Negócio bem-sucedidos já trazem muitas habilidades fundamentais para o trabalho, mas muitas mais são desenvolvidas no trabalho. A quarta coluna é altamente recomendada para cada conjunto de padrões de desempenho, de forma que os encarregados possam fazer uma autoavaliação e buscar o desenvolvimento por si só. A orientação específica para colaboradores também é de real valor.

Resultados não apropriados para Gestores de Negócio

A principal forma de os Gestores de Negócio perderem a referência em termos de resultados envolve fazer demais. Pelo fato de terem muito para fornecer, deve sobrar pouco tempo para exercerem atividades que outros devem fazer (ou que ninguém deva fazer). Os Gestores de Negócio precisam estar focados em seus quatro requisitos fundamentais, que ninguém mais consegue gerar, e ao mesmo tempo dar espaço para que os Gestores de Função liderem suas funções. Conforme observei anteriormente, o fracasso em fornecer os resultados necessários convida o Gestor de Grupo a dirigir o negócio – e isso significa essencialmente que três camadas hierárquicas deixam agora de fornecer os resultados esperados.

Como é muito fácil para os Gestores de Negócio ultrapassarem seu papel ou deixarem de perceber quais responsabilidades são fundamentais em termos de missão, considere os seguintes resultados que *não* queremos que os Gestores de Negócio produzam:

Todas as decisões. Em empresas menores, o Gestor de Negócio frequentemente se torna o centro pelo qual todas as decisões passam. Isso acontece porque o Gestor de Negócio quer que aconteça (às vezes, inconscientemente). Nesses casos, os Gestores de Negócio acabam ficando presos às suas mesas. As consequências são longos dias trabalhando nas coisas erradas, falhando em desenvolver habilidades dos Gestores de Função para a tomada de decisões e esforço insuficiente na definição do futuro. Se o Gestor de Negócio não confia em seu pessoal para a tomada de decisões, ou se seu pessoal opta por delegar todas as decisões a ele, então o Gestor deve recrutar algumas pessoas mais capazes para sua equipe o mais rápido possível.

Isolamento. A necessidade de tempo para pensar, obrigações externas, visitas aos clientes e reuniões com o Gestor de Grupo acabam somando um tempo significativo longe dos negócios e de seu pessoal. Em consequência disso, muitas pessoas se queixam de que "ele não se preocupa conosco". O sarcasmo pode também espalhar-se em uma empresa em que o Gestor de Negócio não é suficientemente visível. Manter todos os empregados motivados e com atitude positiva para fornecer a proposição de valor é uma necessidade, e os Gestores de Negócio não conseguem isso se não estiverem por perto. As atividades externas precisam ser balanceadas com as necessidades internas.

Liderança funcional. Alertei contra isso anteriormente, mas vale a pena repetir: os Gestores de Negócio que foram Gestores de Função com elevado desempenho revertem para seu antigo papel após serem promovidos para Gestor de Negócio. Ao reverter, eles limitam os resultados que podem oferecer, assim como os resultados que o Gestor de Função deve gerar. Os Gestores de Negócio devem garantir que os Gestores de Função forneçam os resultados adequados e aprendam a liderar sua função. Os Gestores de Negócio também devem certificar-se de que todos atuem no nível hierárquico correto.

Animosidade corporativa. Quando os Gestores de Negócio viram seus narizes para iniciativas corporativas ou as ignoram, isso produz animosidade a partir do topo. Não há qualquer vantagem nessa atitude. Os Gestores de Negócio prejudicam sua reputação e acabam obrigados a cumprir as determinações corporativas. Embora os Gestores de Negócio tenham todo o direito de manifestar seu desacordo em relação ao valor ou propósito da iniciativa corporativa, devem expressá-lo diretamente para os Gestores de Grupo ou de Funções Corporativas e não se rebelar ou se tornar passivo-agressivos. Após apresentarem sua posição através dos canais competentes, os Gestores de Negócio devem conviver com o resultado da discussão. Existe um quadro maior, e os Gestores de Negócio precisam enxergá-lo.

5

Gestores de Função

Vantagem competitiva

Quando as pessoas são promovidas a Gestores de Função, ficam animadas por estarem no topo de sua profissão em uma empresa. Elas se reportam a um Gestor de Negócio e fazem parte de uma equipe de negócio, e seus pares dirigem funções diferentes. Quando existe apenas um negócio, eles se reportam ao CEO, e alguns acumulam também as funções de Gestores de Função Corporativa. Considerando que seu chefe em qualquer uma dessas situações provavelmente não veio de sua função, eles acabam não recebendo muita orientação técnica; na verdade, recebem orientação em termos do negócio que traduzem em requisitos para a função. Por sua vez, eles fornecem orientação técnica para o Gestor de Negócio, principalmente quando ele não trabalhou anteriormente nessa função. Facilitar a tomada de decisão nos negócios com sólidas informações técnicas compõe parte importante do papel.

O principal propósito dos Gestores de Função é dar vantagem competitiva ao seu negócio, fornecendo resultados em sua atuação na função que sejam melhores que os dos concorrentes. O negócio atinge suas metas e melhora a posição competitiva pela capacidade do Gestor de Função em produzir resultados. Infelizmente, os Gestores de Função frequentemente não interpretam bem seu papel e prejudicam o negócio. Esse resultado negativo pode ser evitado ao se elaborarem as expectativas de desempenho corretas. Discutirei como fazer isso e como aumentar as chances de que os Gestores de Função forneçam os resultados que supostamente deveriam gerar.

Quem são os Gestores de Função?

Vamos definir nossos termos, já que existe muita confusão sobre esse nível gerencial por causa de várias tendências nas empresas e outras situações. À primeira vista, parece fácil definir esse nível hierárquico – cada grande área de trabalho em uma empresa é uma função: Engenharia, Produção, Marketing, Recursos Humanos e assim por diante. Considere, porém, onde a confusão pode surgir. A Tecnologia da Informação (TI) costumava ficar sob Finanças em muitas empresas, mas agora é bastante importante e tratada normalmente como uma função em separado. As áreas de Planejamento Estratégico e da Cadeia de Suprimento, também relativamente recém-chegadas em termos de existência e importância, passaram agora a ser consideradas funções. Além disso, pode-se discutir sobre se Marketing e Vendas devem ser separados em duas funções. Se esses dois Gestores de Função se reportam ao Gestor de Negócio e têm assento na equipe de negócios, então ambos podem ser considerados funções. O Controle de Qualidade e Segurança também é frequentemente separado para dar ênfase especial. Se um Gestor de Negócio opta por tê-los (um ou ambos), reportando-se diretamente a ele, ambos podem ser considerados funções, embora normalmente façam parte da função de Produção ou Operações.

> **Exemplo – Um Gestor de Função com foco estreito**
> *Quando os Gestores de Função não apresentam desempenho no nível exigido, muitas vezes é por causa de seu desempenho enganosamente bem-sucedido. Em outras palavras, eles são excelentes em liderar a função em uma área, e esse desempenho obscurece suas deficiências em outras áreas importantes de resultado – obscurece temporariamente; isto é, até que as consequências negativas acabem aparecendo.*
>
> *A BRC, um negócio que produz aditivos coloridos para uma variedade de aplicações, trouxe Chris como Vice-Presidente de Marketing. A empresa era composta por seis negócios e a BRC era o menor. Em geral, a função de Marketing era fraca em toda a empresa. A BRC havia crescido muito rapidamente nos primeiros anos por conta de uma grande aplicação, mas seu crescimento parou. Ela precisava de novos clientes e de novas aplicações. Para ajudar a corrigir o problema, a companhia começou a buscar um VP de Marketing e encontrou Chris, que parecia uma contratação ideal.*

Anteriormente, ela havia sido Gestora da Função de Marketing em dois negócios aproximadamente do mesmo porte que a BRC, embora fizessem parte de empresas muito menores.

Chris acabou herdando alguns desafios, inclusive uma equipe pequena de habilidades amplamente variáveis, falta de especialização no trabalho de marketing e falta de papel definido e espaço para a função de Marketing na equipe do negócio. Em relação a esse último desafio, o predecessor de Chris fora um "cumpridor de ordens" e não havia conquistado muito tempo para a função nas reuniões da equipe de negócio ou obtido muito respeito por parte dos colegas. Felizmente para Chris, sua reputação a precedia, e seus colegas e a equipe de Marketing receberam-na entusiasticamente.

Os Resultados de Marketing de Chris foram fortes no primeiro ano e ainda mais fortes no segundo. Uma excelente análise estratégica e planejamento de mercado ajudaram-na a identificar e abrir novos mercados. Ela orientou sua equipe e eles ficaram mais capacitados na análise de mercado e de clientes, no envolvimento com clientes e em vendas. Ela acrescentou uma pessoa talentosa em desenvolvimento de mercado que encontrou mais aplicações para o produto através de uma parceria com sua antiga companhia. Por causa de sua perspicácia, Chris ajudou a companhia a atingir crescimento nas vendas na ordem de dois dígitos em seus primeiros dois anos.

Seu sucesso era óbvio, mas seus registros não estavam isentos de máculas. Alguns de seus colegas começaram a reclamar dela para o Gestor de Negócio: Chris não os envolvia em suas ideias e planejamento; a área de Operações lutava para acompanhar, mas a qualidade estava caindo; a área de Finanças sentia que não tinha tempo para verificar o crédito de novos clientes; a área de Recursos Humanos estava preocupada porque duas das estrelas de Marketing de Chris se haviam saído mal em entrevistas para posições de liderança nos outros negócios; os clientes começaram a reclamar sobre erros em suas cobranças e sobre a redução da qualidade do produto. Em meados do terceiro ano, Chris foi excluída por seus colegas, e o crescimento do lucro correspondeu a metade do índice de crescimento das vendas. O Gestor de Negócio sentiu que precisava interferir e fornecer ajuda para Chris. Ela agora estava isolada de seus colegas.

Isso não foi totalmente culpa de Chris. Se existisse um pipeline de desempenho, ela e seu chefe teriam uma visão clara sobre o conjunto de resultados que precisaria ser produzido, e a especificidade do pipeline teria assegurado uma prestação de contas adequada. Da mesma forma que foi habilidosa para desenvolver as vendas, Chris ficou abaixo em outras categorias de resultados de seu nível hierárquico, incluindo:

- *Impulsionar o crescimento de vendas sem prestar atenção na capacidade de outras funções em responder, principalmente a área de Operações. Não buscou a opinião de seus colegas sobre qual crescimento de vendas o negócio poderia comportar. Ela nunca se preocupou em saber o que as outras funções poderiam fazer, quais eram seus planos e que desafios enfrentavam. Sua estratégia de marketing realmente não ajudou o negócio em geral.*
- *Focar o coaching e desenvolvimento de sua equipe em habilidades técnicas, deixando de ajudá-los a desenvolver a capacidade de liderança. Em consequência disso, seu pessoal não estava preparado para ser promovido e ela não tinha um sucessor. Ela estava atuando no nível hierárquico de Gestor de Outros (gerente da linha de frente), e não no nível de Gestor de Função.*
- *Levantar hipóteses sobre como a função Finanças funcionava com base em sua experiência em outras companhias. A função Finanças da BRC contava com procedimentos de gestão de risco muito mais rigorosos e demandava tempo para fazer mais verificações de crédito, para estabelecer processos automatizados e para ajustar previsões baseadas em mudanças nos padrões dos pedidos. Eles eram mais sofisticados e precisavam de melhor comunicação partindo da Chris. O Responsável Financeiro agendou várias reuniões, mas ela cancelou a maioria em favor de visitas de última hora a clientes.*
- *Preencher sua agenda com visitas a clientes e telefonemas para prospectivos. Não deixou muito tempo disponível para a construção de relacionamentos internos, para pesquisar o estado da arte ou para ajudar seu chefe e o negócio a ter sucesso.*

Após receber alguma orientação sobre como melhorar essa situação, Chris se reuniu com cada um de seus colegas e perguntou o que precisavam dela que não estavam conseguindo. Fez o mesmo com seus subordinados diretos. Com seus colegas, pediu mais detalhes sobre a organização e como ela funcionava. Armada com uma lista reveladora de necessidades, revisou outros padrões de desempenho da companhia (alterados para evitar a divulgação do nome da empresa) para um Gestor de Função. Esses padrões serviram como catalisadores para repensar todo o trabalho e fornecer orientação sobre como expressar as contribuições que ela precisava dar. Contribuições específicas em liderança, administração e relacionamentos foram detalhadas e revistas por colegas, subordinados e pelo seu chefe. Foi necessária uma reformulação fundamental de sua agenda e, com isso, algumas delegações importantes a fazer.

Esse exemplo foi incluído para ilustrar como até mesmo pessoas com "desempenho excelente" são limitadas por aquilo que não conhecem. Quando orientadas e informadas de forma apropriada, reagem construtivamente.

Resultados importantes que sustentam a estratégia

Embora alguns Gestores de Função reconheçam a necessidade de fornecer vantagem competitiva para o negócio, muitos ficam aquém por não produzirem os resultados subjacentes. Alguns dos resultados subjacentes mais importantes são: análise da concorrência, conhecimento do estado da arte, uma organização com alto desempenho, um ambiente de trabalho que apoia a inovação e um processo de pensamento multifuncional. Vamos examinar cada uma dessas categorias de resultados e os fatores que podem ajudar os Gestores de Função a fornecer esses resultados com eficácia.

Análise da concorrência

Os Gestores de Função geralmente fazem um bom trabalho quando se trata de alguns dos requisitos dessa categoria: normalmente manejam bem a pesquisa da concorrência tanto para marketing quanto para vendas, e a pesquisa dos clientes envolvendo estabelecimento de preços, ofertas de produtos e publicidade. Os Gestores de Função também buscam aprender sobre os métodos de fabricação, o uso de tecnologia e os processos de desenvolvimento, embora esses esforços exijam um pouco mais de trabalho. Porém, os Gestores de Função nem sempre fornecem resultados quando se trata do lado humano do negócio (exceto em comparações de salários e remuneração através de pesquisa). Eles, em geral, ficam no escuro sobre como os concorrentes fazem seu recrutamento, treinamento, planejamento de sucessão, desenvolvimento e coaching. Os Gestores da Função de Finanças também ficam muitas vezes sem conhecer as inovações de outras companhias na área financeira; considerando como esse conhecimento é importante para a vantagem competitiva, essa é uma significativa falha de desempenho. O ponto de partida para se desenvolver uma estratégia da função é reunir todas essas formas de informações e produzir uma análise da concorrência.

Conhecimento do estado da arte

Trabalhar no estado da arte talvez não seja possível por causa do custo, talento ou outros fatores, mas optar por trabalhar fora do estado da arte deve ser uma escolha consciente, e não algo que decorra de ignorância. A participação em conferências do setor de atividade, entrevistas de emprego, publicações específicas e fóruns de discussões técnicas fornecem um vislumbre da tecnologia de ponta. Os especialistas podem representar uma fonte excepcional sobre as tendências e evoluções de vanguarda, mas não são suficientes por si sós. Considerando que as funções compreendem muitos elementos, cada uma delas pode ter a própria posição de modernidade, de forma que provavelmente o estado da arte não seja algo único. Um erro que os Gestores de Função cometem é concentrar a atenção naquilo que "faz mais barulho" no setor de atividade. A pesquisa da concorrência e a consciência sobre o estado da arte devem trabalhar em conjunto para moldar o pensamento do Gestor de Função. A vantagem competitiva advém de ser melhor do que os concorrentes atuais e dos prováveis futuros concorrentes, mas isso ainda pode estar a uma boa distância do estado da arte. Os Gestores de Função que fornecem resultado nessa área apresentam uma boa capacidade de julgamento, escolhendo o posicionamento correto com base na profundidade e na amplitude de seu conhecimento.

Organização com alto desempenho

Construir uma organização de desempenho elevado é o aspecto mais difícil do trabalho do Gestor de Função. A concepção popular errônea é que uma capacidade técnica ou profissional superior gerará vantagem competitiva. Porém, o talento técnico não brilhará a menos que os Gestores de Função deem a oportunidade e o incentivo para essas pessoas utilizarem seu talento. Pelo fato de muitos líderes em níveis hierárquicos inferiores realizarem o trabalho técnico sozinhos, em vez de liderar outros, o estabelecimento de padrões de desempenho de classe mundial (ou pelo menos em nível de "vantagem competitiva") é fundamental para se reforçarem a gestão e a liderança. Os Gestores de Função precisam definir, comunicar e impor esses padrões. É isso que os grandes líderes de função fazem: ensinam, dão feedback e orientam com esses padrões em mente. Eles também preparam pelo menos uma pessoa de sua equipe para ser promovida a Gestor de Função, dada a importância do planejamento da sucessão em organizações de alto desempenho.

Ambiente de trabalho que apoia a inovação

Dentro das funções é que ocorre a maior parte das inovações, geralmente nos níveis hierárquicos mais baixos. Os Gestores de Função precisam comunicar que a inovação é esperada em toda a função, e não apenas nos níveis mais baixos ou mais altos. Os padrões de desempenho e a capacidade de gestão devem habilitá-los nesse aspecto. Os Gestores devem dar espaço ao seu pessoal para que tentem coisas novas, mesmo que elas não sejam bem-sucedidas. A tolerância em relação aos erros (e não aos fracassos) é necessária para que a inovação tenha uma chance. Se os erros forem punidos, ninguém tentará nada novo. Os Gestores de Função, através de suas ações, criam o ambiente de trabalho que apoia a inovação. Essas ações podem incluir um orçamento generoso para tentar coisas novas, tolerância em relação a alguns erros e apoio pessoal para os esforços de sua equipe. Estabelecer os parâmetros para a inovação através da estratégia da função também é um requisito fundamental. Talvez o ingrediente mais poderoso seja pedir que toda a equipe aperfeiçoe o que faz, sem se limitar a repetir o que foi feito na véspera.

Processo de pensamento multifuncional

Os Gestores de Função são membros de uma equipe multifuncional; seus pares dirigem funções diferentes. Para ser uma equipe eficaz, é essencial haver pensamento multifuncional. A maioria dos Gestores de Função trabalhou somente em sua função atual. Embora não sejam completamente ignorantes sobre o trabalho realizado em outras funções, não possuem conhecimento suficiente em muitos aspectos para ser verdadeiros parceiros. Porém, o conhecimento de resultados, planos e métodos das outras funções torna possível desenvolver um processo de pensamento multifuncional. Os Gestores de Função que tomam as melhores decisões e que alcançam as metas mais ambiciosas são aqueles que levam em conta seu impacto sobre as outras funções. Para tanto, ajuda muito consultar seus pares antes de tomar as decisões. A meta é o sucesso do negócio, e não apenas da função. Um processo de pensamento multifuncional permite o alto nível de integração necessária para o sucesso do negócio. Para muitos Gestores de Função esse é um requisito novo e difícil, que não existia em seus trabalhos anteriores.

A estratégia da função coloca tudo isso junto

A estratégia da função é o veículo para reunir um amplo conjunto de elementos que são novos ao se trabalhar nessa camada hierárquica. Os Gestores de Função apoiam o negócio definindo como os Resultados do Negócio serão realmente fornecidos, e como a vantagem competitiva será alcançada. A plataforma de apoio para realizar a estratégia do negócio, em conjunto com outras funções, é construída sobre o posicionamento em relação ao estado da arte, a análise da concorrência, a inovação e a eficácia da organização. Embora a definição do direcionamento futuro da função (e os planos para alcançar isso) beneficie a todos em uma função, os reais beneficiários são os próprios definidores, os Gestores de Função. Ao mesmo tempo, os líderes de camadas hierárquicas inferiores precisam da estratégia de função para estabelecer prioridades, dar um direcionamento para o trabalho e permitir o alinhamento. E os líderes de outras funções também se beneficiam do conhecimento.

O que o Gestor de Função deve fornecer

- Análise da concorrência
- Produtos e processos fundamentais

- Conhecimento sobre o estado da arte
  Informações em múltiplas dimensões
- Uma estratégia da função
  Direcionamento claro para os membros da função
- Clima propício à inovação
  Aperfeiçoamento contínuo
- Organização de alto desempenho
  Capacitação da função, em termos técnicos e de liderança
- Processo de pensamento multifuncional
  Participação eficaz na equipe de negócio

O que o Gestor de Negócio possibilita

- Um quadro claro sobre para onde o negócio está indo – interligação da função com o negócio
- Compreensão clara do direcionamento da função – todos sabem para onde o trabalho está direcionado
- Um ambiente que apoia a inovação – inclusive recursos e apoio
- Gestão eficaz e liderança – prioridades claras e feedback constante
- Recursos para obtenção e desenvolvimento de talentos técnicos e profissionais – tempo e dinheiro
- Um modelo de pensamento multifuncional – com muitos pensadores multifuncionais, conforme o necessário

Como os Gestores de Função prejudicam o negócio

Os Gestores de Função realmente fornecem os Resultados do Negócio. A responsabilidade por produtos, clientes, pessoal e dinheiro fica com eles. Quando os Gestores de Função buscam qualquer outra agenda, o negócio sofre (e muitas vezes o negócio sofre seriamente). Eis alguns sinais de alerta para os Gestores de Função:

Somente resultados técnicos. Os Gestores de Função não atendem completamente ao negócio quando gastam uma quantidade enorme de tempo e energia em resultados técnicos, resolvendo todos os problemas técnicos difíceis. Eles foram promovidos por causa de suas proezas técnicas e não querem deixá-las. Elas representam seu cobertor de segurança. Embora esse conhecimento seja útil, ele pode levá-los a ficar enterrados no aqui e agora. O tempo e a atenção necessários para trabalhar sobre o futuro são desviados para se resolverem os problemas do presente. Enquanto isso, as camadas hierárquicas inferiores não aprendem a resolver esses problemas por si sós e permanecem dependentes do conhecimento técnico do Gestor de Função. Resolver um problema ocasional dando ênfase a ensinar é útil, mas o mesmo não vale se for para resolver a maioria dos problemas sem ensinar.

Participar da função. "Participar da função" (aproximadamente "ser um dos caras") leva a decisões ruins. As pessoas sentem orgulho de sua especialização na função e de seus anos de atividade na área; logo, é natural querer fazer parte do clube. Entretanto, os Gestores de Função precisam de uma verdadeira objetividade ao avaliar os pontos fortes e fracos da função, ao decidir quem fica e quem sai, e ao selecionar os talentos. Certamente é necessário um envolvimento frequente para ficar a par dos progressos ou fracassos, para orientar e para comunicar. Embora seja útil mais tempo com o pessoal da função, os Gestores de Função precisam estar à frente deles, e não entre eles. Precisam envolver-se também com pessoas acima deles e externamente. Se houvesse uma posição a ser considerada como padrão, ela deveria ser "na frente", trabalhando sobre o futuro e compreendendo a concorrência e o estado da arte, e não dentro da função resolvendo problemas técnicos. "Participar da função" é a condição que vejo com mais frequência; é um sinal de que o Gestor de Função não fez uma transição adequada para esse nível hierárquico.

Isolamento. Os Gestores de Função podem acabar ficando isolados do Gestor de Negócio e dos colegas que dirigem outras funções. Os motivos para essa tendência de isolamento variam por função: o Gestor de Marketing está sempre com os clientes; o Gestor de Engenharia está no laboratório trabalhando com novas tecnologias; o Gestor Financeiro trabalha muito e até tarde fazendo análises; e assim por diante. Certamente há momentos em que parte disso é justificável, mas conectar-se com o chefe e com colegas (em outras situações além das reuniões de equipe) ajuda os Gestores de Função a manter seu foco e o de suas organizações no negócio. O trabalho na função, por si só, não é tão útil como o trabalho na função que se interliga bem com outras funções para executar a estratégia do negócio. De fato, o trabalho na função que não serve de apoio à estratégia do negócio leva ao fracasso dos Gestores de Função. É desanimador ver o quanto existe de isolamento na função, apesar de toda a literatura e conhecimento acumulado sobre o valor da colaboração e do trabalho em equipe. O Gestor de Negócio deve ter um envolvimento equilibrado; todos os Gestores de Função precisam receber uma parcela de seu tempo e atenção.

Camada de concreto. De todos os alertas vermelhos, talvez o mais alarmante seja o da "camada de concreto". Para mim, camada de concreto significa barreiras na organização que impedem o fluxo de informações tanto para cima quanto para baixo de ideias, planos, questões, problemas e afins. Com frequência, os mais responsáveis por isso estão na camada hierárquica exatamente abaixo do Gestor de Função – o grupo de Gestores de Gerentes. O progresso e o compromisso com novas ideias ou mudanças de qualquer tipo são muito mais lentos do que deveriam ser. Os verdadeiros problemas não surgem à tona de maneira oportuna. Os Gestores de Função devem construir equipes que tenham compromisso com o quadro mais amplo (Resultados do Negócio), e não apenas com seus próprios interesses egoístas em termos de função. Os Gestores de Função devem confrontar aqueles que bloqueiam o progresso. As camadas de concreto existem apenas quando os líderes permitem que elas existam. O pior cenário é quando os Gestores de Função se tornam parte da camada de concreto. Seu isolamento e discordância com o direcionamento do negócio são duas causas comuns desse cenário. Sentir-se desprestigiado ou maltratado pelo Gestor de Negócio também leva a essa condição. Os Gestores de Função precisam ser especialmente sensíveis à possibilidade de haver ou estar sendo criada uma camada de concreto, à sua responsabilidade por contribuir nesse sentido e como removê-la.

Colocando resultados em prática

Agora, vou demonstrar como a consciência em relação a esses resultados fundamentais (fornecidos e possibilitados) oferece vantagem para as organizações em termos de melhoria do desempenho.

Uma companhia de bens de consumo elaborou seu pipeline de desempenho para ajudar a impulsionar a eficiência pela melhoria do trabalho em equipe e requerendo a integração das funções. As funções de Marketing e Vendas vinham sendo altamente valorizadas e recompensadas, enquanto as funções de apoio recebiam pouca atenção. A Tabela 5.1 retrata a visão

Tabela 5.1 Companhia de Bens de Consumo de Massa, Gestor de Função (Marketing, Finanças, TI, Operações, Jurídico etc.)

Dimensões de Desempenho	Valores de Trabalho Requeridos	Desempenho Completo
Resultados Operacionais • Resultados de Função Totais por Plano da Companhia • Resultados Orçados de Função Consolidados • Ganhos de Produtividade na Função	• Resultados Totais do Negócio • Resultados Totais das Funções	• Atende a todas as exigências da função, de forma a possibilitar resultados de negócio adequados, e atende às necessidades de outras funções • Otimiza/Aperfeiçoa sistemas e processos de forma a gerar ganhos de produtividade • Toma decisões no melhor interesse do negócio antes de fazer considerações sobre a própria função ou mercado. Preparado para fazer trocas apropriadas no interesse de metas maiores do negócio
Resultados de Liderança • Pipeline de Liderança na Função • Desenvolvimento Organizacional/Organização Autossustentável • Gestão de Mudança (Estratégia de Apoio à Cultura) • Estratégia da Função apoiando a Estratégia de Negócio • Campo de Visão (Visão da Função Alinhada com a Visão de Negócio) • Envolvimento e inspiração do pessoal	• Estratégia da função ligada ao negócio • Pipeline de liderança da função • Excelência na função	• Desenvolve estratégia da função que apoia integralmente a estratégia do negócio e as necessidades de outras funções • Desenvolve um fluxo de inovações na função que impulsiona o negócio para frente • Produz planos de desenvolvimento por escrito para si próprio e para os subordinados diretos • Lidera e constrói o entusiasmo por mudança • Orienta ativamente em toda oportunidade • Mostra elevada consciência sobre seu papel de liderança • Convive com os Princípios Diretores de forma consistente • Leva em conta a concorrência e a evolução externa na produção e no desenvolvimento de padrões e programas • Valoriza e constrói equipes considerando a diversidade • Constrói um pipeline de liderança eficaz e uma sucessão robusta • Retém os talentos na organização • Envolve sua equipe na realização da estratégia e de planos definidos

Tabela 5.1 Companhia de Bens de Consumo de Massa, Gestor de Função (*Continuação*)

Dimensões de Desempenho	Valores de Trabalho Requeridos	Desempenho Completo
Resultados Administrativos • Plano de Função – Desenvolvimento, Monitoração e Relatórios • Parâmetros de Desempenho da Função • Patrocínio de Projetos Importantes • Organização/Alocação de Pessoal na Função • Definição de Processos/Processos de Trabalho	• Delegação da gestão da função para subordinados diretos • Gestão da função em todas as camadas hierárquicas • Eficiência da função	• Produz todo o trabalho da função no prazo e com nível de qualidade e custos desejados • Delega a supervisão das tarefas da função para subordinados diretos • Desenvolve medições adequadas e torna-as claras para todos • Estabelece prioridades no melhor interesse do negócio; resolve qualquer conflito prontamente • Assegura a otimização do processo, em vez da excelência na função, para seu próprio bem • Capacita sua equipe, fornecendo oportunidades de desenvolvimento, e implementa os sistemas de apoio necessários (RH/TI/Fin)
Resultados de Relacionamentos • Compartilhamento de Conhecimento – Colegas • Influência em Todas as Funções • Interno – com Superiores e Subordinados • Cadeia Funcional de Comando Vendedores/Fornecedores/Contratados • Parceiros de Negócio	• Relacionamentos multifuncionais • Relacionamentos verticais	• Compartilha informações e ideias com outras funções; foco no negócio total. • Aloca/desiste de recursos da função para apoiar metas da companhia • Cria um clima de trabalho em equipe e de cooperação entre funções através da função • Busca e utiliza informações dos clientes no projeto de serviços/programas/produtos
Resultados de Inovação (Interna & Externa) • Novas Maneiras e Maneiras Mais Inteligentes de Fazer o Trabalho Novo e o Antigo • Rede de Contatos Externos na Função	• Estado da arte na função – em busca de resultados do negócio	• Supera as normas em termos de qualidade de produtos e serviços. A norma é a melhora contínua • Ouve de forma proativa e se envolve em redes de contatos internos e externos na função, por todos os mercados

da companhia sobre o desempenho requerido para os Gestores de Função. Pelo fato de produzir e vender bens de consumo de massa, ela precisava de uma organização com alinhamento e ritmo. Muitos dos parâmetros de desempenho que ela escolheu estavam focados nos Gestores de Função apoiando outras funções, integrando seu trabalho ou permitindo que outras funções tivessem sucesso. O próprio primeiro parâmetro, "Atender a todas as exigências da função, de forma a permitir adequados Resultados de Negócio e atender às necessidades de outras funções", estabelece o tom. Essa companhia queria Resultados de Negócio fornecidos através de funções que colaborassem entre si (em vez de competirem entre si ou ignorarem umas às outras), com o foco concentrado nos resultados globais.

Essa companhia de bens de consumo de massa entende que os Gestores de Função precisam seguir os fundamentos de uma boa liderança e administrar dentro do contexto de sucesso do negócio (não apenas do sucesso da função). Compõem esse sucesso: envolver o quadro de pessoal, inovar, desenvolver pessoas, estabelecer prioridades, compartilhar informações, medir a si próprios em relação ao sucesso do negócio e construir equipes de trabalho entre funções. Utilizando adequadamente os padrões, a companhia terá tornado claro que os Gestores de Função não devem envolver-se em atividades ou buscar resultados que prejudiquem ou inibam o sucesso do negócio ou de outras funções. A fim de obter eficiência e eficácia requeridas para fornecer bens de consumo de massa no momento e no lugar certos, eles precisam de um foco em comum (Resultados de Negócio), trabalho em equipe (preocupar-se com o sucesso de outras funções) e manter atualizados todos os participantes da função (delegação, comunicação).

Preste especial atenção na coluna "Valores de Trabalho Requeridos" da Tabela 5.1, já que esses valores são muito importantes para os Gestores de Função. Valorizar mais o trabalho a ser realizado nessa camada hierárquica do que outros trabalhos feitos em camadas anteriores é a chave para a obtenção de resultados fortes. Essa companhia sentiu que, ao ser explícita sobre os valores de trabalho requeridos para a obtenção de resultados específicos, teria grande impacto em seus Gestores de Função. Ao criar um pipeline de desempenho, nem todas as companhias são tão específicas na área de valores de trabalho. Neste caso, porém, a companhia de bens de consumo queria atrair a atenção de seus Gestores de Função, e a ênfase nos valores realizou o truque.

6

Gestores de Gerentes

Produtividade

De todas as camadas hierárquicas, essa é a que gera mais confusão e necessidade de esclarecimento. Um problema é que as pessoas tratam a camada de Gestores de Gerentes como se ela fosse a camada abaixo (Gestores de Outros). Em todas as empresas, os Gestores de Gerentes são responsáveis por 90% a 95% do quadro de pessoal; as camadas hierárquicas superiores são escassamente povoadas, em termos relativos. Apesar dessa grande importância, os Gestores de Gerentes são muitas vezes vistos como "juniores" ou "pouco importantes", e este é um segundo problema.

Na verdade, os Gestores de Gerentes são fundamentais para uma organização produtiva. Em climas empresariais difíceis, quando cortes e redução de equipe são comuns, eles fornecem o pensamento, o planejamento e a liderança no dia a dia que mantêm o negócio na rota estabelecida. Sua capacidade de programar e organizar o trabalho, sua habilidade em quebrar "feudos" para que o trabalho possa fluir de maneira mais fácil e rápida, e sua dedicação ao treinamento e desenvolvimento de Gestores de Outros são tarefas que determinam quão bem a empresa se sairá. Mais especificamente, os Gestores de Gerentes precisam alcançar e permitir resultados importantes e evitar o foco em resultados não apropriados. Discutiremos aqui todos esses resultados, mas primeiro façamos o perfil do nível hierárquico do Gestor de Gerentes.

Quem é um Gestor de Gerentes?

Normalmente, os Gestores de Gerentes se reportam aos Gestores de Função e possuem Gestores de Outros se reportando a eles. Existem muitas variações desta estrutura de hierarquia (o que é um terceiro problema), o que causa boa parte da confusão sobre Gestores de Gerentes a que aludi anteriormente. Começando de baixo para cima, pode haver uma combinação de Gestores de Outros e de Autogestores (colaboradores individuais) que se reportam a um Gestor de Gerentes. Nesse caso, os Gestores de Gerentes devem dedicar a maior parte de seu tempo e esforço para lidar com Gestores de Outros. Se a orientação de Autogestores tomar boa parte do tempo e do esforço, então esses Gestores de Gerentes deveriam realmente ser tratados como atuando no nível hierárquico de Gestor de Outros.

Em organizações muito grandes, podem ser encontradas duas ou mais camadas hierárquicas de Gestores de Gerentes; por exemplo, grandes organizações de processamento de dados frequentemente contam com duas camadas de Gestores de Gerentes. Saiba que os resultados críticos são semelhantes para ambos os grupos de Gestores de Gerentes, mas com uma ressalva: o nível superior de Gestores de Gerentes lidera a camada inferior de Gestores de Gerentes, mas normalmente não gerencia diretamente os Gestores de Outros, principalmente quando esses dois agrupamentos existem ao mesmo tempo nas grandes organizações.

Em pequenas empresas, em alguns negócios menores e em funções como Recursos Humanos e Marketing, os Gestores de Gerentes podem estar ausentes. Nessas situações, o Gestor de Função produz os resultados geralmente atribuídos aos Gestores de Gerentes. É igualmente provável que, em pequenos negócios em que o fundador é CEO e Gestor de Negócio, aqueles que se reportam ao fundador estejam fazendo o trabalho de Gestores de Gerentes, e não o trabalho de Gestores de Função. O fundador/CEO em uma pequena companhia geralmente toma todas as decisões em relação ao produto e clientes, assina todos os cheques como um CFO faria e reclama de estar sobrecarregado. Nesses casos os subordinados diretos precisam assumir o trabalho de Gestores de Função.

Outras fontes de confusão em relação aos gestores de gerentes

Outros pontos de confusão sobre esse papel vêm de algumas diferenças importantes, porém um pouco sutis, em relação à posição de Gestor de Outros:

- Gestores de Gerentes devem delegar autoridade para o estabelecimento de prioridades do dia a dia e outras tomadas de decisões para seus subordinados diretos, os Gestores de Outros. Os Gestores de Gerentes aprenderam a delegar tarefas, e não autoridade, quando foram Gestores de Outros. Muitas vezes, eles continuam delegando tarefas, de forma que os Gestores de Outros carecem de autoridade – e seu pessoal sabe disso. Os Autogestores começam a procurar diretamente os Gestores de Gerentes para obter as autorizações ou correções necessárias para executar seu trabalho.
- Os Gestores de Gerentes deveriam perguntar sobre aspectos de gestão, mas só aprenderam a perguntar sobre tarefas. "Quando a venda será fechada?", essa é uma questão sobre tarefa. "O que precisa ser feito para que sua organização possa fechar vendas prontamente?", essa é uma questão de gestão. Quando os Gestores de Outros são questionados sobre tarefas, isso tende a empurrá-los para as tarefas.
- Os Gestores de Gerentes deveriam trabalhar com seus colegas para produzir um fluxo lateral de trabalho, informações, ideias e assim por diante, mas eles não conhecem ou não respeitam os colegas. Assim, levam os problemas para seus chefes, e não para seus pares. Isso puxa o Gestor de Função para uma camada hierárquica inferior de trabalho, assim como ao Gestor de Gerentes.
- Os Gestores de Gerentes passam por um treinamento genérico sobre gestão, e não por um treinamento específico. As diferenças em relação à camada hierárquica anterior não ficam aparentes no treinamento, de forma que eles continuam fazendo agora o que já faziam.
- Os Gestores de Gerentes foram promovidos com base nos resultados produzidos quando eram Gestores de Outros, e não com base em suas habilidades gerenciais. Os resultados podem ter sido produzidos porque eles, pessoalmente, os produziram.

Resultados fundamentais necessários para os Gestores de Gerentes

Um dos motivos para a produtividade ser tão fugidia em muitas empresas é o fato de os Gestores de Gerentes não serem muito cobrados a esse respeito.

Os Gestores de Função são solicitados a impulsionar a produtividade, mas estão muito distantes das tarefas do dia a dia para poder exercer um grande impacto. Por outro lado, os Gestores de Gerentes estão mais próximos do trabalho, mas não são pessoalmente responsáveis por ele; isso permite que tenham a proximidade e a objetividade necessárias para a tomada de decisões inteligentes sobre questões de produtividade.

Infelizmente, os gestores de nível hierárquico superior tratam os Gestores de Gerentes como se eles fossem Gestores de Outros, o que os impede de participar o suficiente da gestão dessa função em uma base diária. Constata-se, com muita frequência, o fato de os Gestores de Gerentes serem excluídos do planejamento estratégico e operacional da função. Quando são excluídos dessa maneira, passam boa parte do tempo tendendo à realização de tarefas diárias e substituindo os Gestores de Outros. Eles também deixam de aprender com a discussão. Nesses casos, os Gestores de Gerentes não conseguem desenvolver suas habilidades suficientemente acima das do Gerente de Outros. Tenho visto esse tipo de problema em antigas concessionárias de linhas elétricas e em novos produtores de software.

Os Gestores de Gerentes devem desenvolver planos operacionais para dois anos visando o aumento da produtividade. Ao criar um clima de aceitação do trabalho administrativo, os Gestores de Gerentes ajudam os novos gerentes a entenderem seu papel e acelerarem a resposta às diretivas sobre gestão. São necessários Gestores de Outros treinados para construir esse clima e executar esse plano de dois anos. Os Gestores de Gerentes também precisam alcançar disciplina operacional; isto é, garantir que os processos aprovados para utilização sejam seguidos por todos, que as atividades sejam realizadas no prazo, que o pessoal apareça nas reuniões, e assim por diante. Os Gestores de Gerentes precisam focar na manutenção de um bom equilíbrio entre velocidade e qualidade do produto, e isso só pode ser feito se eles receberem capacitação suficiente em termos de informações, ideias, preocupações dos clientes e conhecimento em primeira mão sobre a estratégia da função e o porquê de ela ter sido escolhida. Isso começa por sua própria equipe e expande por todas as organizações relevantes de seus pares. Um relacionamento sólido com os pares de todas as funções e com seus subordinados diretos, assim como com fornecedores e clientes, permite o ritmo desejado. De fato, o estabelecimento e a manutenção de excelentes relações de trabalho com o máximo possível de colegas devem receber elevada prioridade por parte dos Gestores de Gerentes.

Plano operacional de dois anos

Muitos Gestores de Gerentes trabalham com horizonte de planejamento de um ano, e isso corresponde a um grande erro quando se trata de desempenho. Quando são tratados como Gestores de Outros, eles são solicitados a focar em resultados dentro desse curto intervalo de tempo. Se, porém, uma organização quiser que seus Gestores de Gerentes coordenem uma grande melhoria de produtividade, deve formalizar um período mais longo, como sugere o exemplo a seguir.

Exemplo – Parada para manutenção programada

Sarah foi promovida a Gestora de Estação de Energia em uma grande concessionária elétrica. A central elétrica se situava em um ponto mais distante e, assim, ela ficou um pouco isolada de seu chefe e de outros gerentes. Sarah foi uma das primeiras mulheres a dirigir uma central elétrica sem ter se formado em engenharia. Ela havia sido importante nos negócios e se via como líder. Uma de suas metas pessoais era causar forte impressão através de seu desempenho, utilizando habilidades de liderança e nos negócios, em vez de conhecimento técnico para alcançar os objetivos desejados.

Cargos como os dela eram medidos em termos de produtividade, ou seja, quilowatt-hora de eletricidade produzida por dia. Assim, uma exigência normal, mas onerosa, como a de parar os geradores para manutenção programada (a fim de evitar problemas com os equipamentos), reduzia a produtividade. A programação normal de manutenção preventiva era de quatro interrupções de uma semana por ano. Sarah pensou no impacto que isso causava na produtividade sob a perspectiva de um Gestor de Gerentes. Em vez de focar em um período mais curto, como faria um Gestor de Outros, Sarah utilizou seu conhecimento de negócio e estendeu o horizonte de planejamento para dois anos. Seus cálculos sugeriram que, distanciando mais as semanas de parada programada para manutenção, prestando mais atenção nas condições dos equipamentos, ela poderia reduzir o número de semanas de parada de quatro para três no primeiro ano (embora mantendo quatro no segundo ano). Esse modelo logo foi copiado por outras estações elétricas. Após mais experiências com o intervalo entre paradas e a qualidade das inspeções, o padrão em todos os lugares passou a ser de três paradas por ano com uma inspeção mais minuciosa.

Sarah pensou no problema a partir do nível de liderança correto em termos de desempenho. Nesse nível, muitos problemas operacionais não se prestam a soluções baseadas em planejamentos anuais. Bons exemplos disso são as mudanças de processo, redefinição de cadeias de suprimento e tecnologia da informação. Na verdade, um horizonte de planejamento de dois anos talvez não seja suficiente para enfrentar esses tipos de problemas. Os Gestores de Gerentes precisam poder analisar os problemas e as oportunidades diante deles por uma perspectiva de pelo menos dois anos, a despeito de todas as pressões de curto prazo que enfrentam.

Clima de aceitação do trabalho administrativo

Este é um resultado que muitas vezes escapa do controle, em grande parte por ser intangível, o que torna difícil quantificar tarefas e realizações. Entretanto, no nível hierárquico de Gestor de Gerentes, ele representa um requisito fundamental de desempenho, considerando a época em que vivemos. Nos filmes, programas de televisão e histórias em quadrinhos, a administração e os gestores são retratados como piadas. A mídia também tem escrito um bom número de artigos negativos sobre os CEOs e outros líderes, reforçando a percepção de que não se deve confiar nos gestores – uma percepção que existe interna e externamente. Um ceticismo profundo sobre a capacidade de gestão é facilmente perceptível em muitas empresas. No entanto, os Gestores de Gerentes podem diminuir ou até mesmo dissipar boa parte desse ceticismo pelo tom de liderança estabelecido. Ao exigir pleno desempenho em termos de gestão e capacitação dos Gestores de Outros para ter esse desempenho, eles incutem uma atitude positiva. Ao insistir que seus Gestores de Outros deem a seu pessoal um claro direcionamento do trabalho, feedback oportuno e construtivo, treinamento e apoio, os motivos por trás das decisões e da solução dos problemas em tempo hábil são compartilhados e tornam mais claro o valor de uma boa administração. O pessoal fica condicionado a esperar que as ações administrativas sejam benéficas.

Os Gestores de Gerentes começam a estabelecer o tom ao selecionar as pessoas certas para ocupar as posições gerenciais. O fundamental é promover para as posições de Gestores de Outros as pessoas que queiram liderar e ensinar-lhes como liderar. No entanto, o tom correto não é estabelecido ao se promoverem os melhores técnicos e depois permitir que façam principalmente o trabalho técnico e profissional. Em vez de criar o tom correto, isso estabelece uma situação em que há uma pessoa técnica/profissional altamente produtiva (o Gestor de Outros) e meia dúzia de Autogestores sem supervisão. A produtividade realmente sofre. Da mesma forma que o conceito de administração. "Gerente" passa a representar uma definição de status (tenho um cargo maior do que o seu), e não um conjunto de resultados apropriados a esse nível de liderança.

A construção de um clima de aceitação ao trabalho administrativo ajuda os novos gerentes a apreciarem e aceitarem os requisitos de seu papel. O que torna possível um clima de aceitação é o estabelecimento do Gestor de Outros como um líder capaz e como fonte verdadeira de direcionamento, informação, conselhos e orientação. O ritmo contínuo de negócio deve começar exatamente neste ponto!

Disciplina operacional

Manter a organização conectada para não perder de vista as mudanças de produto, novas iniciativas, solicitações especiais e coisas do gênero, representa uma responsabilidade importante do Gestor de Gerentes. Fazer as coisas certas da maneira certa no momento certo poderia ser o lema para todos os Gestores de Gerentes. Mais de um Gestor de Gerentes já adotou a atitude de que "a reunião não pode começar sem mim". Esse tipo de mentalidade é contrário à geração dos resultados necessários nesse nível hierárquico. Aparecer pontualmente em reuniões adequadamente preparadas pode parecer algo pequeno, mas tem grande impacto nos valores adotados pelos gerentes do nível hierárquico abaixo, sem mencionar o tempo perdido quando um Gestor de Gerentes sempre se atrasa por 15 minutos ou mais. Pelo fato de os Gestores de Outros poderem ser um pouco reticentes sobre impor disciplina operacional em suas equipes, os Gestores de Gerentes devem tornar clara essa expectativa.

Num momento em que muitas empresas querem inovar e os gestores querem quebrar as regras para fazer experimentos, a disciplina operacional passa a ser crucial. Ainda que seja louvável assumir riscos, os gerentes precisam entender as políticas e os processos estabelecidos antes de tentar mudar ou abandoná-los. Sem esse conhecimento, os gerentes passam a assumir riscos ao acaso, em vez de inovarem com inteligência. A desconexão passa a ser um perigo real quando cada gerente age por conta própria. Os Gestores de Gerentes estão encarregados de garantir que o trabalho se processe de forma lógica e interligada, e a imposição de disciplina operacional ajuda nesse sentido. O equilíbrio entre o desejo de inovar e a necessidade de fornecer resultados requer uma clara reflexão e uma boa capacidade de julgamento por parte dos Gestores de Gerentes.

Livre fluxo de trabalho, informações, ideias

O desmonte de "feudos" é feito melhor nesse nível hierárquico. Os problemas políticos que impedem o progresso em níveis mais altos estão normalmente subordinados a questões práticas neste ponto. Portanto, os Gestores de Gerentes estão em posição central quando se trata do fluxo de trabalho e informações. Eles precisam entender de onde vem e para onde vai seu trabalho para poder criar conexões e dar ou receber feedback. Os erros podem ser reduzidos, e a repetição de erros pode ser eliminada, se ocorrer um diálogo apropriado nas camadas hierárquicas dos Gestores de Gerentes por todo o negócio ou empresa. Os Gestores de Gerentes mais produtivos buscam regularmente saber o que vem pela frente e quando, e o que os destinatários pensam a respeito do produto de seu trabalho.

Excelentes relacionamentos em todas as direções

Os Gestores de Gerentes devem envolver-se muito mais com pessoas do que com tecnologia ou tarefas. Nunca é demais ressaltar a importância do estabelecimento de fortes conexões com pessoas nesse nível hierárquico. Elas começam com o Gestor de Função (Qual é a estratégia da função? Quais são as prioridades?), estendem-se pela sua equipe (eis o que precisamos fornecer e quando), alcançam os colegas (O que está por vir? Como estamos indo?) e incluem fornecedores e clientes (eis o que precisamos; O que você espera?). Embora consuma tempo, a construção de excelentes relações torna possível a produtividade ("Conheço bem o Charlie da contabilidade. Ele apressará a análise que precisamos"). Os Gestores de Gerentes que são puxados para baixo um nível hierárquico para cobrir Gestores de Outros fracos, ou forçados uma camada para baixo por Gestores de Função que não trabalham no nível hierárquico correto, não têm tempo para construir os relacionamentos corretos, ou planejar, ou ainda eliminar os "feudos". Quando esses Gestores de Gerentes atuam no nível hierárquico errado, a produtividade sempre sofre.

Obtendo o melhor retorno sobre a liderança

Os Gestores de Gerentes bem-sucedidos geram alavancagem. Ao desenvolver planos cada vez melhores e desenvolver Gestores de Outros eficazes, eles conseguem gerar mais produção ou resultado com os mesmos (ou menos) recursos. Essa alavancagem é uma fonte importante de melhoria da produtividade. Bons Gestores de Outros permitem que os Autogestores produzam com eficácia. Em tempos difíceis, se existir apenas US$1 para ser gasto em desenvolvimento de líderes, gaste-o em Gestores de Gerentes. Eles geram o melhor retorno de curto prazo. Se investir esse dólar em níveis hierárquicos superiores, você obterá retorno no futuro, mas ele pode chegar muito tarde para salvar seu negócio.

O que o Gestor de Gerentes deve fornecer

- Plano operacional de dois anos
- Clima de aceitação para o trabalho administrativo
- Gestores de Outros treinados
- Fluxo de trabalho e informação
- Relacionamentos acima, abaixo e dos lados
- Alavancagem
- Disciplina

O que o Gestor de Gerentes possibilita

- Direcionamento claro
- Prioridades

- Pessoa certa no trabalho certo
- Velocidade na tomada de decisão
- Conexões críticas
- Feedback daqueles que recebem o trabalho
- Ambiente de trabalho com elevado desempenho

Exemplo – Ajudando os Gestores de Gerentes a entenderem seus papéis

Uma companhia líder no setor de biotecnologia (vamos chamá-la de Biotech 123) vinha alcançando rápido crescimento nas vendas, impulsionado por alguns produtos inovadores. Para apoiar esse crescimento, a Biotech 123 contratou uma grande quantidade de novos técnicos talentosos e muitos Gestores de Outros e líderes em nível de Gestores de Gerentes. O novo pessoal técnico trouxe as próprias ideias sobre o que deveria ser feito e como fazê-lo. Considerando que os novos líderes vieram de muitos lugares diferentes, todos eles tinham maneiras diferentes de liderar e administrar. Conforme era de se esperar, muitos dos Gestores de Gerentes estavam atravessando dificuldades porque atuavam no nível hierárquico errado. Foi difícil para eles obterem clareza sobre seu papel em meio a esse rápido crescimento. A alta administração decidiu elaborar um pipeline de desempenho para esclarecer os papéis, principalmente no nível de Gestores de Gerentes.

Um dos primeiros passos dados pela Biotech 123 envolveu entrevistas para descobrir exatamente o que vinha sendo feito ou não nos níveis hierárquicos inferiores. Os entrevistadores constataram que 75% do trabalho dos Gestores de Gerentes representavam, na verdade, tarefas de Gestor de Outros. Eles estavam supervisionando diretamente os Autogestores em sua organização, dando-lhes feedback, produzindo semanalmente planos de trabalho e analisando dados de teste de campo para maior precisão.

Quando a Biotech 123 criou seu pipeline, detalhou os resultados esperados em diferentes níveis gerenciais, os parâmetros para o desempenho completo, as competências necessárias e a indicação do desempenho incorreto (Tabela 6.1). Para estabelecer uma clareza de papéis, era essencial tornar claro o que deveriam ser o trabalho e os parâmetros para um desempenho completo. As competências foram incluídas para ajudar os Gestores de Gerentes a planejarem o próprio desenvolvimento, assim como orientar o Gestor de Função sobre os aspectos em que o desenvolvimento poderia ser necessário. Na tabela você

Tabela 6.1 Companhia de Biotecnologia, Gestor de Gerentes

Valores de Trabalho Requeridos
- Obter resultados através dos gerentes
- Desenvolver líderes
- Integrar com outras unidades
- Produtividade
- Tomar decisões que envolvam conflito de escolha

Área de Resultados	Desempenho Completo	Comportamentos e Competências Requeridos	Indicadores da Necessidade de Desenvolver
Técnica/Profissional/ Operacional - Gerar Programas/Projetos - Ciência Correta - Ajuste de Dose - Molécula - Participação no Comitê - Protocolos para Testes - Gestão Financeira (orçamento) - Gestão de Fornecedores - Divulgação da Marca - Terceirização - Relatórios Finais de Estudos - Viabilidade dos Programas	- Cumpriu metas individuais e conjuntas, e costuma fazer os ajustes apropriados - Aprimorou as decisões envolvendo trocas de recursos sobre todos os resultados para o ano corrente e o próximo - Forneceu orientação científica para assegurar o cumprimento de metas e resultados - Forneceu informações sobre pesquisas para os formuladores de estratégia - Contribuiu com estratégias relevantes e conduziu sua execução	- Estabelece metas próprias e da equipe com medições relevantes que são desafiadoras, mas exequíveis - Mantém a persistência diante de circunstâncias altamente complexas e/ou adversas - Contribui para o processo de planejamento do negócio - Identifica e utiliza os indicadores financeiros chave necessários para medir o desempenho do negócio - Alinha planos relevantes para a própria área com a estratégia de toda a companhia, adaptando-os quando necessário	- Não tem tempo para pensar e refletir, pois ainda está envolvido em revisar atividades diárias ou em desempenhar um papel de colaborador individual - Pode apresentar relutância em comunicar más notícias

Competência			
Liderança - Comunicar Visão e Propósito - Modelo de comportamento - Planejamento da Sucessão - Informa para os superiores e colegas - Orienta/Desenvolve/Extrai o Melhor - Faz as pessoas terem sucesso - Contribuições estratégicas (para a programação)	- Todos os membros do departamento entendem e apoiam a visão e a estratégia - Lidera pelo exemplo; adota os valores - Identifica e desenvolve futuros líderes e futuros Gestores de Gerentes - Líder certo no trabalho certo - Modela e constrói o entusiasmo por mudanças	- Desenvolve a capacidade de replicar a execução no desempenho do negócio; não obtém apenas vitórias isoladas - Promove mudança e criatividade, defendendo maneiras novas e melhores de executar as atividades e tornando seguro para os outros fazerem o mesmo - Esclarece os papéis das pessoas em esforços de mudança e estabelece metas claras que focam e alinham eficazmente o pessoal - Alinha metas de desenvolvimento de curto prazo com aspirações de longo prazo do pessoal e necessidades dos negócios da companhia - Articula aquilo que é especificamente exigido para as pessoas avançarem ao próximo nível - Adapta o estilo de coaching para atender às necessidades exclusivas dos indivíduos ou da situação - Contrata/seleciona as melhores pessoas para funções atuais e futuras	- Não dedica tempo suficiente para orientar os gerentes, dar feedback e distribuir responsabilidades - Pode priorizar o tempo com colegas gestores à custa do tempo de coaching para gerentes em desenvolvimento - Entesoura talentos - Pode estar selecionando gerentes, tomando como critério a experiência técnica/funcional
Administração - Toma decisões - Delega - Orientação de qualidade - Planejamento, prioridades e alocação de recursos - Reage aos problemas - Mede e recompensa o desempenho - Produtividade - Fluxo de Informações - Crescimento e escala - Integração com seu próprio grupo e com outros	- Melhorou processos e aumentou a produtividade - Gerentes da linha de frente são orientados, treinados e cobrados pelo trabalho administrativo - Equipe focada nas principais prioridades/projetos; medidas e marcos asseguram que as coisas acontecem conforme o planejado - Assume prontamente decisões difíceis, mesmo quando possam ser impopulares - Trabalho em equipe entre funções gera a integração no negócio e o bom desempenho - A delegação e o estabelecimento de prioridades propiciam tempo para pensar e para planejar no longo prazo	- Mantém uma cultura positiva de prestação de contas nas áreas de trabalho, tais como esclarecendo as responsabilidades e acompanhando com regularidade e de forma construtiva - Adapta processos operacionais para maior alinhamento com outros processos - Define papéis e responsabilidades para indivíduos e equipes - Determina sistemas, parâmetros e pressupostos que se aplicam a um indivíduo ou equipe - Capitaliza toda oportunidade para reconhecer ou orientar o indivíduo no sentido de obter melhor desempenho - Transmite pontos de vista não convencionais ou impopulares de forma construtiva - Modifica regras e responsabilidades da equipe para aumentar seu desempenho	- Avança no sentido de gerenciar diretamente quando os gerentes de primeira linha começam a atrasar a programação - Não se empenha o suficiente na integração lateral - Talvez corra para encontrar os culpados; pode não resolver questões do processo, resolvendo apenas incidentes - Pode ainda procurar salvar gerentes em seu desempenho administrativo ou quando não atendem às metas

Categoria	Comportamentos positivos	Comportamentos negativos
Relacionamentos • Cliente • Regulamentação • Colegas/Outros • Organizações • Departamento – Colaboração • Consciência de outras funções	• Informações facilmente compartilhadas com colegas e por toda a função • Administrou sem estabelecer fronteiras lateralmente • Pensamento multifuncional e/ou global evidente nos planos, programas e procedimentos • Rede externa de contatos gera um importante benefício para a companhia	• Desenvolve detalhada compreensão das necessidades, problemas e prioridades dos clientes, buscando consistentemente por maneiras para melhorar a prestação de serviços a eles • Consegue interromper tendências e outras crenças fortemente mantidas para ativamente escutar os pontos de vista dos outros • Considera as necessidades e interesses dos outros e nas comunicações incorpora informações relevantes para eles • Compartilha experiências com outros departamentos quando solicitado	• Não prioriza a interação com parceiro ou cliente; pode delegar a outros ou ignorar • Pode ter um "estilo marcante" com clientes ou parceiros ao invés de aprender ou ouvir • Pode ser impaciente em reuniões com colegas e diante de diferentes necessidades/pontos de vista • Não possui rede externa de contatos
• Administração e liderança na inovação	• Descobriu e aplicou novas maneiras de realizar o trabalho de gestão • Assume riscos calculados e aprende com os erros a melhorar os resultados	• Introduz melhorias nos processos, operações ou práticas em sua própria área ou em outras, gerando um alto valor e um desempenho sustentável do negócio • Mostra criatividade e antevisão ao aplicar conhecimento de várias funções para chegar a soluções inovadoras • Age – e incentiva outros também – no sentido de fazer melhorias nos processos através de maior confiabilidade e eficiência	• Avesso a riscos, não assume riscos • Sem interesse em ensinar habilidades e práticas de gestão e liderança

notará uma coluna intitulada "Indicadores da Necessidade de Desenvolver". Essa variação sobre o modelo usual de Pipeline foi incluída porque a Biotech 123 queria um método para transmitir a atividade inaceitável. Eles queriam comunicar o que os gestores deveriam parar de fazer com clareza suficiente para permitir que se corrigissem sozinhos.

A Biotech 123 encontrou uma defasagem significativa entre os resultados que seus gestores estavam gerando e aqueles que deveriam estar fornecendo. Por esse motivo, utilizaram o pipeline como uma estrutura de treinamento para todos os Gestores de Gerentes. Esse treinamento acabou se mostrando altamente eficaz, em grande parte porque esses Gestores de Gerentes recém-contratados realmente queriam fazer a coisa certa; mas não sabiam o que seria a coisa certa na Biotech 123. O maior desafio em termos de treinamento foi ensinar a eles como escolher e desenvolver Gestores de Outros. Os Gestores de Gerentes tinham uma forte inclinação técnica e tendiam a selecionar por habilidades técnicas e orientar por resultados técnicos. Considerando o forte foco científico da Biotech 123, essa ênfase técnica era compreensível e necessária, mas estava impedindo a capacidade da empresa de executar sua estratégia de crescimento.

Com os parâmetros do Pipeline de Desempenho em mãos e com o treinamento completo, vários dos Gestores de Gerentes começaram a utilizar seu tempo de forma bastante diferente. Vários Gestores de Outros passaram a ocupar posições de Autogestores. Alguns dos melhores Gestores de Outros tiveram o número de seus subordinados diretos aumentado. Muitas requisições de pessoal adicional foram canceladas. Os Gestores de Função relataram o recebimento de mais pedidos de esclarecimento sobre o direcionamento e as prioridades. Embora ainda não concluída, a mudança já estava facilmente visível.

Resultados que não queremos

Você poderia pensar que os Gestores de Gerentes têm muito para fazer em seu próprio nível hierárquico e que não precisam buscar trabalho em outros lugares. Quando o Gestor de Gerentes executa o trabalho de um Gestor de Outros, o Gestor de Função acaba puxado para o nível de Gestor de Gerentes. Isso explica por que muitos Gestores de Função prejudicam seus negócios. Os Gestores de Gerentes precisam ajudar os Gestores de Função tornando coletiva a função produtiva no curto prazo e pelo período de até dois anos. Assim, o primeiro resultado que verdadeiramente não queremos é *provocar o Gestor de Função a executar o trabalho não realizado pelos Gestores de Gerentes*.

Um segundo resultado indesejado relacionado com o anterior é a *gestão do trabalho do dia a dia de técnicos/profissionais*. Esse é o trabalho do Gestor de Outros. Os Gestores de Outros não aprendem a gerenciar e liderar se não forem exigidos e se tiverem alguém em seu lugar realizando o trabalho. Eles acabarão revertendo para o papel técnico/profissional que tinham em seu trabalho anterior. A equipe de Autogestores rapidamente identifica quem está "no comando" e procura a pessoa que tem a resposta ou o poder para conseguir a resposta.

Um terceiro resultado que não queremos é que se faça *apenas o planejamento de curto prazo*. Conforme já enfatizei, o prazo de um ano ou menos é um período inaceitável nesse nível hierárquico – um nível em que muitas melhorias importantes ou problemas demandam a perspectiva de um prazo mais longo. Além disso, quando os Gestores de Gerentes são orientados para o curto prazo, normalmente não estão preparados para subir para a camada hierárquica de função. Eles não desenvolvem as habilidades necessárias ou a maneira correta de olhar para o negócio. Muitas companhias com as quais trabalhei lamentam a falta de uma reserva forte de líderes, mas o que elas nem sempre percebem é que, ao permitirem que os Gestores de Gerentes trabalhem e pensem como Gestores de Outros, a força de sua reserva de líderes diminui. As enormes diferenças em habilidades e valores de trabalho entre Gestores de Gerentes e Gestores de Função dificultam a promoção dos Gestores de Gerentes. Mais Gestores de Gerentes poderiam ser promovidos se fossem solicitados a executar o trabalho certo, principalmente o trabalho de longo prazo.

Finalmente, o quarto resultado indesejado é que os Gestores de Gerentes *façam as perguntas erradas*. Perguntar para os Gestores de Outros o que farão para acelerar a produção ou para ter certeza de que cumprirão os prazos previstos deixa-os pessoalmente envolvidos no trabalho. A pergunta adequada é sobre o que farão para tornar sua organização mais rápida, mais produtiva e mais eficaz. As questões certas são se eles precisam de pessoas melhores, processos mais completos, padrões mais elevados, uma situação diferente, e assim por diante. Fazer as perguntas corretas parece ser uma das coisas mais difíceis para os Gestores de Gerentes aprenderem.

Podemos afirmar, principalmente em tempos de incerteza, que todo negócio e toda empresa gostariam de ser mais produtivos. A chave para isso são Gestores de Gerentes eficazes, mas é difícil aprender esse trabalho. Alguns dos motivos importantes são:

- O Gestor de Função está fazendo o trabalho de Gestor de Gerentes
- Os Gestores de Gerentes são treinados exatamente da mesma maneira que os Gestores de Outros ou frequentam cursos de Gestor de Função
- São promovidos pelas razões erradas e não aprenderam realmente como administrar outras pessoas em sua posição anterior
- Eles são cobrados com as perguntas erradas, assim como os Gestores de Outros recebem frequentemente as perguntas erradas
- A organização vê este trabalho como quase igual ao de Gestor de Outros
- Metade dos subordinados diretos é representada por colaboradores individuais

Nunca trabalhei com uma companhia que realmente tivesse definido de forma correta essa camada hierárquica. Seria bom se você assumisse que as coisas poderiam ser feitas de uma forma muito melhor em sua empresa. Assim, invista a energia e o tempo necessários para entender essa camada hierárquica; selecione bons gestores para as posições; ensine as diferenças e, em especial, as sutilezas; e certifique-se de que seus Gestores de Função estejam atuando no nível hierárquico correto.

7

Gestores de Outros

Os que possibilitam

Absolutamente nada é mais valioso para um Autogestor (um colaborador individual) no trabalho do que um bom chefe. Os bons chefes tornam a experiência de trabalho mais agradável, facilitam a execução das tarefas difíceis sem pressões indevidas e respondem às perguntas. Por outro lado, os chefes ineficazes tornam a experiência de trabalho desagradável, aumentam o estresse e deixam as pessoas sem respostas.

Do ponto de vista de uma empresa, de 80% a 90% de todos os funcionários trabalham para um Gestor de Outros. Assim, em comparação com todos os outros gestores, os Gestores de Outros exercem maior impacto direto em coisas como moral, motivação, atitude, satisfação no trabalho, qualidade e retenção de empregados. Um Gestor de Outros ineficaz torna as pessoas sob seu encargo infelizes, improdutivas e, muitas vezes, ressentidas. A qualidade sofre e os clientes sentem o impacto.

Os Gestores de Outros fazem o produto ou serviço acontecer. Eles supervisionam o trabalho em cada estágio do processo e são responsáveis pela mão de obra que realmente toca no produto ou fornece o serviço. Eles são responsáveis por colocar os trabalhadores certos para realizar o trabalho certo, da maneira correta, no momento certo, pelo custo correto, com a qualidade certa. Não é uma tarefa fácil porque eles realizam seu trabalho sem ter muito a dizer acerca de quais recursos estarão disponíveis, quanto tempo será alocado ou quais parâmetros terão de cumprir. Eles representam o elo "fazer acontecer" da cadeia, mas, muitas vezes, exige-se deles que produzam com menos apoio do que o necessário.

Todos os pontos fortes e fracos da empresa aparecem sobre a mesa do Gestor de Outros. Se o planejamento é benfeito na empresa, por exemplo, os recursos de que o Gestor de Outros precisa estarão à disposição. Se o recrutamento é benfeito e a empresa é um bom lugar para se trabalhar, eles terão o pessoal necessário. O planejamento operacional ruim, o recrutamento ineficaz e a comunicação insuficiente são mais comuns e impactam diretamente a capacidade de produção dos Gestores de Outros. Mesmo os negócios e as empresas mais bem administrados apresentam alguns problemas; assim, os Gestores de Outros precisam ser bastante criativos para superar os problemas e fornecer o produto ou serviço. Chegar a um bom resultado para clientes muitas vezes se resume à engenhosidade dos Gestores de Outros e de suas equipes. Seguirei o mesmo formato dos capítulos anteriores, focando nos resultados subjacentes críticos, no trabalho completo e nos resultados que os Gestores de Outros não devem fornecer. A composição da equipe a ser administrada varia muito no nível hierárquico dos Gestores de Outros; enfatizarei este ponto mais tarde no capítulo e examinarei suas implicações.

Resultados críticos subjacentes

Ao pensar sobre Gestores de Outros, você provavelmente pensa em supervisão, coaching, dar feedback e outras coisas do gênero. Esses são os insumos com que eles entram. Neste capítulo focarei na saída, nos resultados que eles precisam fornecer.

A entrega do produto ou serviço correto para o cliente (com o custo e qualidade corretos) é algo construído sobre vários resultados subjacentes importantes. Esses resultados subjacentes, tomados coletivamente, fornecem a estrutura para o alto desempenho dos colaboradores individuais. Embora existam muitos resultados a serem fornecidos por essa camada hierárquica, os que são apresentados a seguir parecem representar uma grande diferença e devem ter a maior prioridade:

- Contexto
- Conexão
- Capacidade da equipe
- Execução
- Cuidado equilibrado
- Habilidades gerenciais

Exemplo

Rita era Especialista em Desenvolvimento de Negócios em uma pequena companhia seguradora; este era seu primeiro emprego após se formar em marketing. Ela vinha trabalhando na empresa há alguns meses e estava se sentindo cada vez mais frustrada.

Seu chefe, Joe, passava grande parte do tempo visitando clientes ou analisando dados de vendas e de mercado. Os outros Especialistas em Desenvolvimento de Negócios, pertencentes a seu grupo, também ficavam frequentemente fora do escritório, visitando clientes. Em função disso, Rita não conseguia que ninguém de sua equipe ou seu chefe a ajudasse a aprender como fazer o trabalho. Ela dedicou seu tempo a estudar o mercado, aprender sobre a concorrência e conhecer os produtos e processos de vendas da companhia. Esperar que Joe a ajudasse a desenvolver o conhecimento e as habilidades necessárias parecia ser um caminho para o fracasso; assim, Rita procurou aprender por si só os aspectos básicos do trabalho.

Após seis meses estudando e visitando clientes no segmento de mercado que lhe fora atribuído, Rita teve a ideia de um novo produto. Ela apresentou a ideia para Joe com grande entusiasmo. Ele disse que encaminharia a sugestão para a alta administração. Perguntou se poderia apresentar a ideia pessoalmente, mas Joe respondeu que os gestores não a conheciam; ele iria apresentar.

Após esperar três semanas, Rita obteve sua resposta. Joe contou que a alta administração sentiu que o produto não se adequava à estratégia. Rita perguntou então qual era a estratégia. Joe disse que a estratégia era acelerar o crescimento pelo lançamento de novos produtos e entrando em novos mercados. Ela perguntou quais seriam os parâmetros e foi informada de que o CEO precisaria "gostar" do novo produto.

Após ouvir essa resposta, Rita começou a procurar um novo emprego e pediu demissão na semana seguinte.

Esta era a coisa certa para Rita fazer. Joe não havia conseguido fornecer a Rita o primeiro dos resultados exigidos para um Gestor de Outros: contexto. Ninguém a ajudou em sua nova atividade. Ninguém disse como funcionava o departamento, explicando "como fazemos as coisas por aqui". Ninguém lhe proporcionou uma visão sobre como encaminhar ideias de novos produtos pelo sistema. Assim, em vez de maximizar o valor de uma nova funcionária com elevado potencial, Joe (especificamente, foi ele quem fracassou em fornecer esse resultado em seu nível gerencial) levou Rita a sair da companhia.

Contexto

Quando os colaboradores individuais aparecem para trabalhar no primeiro dia, precisam saber de tudo que é exigido para realizar o trabalho. Precisam ter uma definição do trabalho, ferramentas para executá-lo, informações sobre o que fazer, percepção sobre os limites (tais como regras e padrões), prioridades no trabalho e muitas outras coisas. Os Gestores de Outros eficazes oferecem tudo isso de forma a fazer sentido para o funcionário novo. Eles não apenas despejam tudo sobre os novos contratados e os sobrecarregam, mas agrupam e ordenam as informações para que possam ser absorvidas facilmente.

De forma realista, porém, os Gestores de Outros precisam reconhecer que qualquer coisa que digam aos novos funcionários será filtrada pelo que os colegas contarem a eles. Os colegas de trabalho adicionam sua visão para a informação, que pode ser bem diferente daquilo que os chefes dizem. Por exemplo, "Não trabalhe demais; não vale a pena", ou "Ela é uma péssima chefe; não faça como ela diz". Para ajudar os novos contratados a entenderem como tudo funciona, o chefe fornece o contexto. O contexto oferece a esses novos empregados um quadro para ajudá-los a pensar e agir da maneira apropriada. O contexto inclui uma combinação do propósito da empresa, a situação dos negócios e da função e o propósito da unidade. Ele direciona a energia do funcionário e ajuda a superar o quadro conflitante advindo das informações dos colegas do novo contratado. Ele pode ficar parecido com algo como: "Precisamos cumprir ou antecipar todos os prazos de entrega porque nossa companhia quer manter sua posição de primeiro lugar na prestação de serviços, mas esse negócio tem perdido suas datas de entrega. Todos nós temos de arregaçar as mangas e tentar com um pouco mais de empenho."

Os Gestores de Outros percebem que aquilo que pode parecer óbvio para eles ou seus chefes talvez não seja óbvio para os colaboradores individuais, principalmente os novos. Os Gestores de Outros têm acesso a relatórios e outras informações que podem ajudá-los a fornecer o contexto que, de outra forma, ficaria invisível para os neófitos. Essas informações permitem que os colaboradores individuais comecem a se autogerenciar. O fato de ter o contexto torna possível formular o julgamento apropriado e fazer as escolhas certas para que as coisas aconteçam corretamente.

Conexão

Os Gestores de Outros criam vários tipos diferentes de conexão para seu pessoal e para si próprios. Em primeiro lugar, essas conexões estão entranhadas em um claro senso do valor que a empresa acrescenta. Os gestores em qualquer nível hierárquico necessitam de uma visão positiva da companhia e do que ela representa, além de uma disposição para expressar essa visão para as pessoas à sua volta; a capacidade de agir com base nessa visão significa garantir que as coisas funcionem apropriadamente. Em segundo lugar, eles precisam conectar sua equipe com a companhia e entre si para que possam trabalhar juntos para gerar o valor. Essa conexão vai além do trabalho em equipe na direção de um compromisso de fazer o que for necessário para ajudar a empresa a ter sucesso; fazer mais do que o necessário em benefício da companhia também faz parte disso – por exemplo, "Sei que está na hora de ir embora, mas realmente preciso terminar este relatório [ou este conserto ou esta solicitação do serviço ao cliente] porque o Gestor de Negócio precisa disso para hoje". Quando os Gestores de Outros fazem seu trabalho com eficácia, os empregados ganham a confiança de se sentirem conectados com a equipe, o negócio e a empresa. O entendimento de onde eles se encaixam e de como se encaixam constrói a conexão.

Capacidade da equipe

Os Gestores de Outros orientam e ensinam à sua equipe, e muitos colaboradores individuais aprendem seu trabalho através de seus chefes. No entanto, essas e outras tarefas típicas dos Gestores de Outros não serão realmente úteis a menos que o resultado seja uma equipe mais capaz. Focar no estado final – capacidade da equipe – dá mais significado para as atividades e ajuda o Gestor de Outros a decidir qual atividade é necessária. Para o bem da equipe, o gestor talvez precise, em algum momento, remover ou transferir um empregado específico, em vez de ensiná-lo e orientá-lo. Para que a empresa e o negócio tenham sucesso, os Gestores de Outros precisam entregar o valor prometido. Se ensinar e orientar não estiverem dando retorno em termos de geração de valor, então os gestores voltados para a produção de valores assumem outras opções. A orientação e o ensino são importantes, mas os Gestores de Outros produtivos precisam, às vezes, sair de suas zonas de conforto e focar em outras tarefas. Por esse motivo, os Gestores de Outros muitas vezes consideram a capacitação um resultado desafiador. Nunca é fácil remover ou transferir pessoas. Obter o aperfeiçoamento contínuo de todos também é um trabalho difícil. Talvez o melhor teste para um Gestor de Outros seja a capacitação que ele consegue desenvolver. O contexto e as conexões representam parte disso e ajudam consideravelmente, mas os esforços do Gestor de Outros devem culminar em ter uma equipe que consiga gerar resultados em qualquer conjunto de condições.

Execução

Não é a atividade que importa; são os resultados. Em outras palavras, o que separa as boas organizações das ruins é a execução: "Não paramos até que o trabalho esteja feito e o cliente, atendido." Os Gestores de Outros com elevado desempenho não apenas comandam colmeias de atividade; eles garantem que essas colmeias produzam mel.

Todos nós já experimentamos a diferença entre atividade e execução em restaurantes. Um garçom pergunta se você quer algo para beber. Você lhe diz que água está bem. Passados 10 minutos, a água não está na mesa. Então, você pede para outro garçom trazer. Talvez ela chegue rapidamente, ou talvez não. Então, você se pergunta o que esses garçons pensam ser seu trabalho: apenas perguntar (com um sorriso, evidentemente), ou perguntar e trazer, ou perguntar e trazer rapidamente. A resposta vem do padrão de execução estabelecido pelo negócio ou pelo Gestor de Outros, e pela aplicação desse padrão. Não é provável que o restaurante tenha um padrão que seja perguntar ao cliente o que ele quer e depois trazer para ele se e quando você estiver a fim.

Uso o exemplo do restaurante porque boa parte da execução ou falta de execução fica visível para nós nessas situações (também fica visível para o gerente do restaurante!). Os ambientes de escritório têm a mesma necessidade pela execução e frequentemente consequências negativas mais graves quando as tarefas não são executadas apropriadamente. De forma semelhante, muitas organizações têm padrões como os restaurantes, e esses padrões regulam a execução de tarefas. Considere detalhes importantes como verificar os fatos mais recentes para ter certeza de que um relatório esteja preciso e atualizado; buscar as causas reais, em vez de responder aos sintomas superficiais; verificar com outras fontes antes de enviar informações; considerar a saúde geral dos pacientes e remover a atadura antes de costurá-los. Os negócios e as empresas passam por problemas reais quando as tarefas não são concluídas. Os Gestores de Outros são a última linha de defesa da liderança para assegurar que a execução seja concluída. A execução é um imperativo do negócio, e não um item "bom de ter".

Cuidado equilibrado

Por "equilibrado", quero dizer que os Gestores de Outros precisam encontrar a composição correta de como parcelar sua preocupação e empatia com os outros. Isso pode ser um desafio em vários níveis. Às vezes é difícil esconder os favoritos, pois alguns gestores respondem mais favoravelmente a certos indivíduos, não só por causa de seus desempenhos, mas em função de suas personalidades. Os Gestores de Outros também podem ficar desequilibrados em sua equação de cuidados quando se preocupam bem mais com a organização e muito pouco com seu pessoal – ou vice-versa.

Meu mentor, Walt Mahler, ensinava que os gestores deviam desenvolver um "clima de aprovação". Ele sentia que os gestores deveriam dar às suas equipes uma sensação de confiança dizendo: "Eu aprovo vocês e aquilo que estão fazendo." Essa é uma maneira de demonstrar cuidado equilibrado, e isso, em geral, resulta em lealdade e cuidado recíproco.

O cuidado também inclui preocupação com o cliente e com o sucesso da empresa e do negócio. Os Gestores de Outros representam a linha de frente de apoio e motivação para os empregados. Além disso, representam a primeira linha de liderança para o sucesso da empresa. O cuidado equilibrado inclui cuidados com o cliente, o pessoal e o negócio. Todos os três são mais bem servidos por causa disso. Porém, quando os gestores diminuem os padrões ou criam desculpas para seu pessoal, seu cuidado fica desequilibrado – eles estarão protegendo seu pessoal a um grande custo para o negócio, e os clientes não estarão bem servidos. Certamente, nem todos os gestores "cuidadosos" diminuem o padrão de desempenho, mas isso acontece com frequência suficiente para que seja objeto de preocupação. Favorecer uma pessoa também pode prejudicar o funcionamento de uma equipe, pois os membros não favorecidos podem sentir que não são tão importantes; também pode tornar a execução mais difícil quando esses membros "menos cuidados" da equipe sentirem que a cobrança deva ser diminuída para eles, assim como foi para o favorito.

Igualmente ruim é favorecer a companhia em relação aos empregados em todas as ocasiões. Existem necessidades legítimas de exceções e o Gestor de Outros precisa exercer sua capacidade de julgamento. Favorecer o cliente em relação aos empregados e ao negócio cria situações insustentáveis.

Finalmente, para ser bem-sucedida, uma empresa precisa equilibrar os interesses de todas as partes interessadas. Precisam ser atendidos especialmente os interesses de clientes, acionistas, empregados e a comunidade. Todos os líderes precisam aprender esse ato de equilíbrio, e essa será uma lição fácil de aprender se eles se preocupam com todas as partes interessadas e se inculcam essa preocupação no nível hierárquico dos Gestores de Outros.

Habilidades gerenciais

Os Gestores de Outros representam o grupo que alimenta todas as outras posições gerenciais no negócio (a Equipe Corporativa pode ser uma exceção). O aprendizado das habilidades básicas inclui planejamento, delegação, motivação, coaching, dar feedback, medir desempenho e distribuir recompensas. Praticar essas habilidades e receber feedback dos Gestores de Gerentes é o processo pelo qual as pessoas desenvolvem essas competências. Não faz sentido ter uma passagem rápida por essa camada hierárquica, pois essas habilidades precisam ser desenvolvidas em profundidade e ser plenamente incorporadas. De forma semelhante, os gestores que focam apenas em fazer o trabalho técnico/profissional também deixam de aprender um conjunto de habilidades gerenciais.

Os novos Gestores de Outros têm uma dura transição para fazer; assim, eles não ficam eficazes com rapidez ou sem ajuda. Enfrentar os resultados mais sutis, porém poderosos, discutidos até agora (contexto, conexão, capacidade da equipe, execução e cuidado equilibrado) requer tirar o foco de si mesmo para focar na equipe, nos clientes e no negócio. Muitos gestores novos permanecerão focados em si próprios até aprenderem os fundamentos.

Não é apenas aprender esse conjunto de habilidades administrativas que leva tempo, mas também fazer a transição da "perspectiva" de "um da gangue" para "o chefe". Valorizar a realização através de outros, e não apenas através de seus próprios esforços, é uma transição importante, principalmente para colaboradores individuais de elevado desempenho. Assumir o status (ser o chefe) e o trabalho (obter resultados através de outros) são indicadores fundamentais de sucesso. O ato de aprender e incorporar as habilidades administrativas, portanto, provavelmente não acontecerá até que surjam esses dois indicadores. Por esse motivo, os Gestores de Gerentes precisam monitorar regularmente seus Gestores de Outros para entender qual progresso está sendo feito.

O que o Gestor de Outros deve fornecer

- Contexto
- Conexão
- Capacidade da equipe
- Execução
- Cuidado equilibrado
- Habilidades gerenciais

O que o Gestor de Outros possibilita

- Propósito
- Prioridades
- Parâmetros
- Capacidade de julgamento
- Desenvolvimento e crescimento profissional
- Recompensas e reconhecimento
- Resultados técnicos/profissionais
- Trabalho em equipe
- Informações em uma velocidade que pode ser absorvida

Um aspecto único da função

Todos os Gestores de Outros supervisionam equipes, mas os tipos de equipes variam consideravelmente, dependendo da responsabilidade funcional ou de outros fatores. A compreensão dos desafios enfrentados pelos

Gestores de Outros com base nesses fatores fornece insight para as especificidades dos resultados – as maneiras distintas como os Gestores de Outros precisam adaptar suas ações e valores de trabalho para alcançar o máximo de produtividade. Vamos analisar os tipos específicos de Gestores de Outros e suas equipes:

Gestores de Vendas com 10 profissionais vendedores geralmente trabalham com um grupo geograficamente disperso. A construção de conexões é difícil porque os membros da equipe de vendas não se veem muito uns aos outros. Eles também são financeiramente motivados a passar o máximo de tempo possível com os clientes e vendendo, em vez de se comunicar com o chefe e os colegas. Pelo fato de se basearem principalmente em e-mail e telefone para se comunicar com a administração e os colegas, seus Gestores de Vendas precisam construir conexões para eles.

O *Gestor de Análise Financeira* em um negócio de bens de consumo que seja responsável por três analistas, ou um *Gerente de Crédito a Empresas* em uma instituição bancária que seja responsável por uma pequena equipe, recaem na categoria de gestor de transações. Eles são executores que fornecem um valor de nível elevado. Suas equipes compreendem profissionais treinados que fornecem apoio ao seu Gestor de Outros, assim como iniciam trabalhos por sua conta. Pelo fato de seu pessoal não esperar muito uma gestão tradicional, eles normalmente consideram difícil ou desnecessário focar nos seis aspectos cruciais para resultados em nível de Gestor de Outros. É necessária uma ênfase especial de seus Gestores de Gerentes para garantir que esses gestores de transações aprendam a administrar.

Encarregados de Fábrica com grande número de trabalhadores horistas geralmente não fazem o trabalho por si sós. O desafio é fazer seu pessoal aceitar o contexto definido pela companhia, e não por um terceiro (tal como seu sindicato) ou por seus companheiros em outras partes da fábrica. Quando o encarregado de fábrica não se transforma na fonte principal de comunicação do contexto, o resultado é uma baixa produção.

Gestores de Pagamento e *Gestores de Contas a Pagar* possuem equipes compostas principalmente por auxiliares de escritório e alguns profissionais. O trabalho tende a ser rotineiro e repetitivo. A execução é geralmente conduzida pelas datas de vencimento, tais como os dias de pagamento da folha de pessoal ou as datas de vencimento de contas. Pelo fato de o trabalho ser repetitivo e administrativo, as equipes muitas vezes ficam entediadas e param de ter cuidado. O desafio para os Gestores de Outros é evitar que fiquem descuidados.

Um *Gestor de Engenharia* com uma equipe de engenheiros formados ou um *Gestor de Pesquisa* com uma equipe de cientistas possuem equipes com boa formação escolar que, em geral, não querem muita administração; muitos não precisam dela. Progredir na profissão e aplicar o que aprenderam na faculdade são os motivadores para os colaboradores individuais. Assim, esses gestores muitas vezes perdem oportunidades diárias de desenvolver suas habilidades gerenciais. O Gestor de Outros deve certificar-se de que a execução dentro do prazo seja efetivamente alcançada.

Gestores de Vendas de Call Center ou *Gestores de Call Center de Atendimento ao Cliente* podem chegar a ter 30 pessoas em suas equipes. Normalmente, esses gestores utilizam telefone ou e-mail para dirigir suas equipes após as pessoas terem sido treinadas. Os Gestores de Outros podem ajudar membros individuais da equipe com telefonemas problemáticos de clientes ou situações inusitadas, mas eles costumam lutar para criar uma sensação de conexão. Pelo fato de seu pessoal estar constantemente ao telefone e em suas estações de trabalho, sua principal conexão, em sentido literal e figurado, é com os clientes. O desafio dos Gestores de Outros é estabelecer a conexão com a empresa diante das necessidades e preocupações dos clientes.

Gestores de Projeto contam com uma equipe que muda a cada novo projeto. A equipe trabalha no projeto até ele terminar e depois passa para outro projeto ou volta para sua área de função. O Gestor de Projeto normalmente gerencia as tarefas, e não as pessoas. O cuidado equilibrado é difícil por causa do foco na tarefa. Ensinar as pessoas a desenvolverem habilidades é difícil porque os Gestores de Projeto raramente têm tempo ou motivação para desenvolver sua equipe temporária. Os Gestores de Projeto devem ser mais cobrados pela capacitação da equipe enquanto as pessoas estão designadas para o projeto do que apenas conduzir a execução da tarefa.

Trabalhadores contratados estão se tornando um segmento importante da força de trabalho. Gerenciá-los é diferente. Eles podem trabalhar a partir de casa, ser empregados apenas por um curto período de tempo e fornecer competências técnicas específicas não encontradas na companhia. Embora não recebam muita atenção da administração, eles precisam de mais atenção do que os empregados em tempo integral. O contexto e a conexão são mínimos ou inexistentes. Ambos precisam ser fornecidos para que o trabalho certo seja feito da maneira correta. Se houver a possibilidade de um envolvimento por um prazo mais longo, então a capacitação também é necessária. A utilização de trabalhadores contratados provavelmente continuará sendo importante; aprender a gerenciá-los adequadamente para que o trabalho certo seja feito da maneira correta também continua sendo importante.

Muitas outras situações e desafios existem para os Gestores de Outros além dos oito listados. Por exemplo, administrar uma equipe de maquinistas de trem constantemente em movimento, ou administrar trabalhadores de manutenção de fábricas ou escritórios, envolve questões de conexão e capacitação porque a equipe raramente está reunida e quase nunca à vista. Embora a composição da equipe não deva alterar materialmente os resultados esperados, mudará a forma como esses resultados são alcançados e o grau de dificuldade para sua realização.

O trabalho completo

Para gerar melhores resultados, os Gestores de Outros devem passar por uma alteração significativa nos valores de trabalho. De fato, a mudança pela primeira vez de colaborador individual para gestor provavelmente é mais radical do que qualquer outra movimentação de uma camada hierárquica para a seguinte. Ela é análoga a passar de ator para diretor de cinema, ou de jogador para técnico nos esportes. Ambas as analogias servem para enquadrar a transição requerida. O diretor não está no filme, mas ajuda os atores a realizarem grandes atuações. O técnico não está na partida, mas ajuda os jogadores a se tornarem uma equipe vencedora. Em ambos os casos, não é suficiente contar com grandes desempenhos individuais. O público precisa gostar do filme ou ele será um fracasso; os times esportivos precisam vencer. Os diretores e os técnicos precisam equilibrar muitas variáveis, incluindo quem está no elenco ou no time, se estão aprendendo bem seus papéis, se estão trabalhando bem com outros membros do elenco ou do time, se estarão prontos quando for necessário, quem precisa mais do tempo do diretor ou do técnico, quem deve ser substituído e assim por diante. Os gestores iniciantes nunca tiveram de lidar com esses assuntos antes. Mesmo os gestores experientes têm dificuldade com eles. Muitas vezes o desafio colocado acaba devolvendo os gestores neófitos para sua mentalidade de colaboradores individuais (eles sentem falta de uma época em que a vida era mais simples e mais divertida). Em alguns casos, eles voltam a ser na prática (se não na responsabilidade do trabalho) colaboradores individuais para corrigir o problema.

Se os Gestores de Outros desejam evitar essa possibilidade, devem compreender que os parâmetros de desempenho definem o "trabalho completo". Eles precisam perceber que não há volta, seja de fato ou em termos de atitude; e que, se querem ser um Gestor de Outros com elevado desempenho, precisam entender, aceitar e aplicar as habilidades apropriadas a esse nível hierárquico.

Para ajudá-lo a entender quais são os parâmetros de desempenho para realizar o trabalho completo, forneço três exemplos.

A Tabela 7.1 é uma amostragem de parâmetros de desempenho que definem o "trabalho completo" para o Gestor de Outros. Essa empresa específica compreende muitas unidades de negócio em diversos países, produzindo bens de consumo de massa. A execução eficaz em um ritmo acelerado é fundamental para o sucesso do negócio; assim, os parâmetros de Administração vêm em primeiro lugar. Ele é também um negócio voltado para o mercado; assim, há várias referências aos clientes. Como cada país possui leis e costumes diferentes, a observância desses aspectos locais é necessária; nesse sentido, foi desenvolvida uma seção chamada "RSP" (Responsabilidade Social no País).

Essa companhia fez um trabalho muito bom na definição da transição necessária em termos de valores de trabalho. Eles tornaram claro que esperavam que todos valorizassem o trabalho correto, e que isso seria considerado um requisito fundamental para o sucesso sustentado.

As Tabelas 7.2 e 7.3 fornecem exemplos de como uma companhia de recursos diferenciava entre duas populações distintas de trabalho. A Tabela 7.2 apresenta padrões para Gestores de Outros Operacionais. Seu trabalho é quase exclusivamente o da produção, segurança e trabalho em equipe no dia a dia. A Tabela 7.3 apresenta padrões para gestores de especialistas com uma equipe de profissionais formados como engenheiros ou contadores. Ela foca na qualidade da consultoria ou das soluções propostas pela equipe, no desenvolvimento de habilidades técnicas de seu pessoal e na construção de relações externas importantes para a profissão.

Incluí esses exemplos de duas companhias diferentes para transmitir que os parâmetros de desempenho precisam refletir a natureza do trabalho. Nesse nível hierárquico, existem muitas populações distintas para serem administradas; assim, muitas vezes são necessários parâmetros diferentes.

Tabela 7.1 Gestor de Outros

Mudança em Valores de Trabalho

- De resultados a partir do esforço pessoal e cooperação para resultados através de outros
- De produtividade pessoal para produtividade da equipe e produtividade pessoal
- De trabalhar como membro de uma equipe para a construção de uma equipe eficaz e bem-sucedida
- De planejar o próprio trabalho para gestão de equipe e desempenho
- De valorizar padrões profissionais para valorizar o trabalho gerencial
- De desenvolver trabalho individual habilidades de alta qualidade para desenvolver habilidades gerenciais

Resultados	Desempenho Completo	Desempenho Excepcional	Habilidades, Conhecimentos e Experiência
Administração - Prioridades - Planos de Trabalho - Execução e gestão de processos - Solução de problemas - Produtividade - Observância (Lei Sarbanes-Oxley, Auditoria, impostos locais e legislação trabalhista etc.) - Gestão de projetos	- Estabeleceu prioridades para si próprio e para a equipe com base nos objetivos do departamento/função - Todos os empregados tiveram direcionamento claro e definição de responsabilidades, e concordaram com os objetivos atuais mensuráveis - O sistema de controle permitiu resultados dentro do prazo e sem surpresas - Em nível individual e de equipe, em completa observância das políticas internas, processos, padrões e legislação local - A produtividade aumenta a cada ano; em nível individual e de equipe houve redução consistente de todo o trabalho que não agrega valor e do desperdício	- Práticas de gestão copiadas pelos pares - Tomada de decisão, solução de problemas e observância estabeleceram os padrões para as equipes dos pares - Cada indivíduo e equipe cumprindo integralmente todas as metas	- Experiência e conhecimento na subfunção - Habilidades para gestão organizacional e do tempo - Capacidade de antecipar e evitar problemas - Capacidade de raciocínio lógico - Capacidade de tomar decisões de qualidade - Habilidades para delegar - Pleno Conhecimento da estratégia da função - Habilidades para gestão de projetos - Conhecimento e interpretação de políticas, processos, procedimentos e sistemas - Sólida capacidade de julgamento

Profissional/Técnica/Operacional - Cumpre Indicadores-Chave de Desempenho (KPIs) - Vendas/volume/custo - Orçamento e gestão de despesas - Satisfação do Cliente - Cliente/fornecedor – influência e decisões - Análise de informações, compartilhamento e relatórios - Execução de projetos	- Forneceu produto, serviço, consultoria conforme especificação dentro do orçamento e no prazo através da equipe - Todas as metas críticas da missão/KPIs cumpridos - Projetos atenderam a todos os objetivos e ajudaram na realização da estratégia da função* - Foram analisadas pesquisas de Satisfação do Cliente e desenvolvidos planos de ação em função delas - Gestão do processo de envolvimento com o cliente (externo/interno) permitiu a realização de objetivos - Compartilhou adequadamente informações avançadas sobre oportunidades profissionais/técnicas/operacionais e mudanças - O vendedor certo forneceu os serviços corretos no prazo certo pelo preço correto* - Os relatórios solicitados foram entregues corretamente e no prazo	- Todas as metas críticas da missão/KPIs superadas - Novos (adicionais) resultados atingidos dentro do orçamento - Valor extra através de parcerias entre o cliente e o vendedor	- Utilizou práticas gerais de negócios - Capacidade para ver o "quadro geral" - Habilidade para ler e interpretar os dados de mercado e a resposta da concorrência - Motivação por resultados - Entendimento do impacto de decisões em termos de custo/receita
Desenvolvimento de Pessoal - Fortalecimento da equipe - Desenvolvimento da equipe - Coaching e feedback - Desenvolvimento de Sucessor - Recrutamento - Treinamento de Empregados	- Todos os membros da equipe têm e utilizam as competências técnicas exigidas - Coaching e feedback fizeram parte do trabalho do dia a dia e não houve surpresas na avaliação de desempenho - Todos os empregados tiveram um plano de desenvolvimento em andamento e o buscaram ativamente - O plano de desenvolvimento do sucessor identificado foi implementado - Pessoa certa no trabalho correto para gerar resultados - Novos contratados têm potencial para trabalhos maiores	- Membros da equipe procurados por outros departamentos/funções - Pessoas com desempenho excepcional quiseram trabalhar em sua equipe - Procurado como coach por outras áreas	- Identificação e seleção de talentos - Habilidades como coaching - Capacidade de criar um ambiente de aprendizado - Ensino dos requisitos de cultura da companhia - Habilidades para feedback

Resultados	Desempenho Completo	Desempenho Excepcional	Habilidades, Conhecimentos e Experiência
Liderança - Tradução das diretrizes estratégicas de Grupo/País/Função com propósito e direcionamento local/departamental - Liderança da mudança - Gerenciamento do desempenho - Retenção de empregados - Motivação/reconhecimento	- Diretrizes estratégicas de Grupo/País/Função foram traduzidas para metas e direcionamento local/departamental* - A necessidade de mudança foi claramente comunicada e aceita pela equipe - O periódico reconhecimento dos empregados produziu desempenho crescente - O desempenho fraco foi resolvido rapidamente - Adota os valores corporativos e o Código de Conduta da Empresa	- Considerado um exemplo de liderança de equipes de linha de frente, com elevado desempenho e com diversidade de membros - A eficácia da equipe foi maior que a dos pares - Modelo por assumir os valores corporativos e as diretivas nessa camada hierárquica	- Capacidade de interpretar a estratégia da função e a cultura* - Capacidade para implementar mudança* - Capacidade para estabelecer padrões de desempenho claros - Elevada integridade - Capacidade de adaptar apropriadamente o estilo de liderança - Habilidade para identificar os principais motivadores para o desempenho individual - Resolução de conflitos
Relacionamentos - Clientes/vendedores/fornecedores - Partes interessadas da função (pares, gerente, comunidade funcional) - Formadores de opinião e outras partes interessadas importantes - Trabalho em equipe entre funções	- A interface entre clientes/fornecedores/vendedores incluiu soluções em que todos ganham - A comunicação aberta com os pares e gerentes assegurou que não houvesse "surpresas" - Confiança e respeito desenvolvidos com partes interessadas internas - A cooperação com outras funções propiciou melhores resultados da equipe	- Os relacionamentos da função permitiram que as necessidades únicas do país/unidades de negócio/Grupo fossem atendidas - Os planos e as metas refletiram um pensamento que levou em conta múltiplas unidades	- Capacidade de construir relacionamentos que propiciem resultados - Capacidade de comunicar com eficácia - Conhecimento/consciência dos negócios por País/Unidade de Negócio - Capacidade para ler a situação e entender as prioridades - Conhecimento das necessidades e práticas locais - Habilidades e mentalidade para trabalho em equipe - Capacidade para desenvolver soluções em que todos ganham

Crescimento & Inovação
- Novas iniciativas técnicas/operacionais/profissionais
- Novas ideias
- Inovação técnica/funcional*
- Aperfeiçoamento de sistemas, processos e padrões

- Histórico de melhorias motivadas pela curiosidade e aplicação de novos conhecimentos e ideias*
- Processos/programas relevantes continuamente aperfeiçoados
- Iniciativas no negócio foram implementadas com sucesso

- Objetivos da equipe foram superados encontrando novas maneiras de utilizar melhorias de processos/programas da função e novas ideias
- O aperfeiçoamento contínuo foi o "estilo de vida" da equipe

- Disposição para experimentar e testar novas ideias
- Habilidades para aperfeiçoar processos
- Conhecimento do produto e do setor
- Referência de melhores práticas dentro da empresa na própria função

RSP
- Compreensão da política Saúde, Segurança e Meio Ambiente
- Reputação do empregador

- Estratégia e programa de RSP plenamente compreendido e implementado conforme o caso pela equipe
- Sistemas e procedimentos de gestão de saúde, segurança & meio ambiente em andamento e sendo seguidos
- Condições (físicas) do ambiente de trabalho apoiaram produtividade, saúde e segurança
- Assegurou que os eventos locais da companhia fortalecessem a imagem da companhia*
- Adota a Cidadania empresarial

- Aproveitou ativamente as oportunidades de parceria com a comunidade (isto é, palestras para instituições educacionais)
- Programas de RSP copiados pelos pares
- Modelo de Cidadania empresarial no país

- Habilidade de disseminar e reforçar políticas de saúde, segurança e meio ambiente
- Pleno conhecimento das políticas da empresa

*Item fundamental para a estratégia atual.

Tabela 7.2 Gestor de Outros, Operacional

Princípios Norteadores: (1) Obter resultados através de outros. (2) Envolver, treinar e atender outros. (3) Remover obstáculos que estejam impedindo o desempenho da equipe. (4) De trabalho em equipe para construção de equipe. (5) Responsabilizando-se pelo sucesso de outros. (6) Adotando e convivendo com os valores da companhia. (7) De planejamento pessoal para planejamento dos resultados da equipe. (8) De resultados individuais para fornecer resultados aos clientes.

Resultados	Desempenho Completo	Desempenho Excepcional
Resultados do Negócio, Financeiros e Técnicos • Cumprimento das metas de fornecimento; por exemplo, minerais extraídos/classificados, toneladas tratadas • Cumprimento da meta de custo • Cumprimento da meta de qualidade • Cumprimento da meta de produtividade, isto é, toneladas por homem-hora por pessoa, tempo de resposta	• Metas, prazos e padrões de qualidade atendidos por si próprio e pela equipe • Produziu resultados consistentes mantendo os empregados dentro das metas, métodos e medições estabelecidas • Melhoria incremental nos resultados obtida através de melhoria na produtividade (mais com menos)	• Metas, prazos e padrões de qualidade regularmente superados • Novos resultados de novas maneiras • Estabelece o padrão para obtenção de resultados dos gerentes da linha de frente • A eficiência e eficácia da produtividade aumentaram significativamente a cada ano
Resultados de Liderança & Crescimento • Clareza de objetivo, alinhamento e direcionamento do desempenho • Gestão de mudança, engajamento e comunicação • Capacitação de si próprio e da equipe – em nível de conhecimentos, habilidades e experiência (inclui treinamento e coaching) • Eficácia, motivação e bem-estar da equipe • Novas ideias implementadas e processos aperfeiçoados	• Visão, direcionamento do negócio e metas do departamento – adotados pela equipe que consegue articulá-los • Os casos de mudança foram bem comunicados e executados com eficácia • Reconhecimento dado onde era devido, lidando-se ativamente com as questões de desempenho • Individualmente e toda a equipe atingiram os objetivos de desenvolvimento • Buscou e aplicou novas ideias e oportunidades para a melhoria dos métodos e processos de trabalho • Criou um clima positivo de inclusão – estimulou a equipe a obter um desempenho melhor que no ano anterior	• Os empregados querem trabalhar na equipe do gestor • A necessidade de mudança é reconhecida e defendida em toda a organização • Procurado como mentor ou coach • Estabelece o padrão para o fornecimento de feedback contínuo e periódico • Outros gestores recrutam ativamente seus subordinados diretos • Quantidade significativa de ideias de melhorias por membro de equipe foi implementada

Resultados de Administração
- Programação do trabalho – pessoal, recursos, dinheiro e tarefa
- Provisão e disponibilidade de recursos (pessoal e ferramentas para o trabalho)
- Plano implementado
- Monitoramento, relatórios e ações corretivas do progresso

Resultados de Clientes & Relacionamentos
- Conhecimento, necessidades de relacionamento e satisfação de clientes/fornecedores
- Cumprimento do que foi negociado em termos de serviço
- Relacionamentos com empregados
- Eficácia da equipe (própria e outras equipes)
- Compartilhamento de conhecimento e rede de contatos dentro da equipe

- Trabalho e planos de projetos em andamento para realizar os objetivos da equipe
- Colocou as pessoas certas no trabalho correto no momento certo
- Trabalho atribuído e carga de trabalho foram equilibrados
- Sistemas de controle & medições asseguraram resultados dentro dos prazos
- Recursos adequados disponibilizados pelo custo correto
- Criou um ambiente de trabalho seguro para todos os membros da equipe

- Construiu relações de trabalho eficazes com gerentes, pares, membros da equipe, clientes e fornecedores
- Obteve e aplicou a total compreensão das necessidades dos clientes
- Os relacionamentos com outros departamentos/funções, clientes/vendedores, baseados em conhecimento, impulsionaram os resultados
- Construiu redes de contatos de forma proativa para entender o quadro mais amplo e obter resultados

- Estabelece o padrão para disponibilidade de recursos, realização do plano e monitoramento do progresso
- O planejamento em curso e os sistemas de controle atingem resultados maiores do que os dos pares e representam as melhores práticas
- Fornece soluções inovadoras

- Os planos e objetivos apoiam plenamente as outras equipes
- Redes de contatos otimizadas para obtenção de resultados excepcionais e criação de uma nova mentalidade

Tabela 7.3 Gestor de Outros, Especialista

Princípios Norteadores: (1) Obter resultados através de outros. (2) Envolver, treinar e atender a outras pessoas. (3) Remover obstáculos impedindo o desempenho da equipe. (4) De trabalho em equipe para construção de equipe. (5) Responsabilizando-se pelo sucesso de outros. (6) Adotando e convivendo com os valores da companhia. (7) De planejamento pessoal para planejamento dos resultados da equipe. (8) De resultados individuais para fornecer resultados aos clientes.

Resultados	Desempenho Completo	Desempenho Excepcional
Resultados do Negócio, Financeiros e Técnicos - Cumprimento da meta de resultado; por exemplo, soluções de consultoria propostas atingiram os resultados previstos; conselhos e opiniões aceitos criaram valor – evitaram destruição de valor - Cumprimento da meta de custo - Cumprimento da meta de risco - Cumprimento da meta de qualidade - Cumprimento das metas de produtividade; por exemplo, tempo de resposta, ROI do projeto	- Individualmente e em equipe sempre cumpriram metas, prazos e padrões de qualidade - Produziu resultados consistentes mantendo os empregados dentro das metas, métodos e medições estabelecidas - Obteve melhoria incremental nos resultados (mais com menos)	- Metas, prazos e padrões de qualidade regularmente superados - Novos resultados de novas maneiras - Estabelece o padrão para a obtenção dos resultados fornecidos - A eficiência e eficácia da produtividade aumentaram significativamente a cada ano
Resultados de Liderança & Crescimento - Clareza de objetivo, alinhamento e direcionamento do desempenho - Gestão de mudança, engajamento e comunicação - Capacitação da equipe e nível de habilidade (inclui treinamento e coaching) - Eficácia, motivação e bem-estar da equipe - Algumas novas ideias implementadas e processos aperfeiçoados - Desenvolvimento pessoal, habilidade técnica e nível de conhecimento; por exemplo, nova tecnologia	- Visão, direcionamento do negócio e metas do departamento – adotados pela equipe que consegue articulá-los - Cria um clima positivo de inclusão em que a equipe é envolvida e estimulada a obter um desempenho melhor que no ano anterior - Os casos de mudança foram bem comunicados e executados com eficácia - Dá o devido reconhecimento e lida de forma proativa com as questões de desempenho - Individualmente e em toda a equipe atingiram os objetivos de desenvolvimento - Buscou e aplicou novas ideias e oportunidades para melhoria dos métodos e processos de trabalho	- Os empregados querem trabalhar na equipe do gestor - A necessidade de mudança é reconhecida e defendida em toda a organização - Procurado como mentor ou coach - Estabelece o padrão para o fornecimento de feedback contínuo e periódico - A norma da equipe é buscar novas ideias e conhecimento para impulsionar o crescimento - Quantidade significativa de ideias de melhoria por membro de equipe foi implementada

Resultados de Administração
- Programação do trabalho – pessoal, recursos, dinheiro e tarefa
- Provisão e disponibilidade de recursos (pessoal e ferramentas para o trabalho)
- Implementação do plano
- Monitoramento, relatórios e ações corretivas do progresso
- Observância de políticas e padrões; por exemplo, qualidade e risco
- Qualidade de decisão e solução de problemas; por exemplo, desenvolve/conserta ou compra aplicativos

Resultados de Clientes & Relacionamentos
- Conhecimento das necessidades de clientes/consumidores
- Nível de satisfação do cliente e comunicação com clientes
- Relacionamentos com empregados (disciplina e reclamações)
- Cumprimento do que foi negociado em termos de serviço
- Relacionamentos, acordos e gerenciamento de fornecedores e contratantes

- Trabalho e planos de projetos em andamento para realizar os objetivos maiores da equipe
- Colocou as pessoas certas no trabalho correto no momento certo
- O trabalho atribuído e a carga de trabalho foram equilibrados
- Sistemas de controle e medições asseguraram resultados dentro dos prazos e sem surpresas (rastreamento de dados, gestão de qualidade total solução de problemas, rastreamento de vendas)
- Recursos adequados disponibilizados pelo custo correto

- Obteve e aplicou a plena compreensão das necessidades dos clientes
- Construiu relações de trabalho eficazes com chefe, pares, membros da equipe, clientes & fornecedores
- Disponibilizou uma forte rede de contatos externos conforme as necessidades
- Utilizou relacionamentos com outros departamentos/funções, clientes/vendedores, baseados em conhecimento, para impulsionar resultados
- Construiu redes de contatos de forma proativa para entender o quadro mais amplo e obter resultados

- O planejamento em curso e os sistemas de controle atingem resultados maiores do que os dos pares e representam as melhores práticas
- Outros gestores recrutam ativamente subordinados diretos

- Os planos e objetivos apoiam plenamente as outras equipes e refletem um pensamento multifuncional
- Redes de contatos externos otimizadas para introduzir novas formas de pensar

Resultados que não queremos

Só porque os Gestores de Outros representam a primeira camada hierárquica de liderança, isso não quer dizer que esses resultados sejam menos importantes do que os de camadas hierárquicas superiores. Na verdade, você poderia até argumentar que, em pelo menos um sentido, esses resultados são mais importantes: o de que, se você acertar neste nível, então aumenta a probabilidade de que os gestores acertem em níveis superiores (por terem uma base com sólidos resultados). Se, por exemplo, alguém não consegue dominar as habilidades básicas de gestão desde o início, provavelmente ficará deficiente do ponto de vista de resultados, pois lhe faltarão os fundamentos ou as habilidades necessárias nos níveis hierárquicos superiores. Além disso, como essa camada hierárquica possibilita o fornecimento de resultados, a gestão ruim ameaça sua capacidade de atender aos clientes.

Portanto, as organizações devem acompanhar de perto o tipo de resultados que os Gestores de Outros estão produzindo. Resultados inadequados devem ser vistos como sinal de que os Gestores de Outros estão atuando em nível hierárquico errado – em geral, no nível de colaborador individual. Alguns dos principais indicadores são os seguintes:

Resultados técnicos/profissionais representam sua principal contribuição. Quando os gestores insistem em fazer o trabalho de sua posição anterior ou escolhem os melhores trabalhos para si próprios, não estão aprendendo a gerenciar. Não é um problema se os Gestores de Outros realizam algum trabalho técnico/profissional como parte do treinamento ou demonstração, ou durante emergências ou em resposta a situações especiais. Porém, há um problema quando mais de 25% do tempo é gasto para fazer o trabalho técnico/profissional. O Gestor de Outros não está aprendendo e a equipe está sendo ludibriada.

Isolamento. Quando os gestores passam muito tempo em suas salas com a porta fechada, no computador ou fora do escritório visitando clientes, isso significa que não estão envolvidos com seu pessoal. Embora o isolamento (como o do trabalho do colaborador individual) possa às vezes ser necessário, passa a ser um problema se virar um padrão de comportamento. Esse padrão significa que não conseguem ou não vão se envolver suficientemente com outras pessoas para atuar com eficácia como Gestor de Outros. Eles devem aprender logo cedo a engajar sua equipe durante seu mandato, mas, se não o fizerem, isso é um sinal de que não produzirão os resultados apropriados a esse nível hierárquico.

Favoritismo. Conforme discutido anteriormente, cuidar de todos os empregados e da empresa é um resultado necessário. O favoritismo significa que o cuidado está sendo distorcido de uma forma inadequada. Também significa que a produtividade acabará sofrendo, pois aqueles que não são favorecidos não se esforçarão tanto quanto poderiam. Os gestores também podem cometer o erro de favorecer a empresa em detrimento da equipe, o que sempre deixa a equipe em desvantagem quando há uma mudança ou uma decisão é tomada. Por exemplo, eles podem interpretar de forma literal todas as regras e processos da organização, impedindo que um membro da equipe possa agir de maneira que produza um resultado melhor do que o do método "aprovado". Por outro lado, favorecer rotineiramente o empregado em detrimento da empresa leva a uma ausência de conexão e trará desvantagem para a companhia.

Competição dentro da equipe. Competir com os membros da equipe é algo que vem do trabalho no antigo nível hierárquico. Agora o requisito é engajar, apoiar e ensinar. A competição é injusta porque o Gestor de Outros dispõe de mais recursos e informações. Quando os Gestores de Outros capitalizam sobre essa vantagem para "mostrar às pessoas a maneira certa de fazer as coisas", eles estão abusando de sua posição gerencial. Quando a competição é visível, os Gestores de Outros precisam de coaching para ajudá-los a mudar sua identificação com a posição de membro da equipe para a de líder da equipe.

Nenhuma contribuição individual é suficiente

Existem muitos outros sinais sobre não fazer a transição para Gestor de Outros a partir da condição de autogestor. O Capítulo 10 sugere indicadores adicionais que se aplicam neste caso. Quando os sinais se materializam, o Gestor de Outros ou uma pessoa da área de RH deve intervir rapidamente. Se os novos Gestores de Outros não forem talhados para o gerenciamento, quanto mais cedo mudarem de posição, melhor para todos; tirá-los rapidamente pode evitar que as pessoas da equipe fiquem em desvantagem ou desiludidas com a empresa. Pode parecer útil que o Gestor de Outros esteja visitando os clientes e as vendas estejam subindo, ou esteja projetando o software com alto grau de proficiência, mas, em longo prazo, esse comportamento de colaborador individual prejudica a empresa e os empregados.

Exemplo

Margo estava entusiasmada com a perspectiva de enfrentar os desafios em seu novo trabalho. Ela fora promovida de Assistente de Suprimentos cobrindo o sul da Califórnia para Gerente de Suprimentos Estratégicos para a região da Ásia. Ela herdou uma equipe de 10 assistentes que não estavam produzindo os resultados necessários. Joe, seu novo chefe, pediu que ela conseguisse novos contratos o mais rapidamente possível. Assim, após curtas reuniões com cada um de seus subordinados diretos, ela partiu para aprender sobre o mercado em contato direto e conhecer pessoas importantes nos principais fornecedores. Para sua equipe de 10, ela pediu que, por ora, continuassem fazendo o que vinham fazendo.

Por causa de seu profundo conhecimento sobre o produto e talento para negociar, ela foi um grande sucesso com fornecedores. Ao fim do primeiro ano, Margo havia superado as metas de resultado em 23% e acrescentou cinco fornecedores novos. Ela então passou a solicitar que sua equipe fizesse o trabalho de acompanhamento, certificando-se de que os pedidos fossem encaminhados e que os novos fornecedores fossem devidamente cadastrados e passassem por inspeções de qualidade. Passados mais seis meses, Margo estava 18% acima de sua nova meta (maior), mas a viagem estava terminando. Quando um fornecedor importante ofereceu a ela um cargo gerencial sênior de coordenação de todos os negócios pela internet, ela agarrou essa oportunidade de ganhar mais dinheiro e de reduzir drasticamente as viagens.

Joe ficou irritado porque havia voltado para a estaca zero. Apesar do aumento de fornecedores, a equipe de suprimentos da Ásia ainda era ineficaz, e se não conseguisse substituir Margo por alguém à altura, ele estava certo de que os resultados cairiam. Embora tivesse havido certa melhora, nenhum membro da equipe de suprimento fora suficientemente treinado para substituir Margo ou para impulsionar os resultados da forma que ela fez. Ele percebeu que poderia ter conseguido mantê-la na empresa caso ela tivesse treinado sua equipe para viajar e negociar.

Claramente, a companhia não foi bem servida pela abordagem de Margo, mas o problema foi mascarado pelos melhores resultados em termos de suprimento. Os novos Gestores de Outros podem melhorar os resultados, mas isso será apenas temporário se não for realizado o adequado desenvolvimento da capacitação dos outros. Algo simples como levar um membro da equipe em cada visita de fornecedor e, com o passar do tempo, deixá-lo conduzir as negociações teria representado uma grande diferença. Joe concordou em transformar isso em um requisito no futuro. Margo disse saber que o desenvolvimento de pessoas era importante, mas somente resultados em termos de suprimentos é que foram discutidos ou medidos.

8

Autogestores

Fornecendo produtos e serviços

Quais resultados os colaboradores individuais, ou Autogestores, devem gerar? Esta é uma questão carregada de significados, mas importante de se fazer; ela normalmente fica sem resposta tanto por parte dos Autogestores quanto pelos Gestores de Outros. Muitos Gestores de Outros assumem que a população de Autogestores saberá o que fazer se receber a descrição do cargo, se tiver uma área de especialização e se contar com uma orientação geral. Na verdade, muitos Autogestores possuem somente uma vaga impressão sobre quais resultados devem produzir. Ou ainda pior: eles têm uma percepção errada sobre quais seriam os resultados exigidos, e despendem muito tempo e energia nas coisas erradas. Incluí este capítulo em um livro sobre líderes para ajudar os Gestores de Outros e entenderem o que pedir para seu pessoal. Além disso, a população de Autogestores pode ajudar a si mesma caso seu gestor não os ajude.

Os empregados que se autogerenciam correspondem ao maior segmento da força de trabalho, e esses indivíduos possuem cargos como os de vendedor, engenheiro, analista, recrutador, negociador, advogado, programador, estilista e assim por diante. Embora administrem tarefas, eles não administram pessoas. Às vezes são solicitados a chefiar uma equipe de seus pares para completar um projeto, mas esse é um arranjo temporário, não uma parte permanente de seu trabalho.

Essa camada hierárquica é composta por um amplo conjunto de habilidades e conhecimentos. Não são muitos os negócios que exigem apenas um conjunto de habilidades dessa camada; a norma é diversos conjuntos de habilidades. No capítulo anterior discuti várias populações de empregados que se autogerenciam e identifiquei alguns dos desafios gerenciais que eles representam. A diversidade de habilidades e conhecimentos é uma constante para essa população, pois há muitos tipos diferentes de trabalho a serem feitos. Embora a diversidade possa ser difícil de administrar, o fato de a empresa possuir um elevado nível de diversidade de pensamento, habilidades, experiência, competência e abordagem impede que ela se torne muito previsível para os concorrentes, ou muito complacente. Uma ampla gama de habilidades produz uma ampla gama de resultados – é o que ajuda uma empresa a se sobressair em muitas áreas e o que dá a ela seu caráter único.

O Propósito da camada hierárquica do autogestor

Essa camada hierárquica produz e vende o produto ou presta o serviço. Além deste propósito central, este nível agrega valor de outras maneiras. Embora sem chegar a efetivamente tocar no produto, as funções de apoio possibilitam o contato daqueles que o fazem. Em geral, o Autogestor corresponde à camada hierárquica menos onerosa e, assim, ajuda a manter os custos dos produtos e serviços menores do que seriam se as camadas de liderança tivessem de colocar a mão na massa. Se administrada adequadamente, essa camada pode produzir excelentes resultados, pois é nesse nível que estão as habilidades técnicas e profissionais. Ao desenvolver novas habilidades e conhecimentos técnicos, os Autogestores conseguem fornecer produtos ou serviços de maneiras novas ou melhores. Através de colaboração com seus pares e com bom gerenciamento, eles podem acelerar os processos e obter sinergias. O contato direto com clientes é uma grande parte de seu trabalho; eles influenciam o comportamento dos clientes pela qualidade dos produtos ou serviços, pela entrega no prazo, pela atitude positiva e solícita e pelas inovações de todos os tipos.

Pode até parecer óbvio para você. Insisto nisso porque, com muita frequência, a camada de Autogestor fica subordinada dentro do esquema maior das coisas. Os colaboradores individuais muitas vezes recebem menos treinamento e informações relativas aos resultados esperados deles do que os recebidos pelas camadas hierárquicas superiores. Portanto, quero enfatizar que essa camada é ignorada, sob pena de toda a organização correr risco. Seu impacto sobre a empresa é muito maior do que parece. Citando uma analogia anterior, os atores podem transformar o filme em um sucesso ou fracasso mesmo com uma boa direção.

As tarefas gerenciais fundamentais necessárias para a obtenção de pleno valor e para fazer do negócio um sucesso consistem em tornar claro para os Autogestores o que se espera deles, fornecer os recursos corretos e dar feedback para ajudá-los a melhorar. Neste ponto, aparecem falhas no pipeline de desempenho. Se os gestores fizerem sua parte, então os colaboradores individuais terão maior possibilidade de realizar a deles.

Observação: neste capítulo, estou me concentrando nos colaboradores individuais que têm alguma liberdade de ação sobre (1) como seu tempo é realmente gasto, (2) quanto interagem com seus pares e (3) quando questionar o que está acontecendo. Os empregados horistas representados por uma unidade de negócio estão especificamente excluídos por estarem em uma posição diferente; todo um livro poderia ser escrito sobre as questões envolvidas aqui.

O que a população de autogestores deve fornecer

Fornecer o produto ou serviço seria o requisito mais amplo, mas isso não representa a história toda. Os colaboradores individuais precisam também fornecer muitos resultados fundamentais de apoio para essa camada hierárquica gerar o valor total. Não entrarei nos detalhes das contribuições específicas dos tipos de Autogestores especializados – a especificação técnica de como um programador escreve um programa de computador, ou de como um negociador fecha um contrato. Procurarei me concentrar nos resultados subjacentes requeridos para que todos tenham sucesso; esses resultados também ajudam o negócio e a empresa a prosperarem. Dentre eles, incluem-se:

- Autogestão
- Cooperação
- Mentalidade de satisfação do cliente
- Cidadania
- Aprendizado
- Ideias e inovações
- Influência
- Relacionamentos

Autogestão

A autogestão é a base de todo o gerenciamento, logo ela é aprendida de uma forma melhor nesta camada. Autogestão significa ter a disciplina para descobrir o que é necessário e ter o autocontrole para realizar. O teste é trabalhar naquilo que é necessário, e não naquilo que você gostaria de trabalhar. Peter Drucker, nosso maior pensador em administração de empresas, escreveu sobre a gestão por objetivos e autocontrole. Entretanto, as organizações abraçaram com tanto entusiasmo a gestão por objetivos que se esqueceram do fato de que o autocontrole tem igual importância. Praticar o autocontrole é muito mais difícil do que estabelecer objetivos e monitorar o desempenho. Ele exige o encaminhamento de várias atividades:

1. *Aprender o que é necessário.* Em termos ideais, os chefes tornam claro para as pessoas o que é necessário, para quando e por quê. O Pipeline de Desempenho é construído sobre essa ideia. O mais provável é que os chefes detalhem parte do trabalho a ser feito, mas não todo ele. Assim, os colaboradores individuais precisam perguntar aos chefes e colegas o que é necessário e esperado. Ficar sentado esperando por instruções custa dinheiro para a companhia. O esforço proativo é exigido de todos (em cada nível hierárquico!). Se não houver aqui, as pessoas desperdiçam uma grande quantidade de tempo em tarefas secundárias, terciárias ou completamente irrelevantes. As pessoas precisam tornar um hábito o ato de buscar rapidamente por informações. Essa abordagem de "busca" é especialmente útil quando as respostas não são claras ou quando o chefe não está disponível.
2. *Planejar e administrar o tempo.* É fundamental para a produtividade pessoal desenvolver uma ideia clara de quais ações tomar, quando tomá-las e com que recursos. Um aprendizado fundamental que extraí das centenas de avaliações que fiz sobre líderes bem-sucedidos é que aqueles com maior realização planejam melhor do que todos os outros. No núcleo da autogestão, está a administração do tempo.
3. *Desenvolver as habilidades necessárias.* Estão disponíveis muitos caminhos para se adquirirem habilidades, mas o melhor é o coaching do chefe. Parece ser arriscado estar disposto a admitir, nos primeiros estágios, que você não consegue realizar algo importante. Porém, muito mais arriscado

é fazer as coisas de maneira inadequada ou com erros. Se o chefe não quiser ou não conseguir ensinar, os colegas representam a próxima fonte melhor. Observar, perguntar, conversar na hora do almoço (se houver hora do almoço em sua empresa) e atrelar todo o trabalho. Buscar fora da organização (lendo ou conversando com especialistas) pode ser bastante útil, mas pode não estar disponível. Por tentativa e erro também pode ser outro método de aprendizado viável. A análise das lições aprendidas com o chefe e colegas também é um método prático e barato. Ela pode ser informal, mas produz melhores resultados quando feita logo após o término ou fracasso de uma parte importante do trabalho. Analise cada etapa e identifique o que funcionou ou não.

4. *Pedir feedback*. Aprender a buscar feedback em vez de esperar que o chefe tenha iniciativa é uma habilidade valiosa, pois o feedback partindo do chefe pode nunca acontecer (por muitos motivos, inclusive a relutância de alguns chefes em fazer críticas ou fornecer feedback negativo). Aplicar feedback é fundamental para o êxito e abre portas para mais. Os colegas têm observações para compartilhar e podem ter estado exatamente na mesma curva de aprendizado. Pedir feedback para os colegas pode fornecer exatamente o que é necessário e evitar problemas futuros com colegas. Para a autogestão, é muito importante ser grato e aplicar o feedback, mesmo que seja doloroso.

5. *Administrar as emoções*. Quando diante de uma tarefa ou desafio, o fundamental é analisar de forma clara e desapaixonada o que precisa ser realizado e qual seria a melhor maneira de realizar. É ótimo ter paixão pela tarefa, mas, nesse nível hierárquico, as pessoas precisam aprender como controlar suas emoções para garantir que elas não atrapalhem a concretização daquilo que é preciso ser feito. Por exemplo, um Autogestor pode ficar irritado por achar que recebeu um trabalho que parece muito rudimentar; esse ressentimento o faz conduzir a tarefa de maneira superficial e descuidada; a execução desleixada resulta em uma variedade de problemas, requerendo que ele seja refeito (o que é caro e demorado). Porém, ao aprender a administrar a emoção, as pessoas podem pensar sobre como a empresa ou o negócio normalmente executa a tarefa, quais são as vantagens de se fazer dessa maneira e se uma forma melhor (mais barata, mais rápida, de maior qualidade) poderia ser pensada antes de decidir o que fazer. É preciso ter uma razoável autodisciplina. O negócio

ou a empresa não conseguem fornecer aquilo que sua marca promete aos clientes se cada Autogestor buscar resultados com base apenas em suas emoções.

6. *Assumir seus obstáculos.* Culpar os obstáculos quando os resultados não aparecem é uma prática comum nas organizações, mas é inaceitável. Com muita frequência, isso acontece porque as pessoas não aprendem a assumir seus obstáculos na camada hierárquica de Autogestor. Para obter resultados, alguém precisa "assumir" o obstáculo: assumir a responsabilidade por superá-lo, removê-lo ou buscar ajuda para enfrentá-lo. Às vezes, é necessário um novo plano ou abordagem. Às vezes, o trabalho árduo é suficiente. Qualquer que seja o caso, fracassar, perder o prazo de entrega, exceder custos, diminuir a qualidade e assim por diante, devido apenas à presença de um obstáculo, é inaceitável. Sempre existirão obstáculos. É absolutamente esperado dos empregados que se autoadministram que eles tragam algumas soluções, e não apenas culpem os obstáculos ou corram para os chefes sem uma recomendação. Fazem parte da autogestão: aplicar o tempo de forma mais apropriada, aprender uma nova habilidade e inovar para superar obstáculos.

7. *Prestar contas.* Assumir a responsabilidade de fornecer o trabalho designado pode parecer evidente, mas muitas pessoas vêm para as organizações acostumadas a dar desculpas ou culpar outros quando não entregam os resultados. Ainda mais comum: elas não dedicam um tempo para fazer um esforço para assegurar que conseguem fazer aquilo para o qual foram designadas. Fazer um plano que assegure o fornecimento no prazo e aplicar energia e habilidade para realizar o plano são aspectos rotineiros da autogestão. Porém, o trabalho não terá sido feito até que esteja correto, concluído, conectado com outro trabalho e aceito pelo cliente. Trabalhar diligentemente não é o mesmo de ser responsável. O que realmente conta é reunir todos os aspectos da tarefa ou o projeto inteiro de forma que o pacote total seja entregue. Trabalhar arduamente pode parecer suficiente, mas, na verdade é uma pequena porção daquilo que precisa ser feito.

A autogestão não é fácil. Essas atividades podem demandar um grande esforço e consumir tempo. Porém, as organizações devem reconhecer os benefícios para a empresa de ajudar os colaboradores individuais a dominar essa habilidade: ela pode reduzir a quantidade de líderes necessários, melhorar significativamente o serviço aos clientes e fornecer uma verdadeira fonte de vantagem competitiva.

Cooperação

O trabalho em equipe é fundamental para o trabalho organizacional eficaz, mas nem tudo pode ou deve ser feito por ou com uma equipe. É provável que muitos Autogestores passem a maior parte do tempo trabalhando individualmente. Por esse motivo, praticar a arte da cooperação é um resultado fundamental nesse nível hierárquico. O trabalho raramente segue de forma suave; portanto, mudanças nos prazos, direcionamento, conteúdo e afins são muitas vezes requeridas. A cooperação da população de Autogestores deve ser automática quando mudanças são necessárias, quando novos métodos são implementados, quando prazos são alterados ou quando os projetos precisam ser reduzidos. Os colaboradores individuais precisam mudar seus métodos, ficar até tarde, desistir de um projeto de estimação, compartilhar seus recursos e habilidades com outras funções, e assim por diante. Se eles não cooperam dessas maneiras, a produtividade cai. As pessoas que não cooperam forçam seus chefes a perder tempo e energia persuadindo, coagindo ou repreendendo. Além disso, quando uma pessoa não coopera, isso muitas vezes estimula um colega a fazer o mesmo. Tudo atrasa e fica mais difícil exatamente quando a velocidade e a produtividade são mais necessárias. As pessoas cooperativas se ajustam e seguem em frente; pessoas não cooperativas atrasam e resistem.

Mentalidade de satisfação do cliente

Muitos Autogestores podem não ver o cliente real, mas todos servem aos clientes. Os recrutadores de Recursos Humanos podem recrutar pessoas com boas habilidades para lidar com clientes e mentalidade de prestação de serviço. O setor de Finanças pode fazer análises de custos para ajudar a mantê-los baixos, a fim de que, no fim, possa ser oferecido um preço melhor para o cliente. Os engenheiros podem projetar produtos que sejam de fácil uso e manutenção por parte do cliente. O pessoal da cadeia de suprimentos pode programar prazos de entrega que sejam convenientes.

Devo observar, neste ponto, que esse resultado não deve incluir "clientes internos". Ter clientes internos (isto é, uma função atendendo a outra função) dá vazão a medições erradas e gera um relacionamento interno que prejudica o trabalho em equipe. Por exemplo: "Nós aqui da fabricação somos seus clientes, RH; então tratem de conseguir os programas que nós queremos." Tudo aquilo que a Fabricação faz, como qualidade do produto, entrega e administração de custos, deve beneficiar o cliente pagante. O RH pode e deve trabalhar com o departamento de Fabricação para ajudar a adicionar valor para o cliente (e não apenas valor para o pessoal da fabricação) nos programas que projetam e fornecem.

Eis a mentalidade voltada para resultados que os Autogestores devem desenvolver: começar com o cliente pagante e traçar uma linha de volta até suas mesas de trabalho. Essa linha deve ir diretamente para eles se estiverem em Vendas ou Serviços, mas pode também passar por Vendas, Fabricação ou Engenharia antes de chegar às suas mesas. Com essa compreensão, sua forma de pensar e de agir pode ser estabelecida tendo em mente a satisfação do cliente.

Cidadania

Uma empresa é uma comunidade, no sentido de que possui metas e necessidades que afetam a todos, tem um código de conduta ou regras que todos devem seguir e tem sucesso ou fracasso com base nesse esforço conjugado. Os Autogestores correspondem ao maior segmento dessa comunidade; assim, causam um grande impacto sobre que tipo de comunidade eles representam. Visões, slogans e coisas parecidas não significam nada se não forem buscados e honrados por esse grande segmento. Alguns dos piores serviços que já recebi foram fornecidos (ou não fornecidos) por pessoas usando um crachá em que se lia "Qualidade Total"; em outro caso, um serviço ruim era oferecido por representantes da empresa debaixo de uma faixa em que se lia: "Nosso Cliente em Primeiro Lugar."

Não basta realizar as tarefas designadas, ficar longe de problemas e ser educado com o chefe. Os colaboradores individuais precisam aprender a desenvolver o senso inato de fazer as coisas pelo bem da comunidade. Não é apenas comportar-se quando todos estão olhando para eles. Significa ser voluntário em uma tarefa difícil ou responder quando um colega está sendo injustamente negativo em relação à empresa. Os Autogestores também precisam aprender a se certificar de que o trabalho atenda aos padrões, os planos estejam alinhados com a estratégia e que o trabalho crítico para a missão seja feito em primeiro lugar. Nós podemos e devemos esperar que cada Autogestor internalize a visão, a missão e os valores de forma que trabalhem e se comportem adequadamente – seja quando estão no trabalho ou fora na comunidade. Cidadania é um termo amplo com responsabilidades amplas: desde tentar fazer o seu melhor em qualquer tarefa até (quando interagir com pessoas de fora) ser solidário com aquilo que a empresa ou o negócio estejam tentando fazer.

Aprendizado

Talvez você nunca tenha pensado no aprendizado dentro de uma estrutura de resultados, mas ele é essencial para o desempenho neste nível hierárquico. Boa parte do conhecimento técnico, profissional e operacional da empresa está na população de Autogestores. Muitos deles foram contratados por seu conhecimento, formação ou habilidades, e os membros seniores possuem anos de experiência e especialização. Essa capacidade coletiva é um ativo da empresa que precisa ser cultivado e aprimorado. Manter a capacitação coletiva atualizada com a evolução das tecnologias de todos os tipos é uma das exigências fundamentais dos negócios. Outras camadas hierárquicas fazem a exploração sobre o estado da arte e o investimento em novas tecnologias, mas a população de Autogestores precisa aprender e aplicar. Eles podem precisar mudar a forma de trabalhar para utilizar novas tecnologias e novos aprendizados, por exemplo.

Eles também devem aprender sobre necessidades dos clientes, práticas competitivas e condições do mercado. Ajustar-se às necessidades dos clientes ou às condições do mercado exige uma boa autogestão, juntamente com esse aprendizado, para produzir os resultados corretos. A estratégia do negócio muda em função da mudança dessas condições e a população de Autogestores precisa acompanhar.

Os colaboradores individuais também precisam obter conhecimento sobre condições ambientais, tendências econômicas e mudanças sociais ou societárias. Fatores externos que afetam a empresa e o negócio também afetam a população de Autogestores, de uma maneira ou de outra.

Ideias e inovações

As ideias e inovações impedem que a empresa ou o negócio se tornem obsoletos. Elas fornecem novas soluções para os problemas dos clientes; elas geram ou sustentam vantagens competitivas; e diminuem custos ou melhoram a qualidade. O maior segmento da força de trabalho (a população de Autogestores) deve ser o maior colaborador com ideias e inovações. Eles possuem as habilidades técnicas e profissionais; eles atendem aos clientes; e muitas vezes têm perspectivas inovadoras, já que muitos são relativamente novos na companhia. Pelo fato de alguns colaboradores individuais poderem ser relutantes em contribuir com suas ideias ou não terem certeza sobre como contribuir com elas, os chefes precisam tornar essa expectativa clara.

Normalmente se espera a inovação por parte dos engenheiros, cientistas, contadores e outros profissionais mais bem pagos. Entretanto, as pessoas que são novas na companhia ou em início de carreira podem sentir como se faltasse uma base de credibilidade ou poder para elas sugerirem uma ideia, especialmente quando se tratar de algo diferente ou que traga algum risco. Mesmo assim, essas pessoas são as que têm o menor interesse em preservar o *status quo* e estão buscando estabelecer seu marco na empresa. Esses dois fatores, combinados com sua perspectiva inovadora, especialização técnica e quantidade (grande percentagem da população de empregados), significam que eles devem ter sua criatividade incentivada no trabalho. O desafio para muitas companhias é aprender como incentivá-los, e não reprimir suas ideias em nome do conformismo e da observância das normas.

Influência

Muito embora essa população não tenha responsabilidade direta por outras pessoas (por definição), geralmente está em uma posição que causa mudanças ou que faz seus pares seguirem uma direção nova e melhor. Ao reunir os tipos de resultados que discuti até aqui, eles conseguem saber o que é necessário ou o que pode ser aperfeiçoado. Se eles não possuem qualquer influência, a empresa ou o negócio perde esse possível valor.

Influência significa que suas ideias serão ouvidas e suas ações provavelmente serão seguidas. Suas opiniões são buscadas em questões importantes, e suas ideias tendem a prevalecer quando ocorre uma discussão. Se eles tiverem um raciocínio completo e fundamentado, se seu aprendizado e aplicação forem consistentes, e se eles tiverem uma atitude positiva, então poderão ter influência sobre seus pares e seu chefe. Assim, precisam entender que lhes serão dadas todas as oportunidades para ser influentes e que devem aplicar o tempo e o trabalho necessários para serem empregados de influência.

Relacionamentos

O último resultado subjacente é absolutamente essencial para o êxito nesse nível hierárquico, ainda que seja frequentemente ignorado – poucos Autogestores são cobrados pela construção de relacionamentos fortes. Da mesma forma que nosso resultado anterior, cooperação, este envolve uma habilidade pessoal. No entanto, trata-se de um resultado mais amplo do que a cooperação, exigindo a habilidade de construir e manter uma diversidade de relacionamentos de negócio. Ele não envolve apenas acolher os outros, mas também aprender a trabalhar produtiva e criativamente com um conjunto de indivíduos.

O objetivo é fazer os outros terem uma opinião positiva sobre você, e isso demanda esforço e disposição para ouvir e apoiá-los. Alguns tipos de opiniões não são de muito valor para os negócios; por exemplo, "Ela é realmente engraçada" ou "Ele sempre ouve meus problemas". O mais importante são as relações de trabalho. Os relacionamentos sociais tornam a vida mais agradável, mas as relações de trabalho tornam o negócio mais bem-sucedido. A melhor definição que já ouvi sobre um bom relacionamento é: "Se trabalhei com você hoje, devo querer trabalhar novamente com você amanhã, não importa o quão difícil possa ter sido o trabalho hoje." As pessoas devem querer trabalhar uns com os outros, em vez de "precisar" colaborar. A exigência para a população de Autogestores desenvolver boas relações de trabalho com todos deve ser explicitamente estabelecida, e não deixada ao acaso.

O trabalho completo

Com toda a variedade contida nesta camada hierárquica, fica difícil definir o trabalho completo. A Tabela 8.1 é um bom exemplo de como isso pode ser feito. Os valores de trabalho exigidos foram detalhados para fornecer uma estrutura de raciocínio sobre o que é esperado e para estabelecer a mentalidade apropriada em resultados como cidadania e inovação. Os valores de trabalho também esclarecem as relações com a gestão, comunicando que elas devem ser proativas, onde o colaborador individual mantém o chefe informado. Adotar esses valores do trabalho significa que o Autogestor aceitará as exigências fundamentais do cargo.

A companhia que elaborou os parâmetros de desempenho apresentados na Tabela 8.1 estava tentando fazer algumas mudanças estratégicas fundamentais. Ela lançou um grande programa de comunicação e esses parâmetros de desempenho transmitiram a amplitude de resultados exigidos de todos. Os itens assinalados com asteriscos tinham importância especial para aquelas mudanças estratégicas e ajudaram que cada camada hierárquica visse, em termos específicos, quais deveriam ser suas contribuições.

As categorias de Resultados de Autogestão e Resultados de Liderança demonstram como a companhia se comunica e se compromete com a plena utilização dos recursos de cada Autogestor. Também são detalhadas as expectativas pela aplicação de disciplina e aperfeiçoamento pessoais.

Essas expectativas também precisam ser medidas; o estabelecimento de padrões claros para o desempenho excepcional é especialmente importante para esta população. Os recém-formados nas faculdades e outros recém-chegados à companhia muitas vezes desejam uma carreira, e não apenas um emprego. São normais os desejos de "progredir", fazer trabalhos mais difíceis, dar mais contribuições e ganhar mais dinheiro ou outras recompensas. A definição das exigências para um desempenho excepcional contribui para que todos compreendam o que é preciso fazer para ser considerado uma pessoa de elevado potencial ou de desenvolvimento mais rápido. O fornecimento de metas específicas para o desempenho excepcional ajuda a focar o

Tabela 8.1 Parâmetros de Desempenho, Autogestor

Valores de Trabalho Requeridos
- Adotar os valores e a cultura da empresa
- Alcançar os padrões profissionais do setor
- Encontrar, de forma proativa, maneiras novas e melhores para realizar o trabalho*
- Conectar a gestão com os desafios do trabalho
- Identificar logo os problemas e buscar soluções

Dimensões de Desempenho	Desempenho Completo	Desempenho Excepcional	Indicadores de Necessidade de Desenvolvimento no Cargo
Resultados Operacionais/ Técnicos/Financeiros Resultados Individuais ou por projeto/programa - *Metas e prazos individuais ou por projeto/programa* - *Ordens de trabalho* - *Influência em vendas, clientes* - *Precisão e pontualidade das análises*	- Custos de venda/projeto/processo dentro do orçamento* - Atendeu a todas as metas de entrega e prazos - Alcançou os padrões profissionais em todos os aspectos - Realizou o trabalho de acordo com as diretrizes e práticas de segurança e qualidade	- Superou todas as metas e antecipou os prazos - A qualidade do trabalho é exemplo para os colegas - As ideias para melhorar os processos de trabalho agregam valor adicional*	- Não está no caminho de cumprir o prazo, não está recuperando o atraso - Não cumprimento da segurança ou qualidade - Desperdiça recursos* - Não conhece os parâmetros
Autogestão - *Planejamento e organização do trabalho* - *Custo, qualidade e pontualidade* - *Uso eficaz dos recursos* - *Sucesso da unidade* - *Medições e controles*	- Os planos de trabalho pessoal asseguram a entrega dentro do prazo - Os planos de trabalho pessoal se encaixam com os dos outros dentro/fora da Unidade - Os obstáculos são assumidos e superados* - Detecta logo os problemas	- A gestão do tempo pessoal resultou em aumento significativo de produção - As melhorias nos processos em seus próprios trabalhos e nos dos outros aumentaram os resultados da Unidade* - O crescimento pessoal estabeleceu o padrão para a equipe	- Socialização excessiva - Falta foco e/ou compromisso - O sentimento de conclusão vem cedo demais - Para e avança

Liderança
- *Influência*
- *Desenvolvimento individual*
- *Atua com a equipe/trabalho em equipe*
- *Valores/Ética*

- Informações corretas fornecidas para as pessoas certas, da maneira correta, no momento certo
- A atuação em equipe contribuiu para o sucesso da equipe
- Comportamento pessoal consistente com valores/ética da Empresa
- O desenvolvimento próprio permitiu o apoio de mudanças em programas/processos*

- A capacidade de influência levou os colegas a aceitarem as mudanças necessárias
- Aumentou a produtividade através da criação de novos processos*

- Não consegue vender suas ideias
- Insuficiente esforço de comunicação
- Resiste à mudança
- Não assume os valores

Relacionamentos
- *Relações com clientes/contratantes*
- *Colabora com colegas, outras funções e unidades de negócio*
- *Apoia o chefe e a equipe*
- *Rede de relacionamentos*

- Relações de trabalho eficazes com o chefe e colegas criaram sinergia
- Pergunta frequentemente "Como posso ajudá-lo?" e "Como estou atrapalhando?"
- Redes de contatos com colegas e outros grupos importantes (por exemplo, clientes) ajudam na execução das tarefas
- O sucesso da equipe e da organização foi sempre colocado à frente da ambição pessoal*

- Serve de modelo para relações de trabalho com colegas
- Obtém resultados necessários através de redes de contatos externos*
- Rotineiramente, ajudou no sucesso de colegas dentro e fora da função

- Não compartilha
- Não é receptivo às necessidades ou solicitações de colegas*
- Ignora o chefe, não se prepara para reuniões com ele
- Põe a si próprio antes da equipe

Cliente/Paciente/Usuário
- *Segurança e eficácia do produto*
- *Conhecimento das necessidades/expectativas do cliente*
- *Feedback para o chefe/empresa*

- Cumpre compromissos de geração de valor para clientes
- O feedback do cliente influencia a melhoria do produto e do processo*
- Seguiu rigorosamente os protocolos de segurança

- Buscou com outros conhecimento sobre os clientes, tendências e compreensão das necessidades dos clientes (segmentação, padrões de compra)*
- A qualidade do feedback do cliente redirecionou programas e planos

- Desconhece os problemas dos clientes
- Não entende os padrões de qualidade ou segurança
- Não está se relacionando com clientes

---

*Fundamental para a nova iniciativa estratégica.

esforço em resultados que são importantes ao invés de buscar objetivos secundários ou sem importância. Nem todos querem um desafio maior, mas aqueles que o fazem se beneficiam muito com essas definições claras.

Em vez de deixar os chefes definirem todos os esforços e atividades que não serão aceitos, essa companhia escolheu explicitar alguns deles no documento sobre parâmetros de desempenho. Definindo dessa maneira, a empresa ajuda com a autogestão e fornece limites que são facilmente entendidos. Esses "Indicadores de Necessidade de Desenvolvimento no Cargo" (coluna quatro) ajudam as empresas a fazer melhorias em todas as camadas hierárquicas sobre as quais operam e a romper com os maus hábitos adquiridos por seus líderes.

Resultados que não queremos

Os "indicadores de necessidade de desenvolvimento no cargo" também sugerem atitudes e ações que são contraproducentes. Além das especificidades de cada coluna, eles indicam que as seguintes três características prejudiciais dos Autogestores geralmente se manifestam:

O sarcasmo destrói o respeito e a confiança. Quando os empregados passam a ter uma atitude de desprezo, deixam de atender apropriadamente às solicitações da gestão ou aos programas da empresa. "Isso não vai funcionar" e "Ele não sabe o que está fazendo" são frases que expressam a linguagem do cínico. Você pode ouvi-las quando sai de reuniões ou após apresentações importantes. Os Autogestores devem expressar preocupações legítimas; eles precisam conversar sobre ações específicas, em vez de exibir essa atitude. O sarcasmo é contagioso; portanto, os chefes devem enfrentá-lo logo, para que não dispare a próxima característica contraproducente.

A resistência à mudança e a tudo que seja novo é mais fácil de acontecer do que o sarcasmo e é tão problemática quanto. A resistência aparece de várias formas: resistência passiva (não negando, mas nunca dizendo sim), atrasando, dando menos do que o esforço total e prolongando as discussões. As pessoas podem resistir por razões legítimas e devem ser permitidas a apresentar seus pontos de vista, mas, após a decisão ter sido tomada, a resistência precisa terminar.

Narcisismo parece ser mais relevante agora do que nunca. O narcisismo se expressa na linguagem "É tudo sobre mim": "Estou feliz de conversar com você desde que falemos sobre mim." Os narcisistas não trabalham em equipe a menos que o propósito da equipe seja o de eles terem sucesso; eles possuem grandes ideias e planos corajosos, mas que têm pouco a ver com os objetivos do chefe ou do negócio. Essas pessoas não apoiam os colegas, não dedicam tempo e energia para alcançar as metas da equipe e não conseguem trabalhar de forma eficaz em equipes.

Possibilitando um desempenho excepcional: O Pipeline de Desempenho Técnico

Em muitas empresas, existem profissionais, engenheiros, cientistas, pessoal de contato com os clientes e outros colaboradores individuais que fornecem resultados excepcionais, mas não querem ser gestores. Quando batem no teto da função (alcançam a melhor posição técnica/profissional disponível para eles), acabam ficando inquietos. Eles gostariam de fazer mais e de ganhar mais, mas não existem opções para isso; e não querem trabalhar mais pelo mesmo pagamento. Consequentemente, essas pessoas reclamam com os colegas e com os chefes; eles perdem o comprometimento e seu desempenho cai; e podem acabar procurando e encontrando novos empregos.

A solução, porém, não é transformar esses profissionais excepcionais em gestores, quando eles claramente preferem permanecer em seus papéis de Autogestores. Entretanto, de forma quase automática, as empresas oferecem cargos de gestão para esses profissionais insatisfeitos, tentando mantê-los na companhia. Às vezes, os Autogestores recusam essas ofertas e, outras vezes, aceitam a contragosto para poder ganhar mais dinheiro, autoridade e desafios. Embora uma minoria possa tornar-se excelentes gestores quando mudam adequadamente os valores de trabalho (para os da camada hierárquica seguinte), muitos continuam fazendo o trabalho técnico/profissional para o qual foram treinados e onde tiveram sucesso. Excelentes Autogestores podem acabar se tornando gestores de medianos a ruins.

Esse cenário existe em quase toda companhia com a qual já trabalhei. O Pipeline de Liderança fica obstruído na parte inferior. O Pipeline de Desempenho não é cumprido. Se você estiver enfrentando esse cenário, o melhor curso de ação é elaborar um Pipeline de Desempenho Técnico. Ao criar uma série de posições mais desafiadoras e de escopo mais amplo, você oferece uma valiosa alternativa para o progresso, em vez de perder pessoal de alta capacidade técnica e profissional para outra empresa ou criar um gestor que não quer gerenciar.

O Pipeline de Desempenho Técnico (PDT) é uma série de posições de Autogestor com responsabilidade cada vez maior, que impactam a eficácia ou o direcionamento da função, negócio ou empresa. Ao enfrentar desafios técnicos/profissionais maiores, eles acrescentam um valor único. Para ver como seria um PDT de uma grande companhia, veja a Figura 8.1.

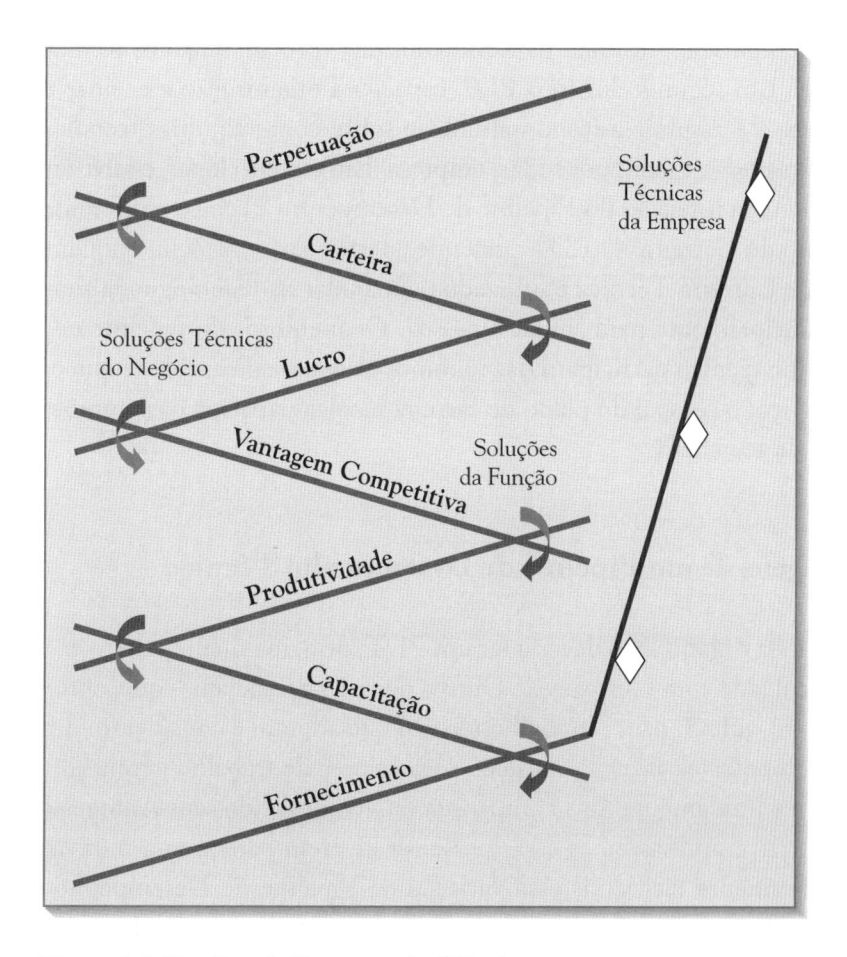

Figura 8.1 Pipeline de Desempenho Técnico

O PDT ajuda a avançar a compreensão do campo de ação técnico da função, negócio ou empresa, traz novas tecnologias para a organização e influencia o direcionamento estratégico. Administrar o uso de uma tecnologia específica por toda a empresa é uma exigência comum.

À primeira vista, o PDT pode parecer semelhante ao Plano de Carreira Técnica. Este último fornece posições em graus mais elevados, normalmente para engenheiros e cientistas que ajudam a função, e possivelmente o negócio, a enfrentar desafios técnicos difíceis. Os planos de carreira técnica ajudam a reter os principais talentos técnicos ao definir um caminho para a carreira.

No entanto, o Pipeline de Desempenho Técnico é diferente do Plano de Carreira Técnica de três formas importantes. Em primeiro lugar, o PDT é concebido para impulsionar os Resultados do Negócio, e não os resultados técnicos. Em segundo lugar, o PDT capacita a organização a ensinar para os outros e a assumir a responsabilidade sobre como algumas tecnologias específicas serão usadas por toda a empresa. Em terceiro lugar, e talvez mais importante, a intenção do Pipeline de Desempenho Técnico é diferente da do Plano de Carreira. O PDT pretende aperfeiçoar o negócio, enquanto o Plano de Carreira Técnica é utilizado para ajudar na tecnologia da função, mas principalmente para ajudar a pessoa. Os membros do pipeline de desempenho técnico participam das reuniões de equipe da entidade que prestam serviço; o pessoal do plano de carreira técnica participa das reuniões de equipe de seu chefe.

Vantagens de um Pipeline de Desempenho Técnico

Quase toda organização deveria ter um PDT, principalmente se estiver tendo dificuldade com Gestores de Outros que não gerenciam – que, automaticamente, voltam para o trabalho técnico que adoram e consideram difícil, se não impossível, fazer a transição para valores de trabalho gerencial. Ele também é fundamental se a companhia estiver perdendo seus Autogestores para outras empresas ou se essas pessoas estiverem perdendo a motivação. É relativamente fácil criar essa variação de Pipeline de Desempenho e o pequeno investimento em tempo é recompensado por um amplo conjunto de vantagens:

- A especialização técnica pode ser aproveitada para resolver problemas difíceis da empresa se pessoas técnicas altamente qualificadas entenderem os negócios. Este é um dos motivos para participarem de reuniões de equipes de função, negócio ou empresa.
- O conhecimento é administrado de forma mais ativa. O especialista técnico de alto nível é responsável pela transferência de conhecimento para indivíduos e outros negócios dentro da empresa.
- O talento de alto nível pode ser atraído ou retido. As estrelas técnicas/profissionais que trabalham para outras companhias, mas que sentem sua carreira bloqueada, podem achar atraente o Pipeline de Desempenho Técnico. As pessoas querem ter um desafio ou um novo degrau para subir, e o PDT oferece esse desafio.
- A estratégia em nível de função, negócio ou empresa fica mais elaborada se dispuser de informações técnicas melhores. De fato, o direcionamento estratégico em companhias com produtos técnicos depende da compreensão adequada do que a tecnologia pode proporcionar agora ou do que proporcionará em um futuro previsível.
- A inovação de produto ou serviço resultante de avanços técnicos é uma provável fonte de vantagem competitiva.
- Os gestores podem concentrar-se em gerenciar pessoas, dinheiro, clientes e o futuro porque sua tecnologia está sendo administrada em separado, mas com a função, o negócio ou a empresa em mente.
- O PDT não gera custos. Não precisam ser contratadas pessoas novas. Os gestores que são fortes tecnicamente, mas fracos gerencialmente, podem ser transferidos com eficácia utilizando o Pipeline de Desempenho Técnico. Uma menor quantidade de gestores melhores fornecerá os mesmos resultados (ou melhores).

Algumas organizações constatam que não possuem o pessoal para executar os trabalhos identificados pelo Pipeline de Desempenho Técnico; assim, eles podem precisar contratar algumas pessoas com base no que o pipeline revela. Se a seleção for feita corretamente, eles agregarão um grande valor.

Definindo o Pipeline de Desempenho Técnico

Os resultados esperados e detalhados anteriormente no capítulo também se aplicam a todos do pipeline de desempenho técnico. A diferença é ir além desses resultados esperados. É preciso alguma reflexão para explicitar e tornar relevantes alguns resultados adicionais exigidos para sua função, negócio ou companhia. Para tanto, ajudaria se você pensasse da seguinte maneira:

Nível	Resultados adicionais esperados
Nível da empresa	• Direcionamento estratégico técnico para a empresa • Tecnologia aplicada atendendo aos padrões mais elevados em toda a empresa • Especialista reconhecido mundialmente • Recomendações para aquisição
Nível de negócio	• Informação técnica para a estratégia do negócio • Participação na equipe do negócio • Uniformidade da aplicação da tecnologia por todo o negócio • Soluções técnicas para problemas dos negócios • Membro da equipe para acordos de aquisição
Nível da função	• Conhecimento transferido através de coaching • Liderança técnica do projeto • Soluções técnicas para aumentar a vantagem competitiva na função • Ideias de novos produtos • Relações de mentor

Talvez você precise fazer acréscimos ou modificações nesses resultados adicionais sugeridos. Sua lista deve ser definida pelos desafios específicos do negócio. Qualquer que venha a ser sua lista, ela *deve ajudar as pessoas técnicas a aprender a pensar na camada hierárquica em que atuam*. Escolha cuidadosamente essas pessoas; não as force dentro das funções. É inteiramente possível que você não tenha ninguém para a função superior ou que ninguém que esteja agora gerenciando queira recuar para a posição especificada pelo PDT. O objetivo é obter resultados, e não promover engenheiros.

A Tabela 8.2 é um exemplo de como uma companhia elaborou um pipeline de desempenho técnico de forma simples e eficaz. Essa companhia era a líder na tecnologia em seu setor de atividade, mas, pela falta de atenção e

Tabela 8.2 Níveis de Caminho Técnico

Nível e Contribuição para o Desempenho	Descrição	Mudanças Principais nos Resultados Esperados
Consultor Técnico *Construir a Capacidade Técnica na Organização*	• Especialista técnico totalmente capacitado. Passa de 80% a 90% do tempo fazendo trabalhos técnicos e de 10% a 20% orientando outras pessoas • Dá consultoria em todo o mundo sobre problemas técnicos, compartilha experiências e treina e desenvolve outros	• Aplicou conhecimento técnico específico e forneceu dados, experiência e conselhos fundamentais como apoio para a tomada de decisão
Principal Técnico Especializado *Criar Vantagem Competitiva*	• Estabelece a estrutura de excelência técnica • Assegura que as melhores práticas sejam compreendidas e seguidas • Estabelece direcionamento técnico e oferece informações para o plano operacional, identificando a pesquisa e as áreas técnicas de foco corretas • Fornece informações para a estratégia do negócio e traz soluções para problemas complexos, tanto técnicos quanto do negócio	• Administrou a pesquisa e desenvolveu métodos e padrões técnicos para a área de especialização em apoio à obtenção de planos e estratégias de projeto, regionais ou corporativas
Líder Técnico Especializado *Mudar a Maneira de o Setor Fazer Negócios*	• Fica sediado no escritório central e sempre influencia a estratégia do setor e da corporação • Desenvolve um processo, técnica ou conceito que tem impacto significativo para a capacidade do setor e da empresa de concretizar os planos estratégicos • Normalmente, essa pessoa é um visionário e um líder em fóruns internacionais	• Estabelece a estratégia técnica focando na contínua identificação de novas metas e estratégias • Cria oportunidades estratégicas para a companhia que não seriam possíveis sem a contribuição técnica que muda o setor

fracasso na contratação de novos graduados nas universidades durante uma recessão do setor, acabou perdendo a posição de liderança. Seu pipeline de desempenho técnico transformou-se na diretriz para o recrutamento externo e foi utilizado para o desenvolvimento de posições e especificações de candidatos. A comunicação das exigências das posições e da intenção da empresa em reconstruir tornou-se mais fácil e clara com o PDT. As discussões com os candidatos focaram no impacto esperado para os negócios e exigiram uma mentalidade específica, além de contribuições técnicas. Embora o recrutamento fosse difícil pelo fato de a companhia estar buscando pessoas técnicas de nível elevado, foi fácil conseguir a aceitação das ofertas ampliadas – o PDT ajudou a empresa a fazer ofertas irrecusáveis para os técnicos/profissionais ambiciosos.

Parte III

Implementação bem-sucedida do Pipeline de Desempenho

9

Criando um Contexto para o Desempenho

O Pipeline de Desempenho, por mais cuidadosa que tenha sido sua elaboração, não tem sucesso por si só. Ele existe dentro de um "contexto", e esse contexto afeta os resultados de cada empregado e o sucesso geral da companhia. Para ajudá-lo a entender do que se trata o "contexto", vou utilizar a analogia da agricultura. Essa analogia pode parecer-lhe estranha, mas procure me acompanhar; ela o ajudará a entender como usar com eficácia o pipeline, considerando o contexto específico de sua organização.

Pense no contexto como o solo no qual as pessoas estão plantando. Ele alimenta alguns tipos de desempenho, como, por exemplo, um excelente serviço ou um feedback do desempenho em tempo hábil, enquanto, ao mesmo tempo, inibe outros tipos de desempenho, tais como a velocidade de resposta aos clientes ou inovação.

Se o contexto é o solo, e todos os empregados (sementes!) são plantados neste solo, então o papel do líder é o do agricultor. Os líderes são, ao mesmo tempo, sementes (para seus chefes) e agricultores (para seu próprio pessoal). Os líderes precisam dar uma contribuição de agricultor: selecionar as sementes corretas, plantá-las apropriadamente, analisar o solo e, conforme os resultados da análise, enriquecê-lo, remover as pedras e ervas daninhas (obstáculos) e levar em conta o clima. No momento em que estou escrevendo, por exemplo, o clima não é favorável (clima para os negócios).

Conforme destacado na Introdução, estamos em um período de grandes incertezas. Os agricultores precisam ser muito ativos ou se arriscam a perder toda a sua plantação. Verificar seu solo também inclui remover coisas que inibem o crescimento das sementes. Especificamente, as ervas daninhas e outras vegetações que absorvem nutrientes precisam ser removidas. O acréscimo de nutrientes como o Pipeline de Desempenho torna mais provável que as sementes (pessoas) produzam a melhor colheita (agregando valor aos clientes).

A questão é que você não pode esperar que o pipeline de desempenho faça todo o trabalho por você. Quanto mais estiver ciente e agir em conformidade com os fatores contextuais, melhor será o funcionamento do pipeline de desempenho.

Teste a si próprio

A forma como sua empresa responde às seguintes situações simples lhe dirá um pouco sobre seu contexto para o desempenho:

- Você tem uma ideia. É mais provável que você seja incentivado a seguir adiante ou lhe dirão que essa ideia não funcionará na empresa?
- Você precisa que uma decisão seja tomada rapidamente para fechar um contrato. Espera-se que você tome a decisão após consultas ou que a passe para os níveis hierárquicos superiores?
- Você ultrapassou seu orçamento. Ficará se perguntando se alguém se importa ou esperará ser punido de alguma maneira?
- Você está ciente de um problema em sua área. Espera-se que você revele de imediato toda a história para seu chefe, ou faça a situação soar melhor do que é na realidade ou adie a comunicação esperando que o problema se resolva por si só?

Obviamente, existem muitas outras perguntas possíveis para se fazer um diagnóstico. Suas respostas esclarecerão o contexto em que você trabalha. Você precisa decidir se seu contexto possibilita que os líderes forneçam os resultados exigidos – isto é absolutamente essencial para que o pipeline de desempenho funcione conforme o pretendido. Saber se o solo suporta ou não o crescimento previsto para a colheita é de fundamental importância para qualquer agricultor!

Como o seu contexto é definido

O contexto do negócio em qualquer companhia é determinado por um amplo conjunto de exigências. Você provavelmente herdou algumas exigências difíceis de mudar; por exemplo, seus fundadores estabeleceram exigências há muitos anos e elas estão entranhadas na cultura – coisas como visão, missão e valores originais definem a cultura e o desempenho direto. Entretanto, muitas exigências vêm de opções que você ou seus chefes fizeram, tais como o modelo operacional que você escolheu e está atualmente utilizando (e provavelmente não pensou muito a respeito). Os modelos operacionais definem como as decisões são tomadas, quais processos serão utilizados, que padrões serão empregados e onde certos tipos de trabalho serão feitos. O contexto do negócio é reforçado pelas práticas gerenciais que você escolheu, tais como a forma em que está organizado, o tipo de pessoas recrutadas, os sistemas para o estabelecimento de metas atualmente em prática, os processos de desenvolvimento em utilização, a forma como o desempenho é avaliado e medido, e o que acontece com aqueles que apresentam fraco desempenho. Cada líder é afetado por todas essas variáveis. Portanto, o contexto é mais do que a cultura e raramente é neutro. Ele ajuda ou prejudica, e você precisa saber quais exigências ajudam e quais prejudicam.

Para que seu pipeline de desempenho seja eficaz, você precisa mudar algumas (ou até mesmo todas) dessas exigências. Esse passo é necessário para apoiar o novo desempenho que você busca ou para ter sucesso nesse novo ambiente de negócio. Porém, talvez seja difícil mudar quaisquer exigências. Para tanto, seria necessário ter claramente definido um forte compromisso com "mudança de requisitos". Desafios desse tipo não são para os fracos porque parece sempre existir um grande grupo de pessoas que reclamam, dedicado a preservar o *status quo*. Além disso, muitas exigências são geralmente implícitas, tornando difícil que elas venham à tona para fins de discussão e mudança. Saiba que os executivos veteranos e altamente influentes são, muitas vezes, os mais resistentes à mudança dessas exigências contextuais, e que essa resistência pode ser aberta ou sutil (tais como em um comportamento passivo-agressivo). Para lidar com isso, certifique-se de compreender quais mudanças específicas precisam ser feitas, e divulgue-as claramente e com frequência. Esta estratégia pode não diluir toda a resistência, mas o ajudará a construir a melhor situação possível para chegar a este objetivo.

Estou destacando a importância de mudar as exigências porque algumas empresas vinham se mostrando altamente dependentes do Pipeline de Desempenho para gerar todo o desempenho necessário. No entanto, do ponto de vista do desempenho, o contexto é fundamental. Mais especificamente, três tipos de mudança de contexto são geralmente necessários para muitas companhias: elementos culturais que estão misturados com planos estratégicos; modelos operacionais que são muito pequenos para permitir o crescimento necessário ou que são muito pequenos para o tamanho do negócio; e desenho organizacional, incluindo a distribuição de autoridade, que não se aprofunda o suficiente. Vamos analisar mais de perto algumas mudanças prováveis:

Fonte	De	Para
Sua cultura	Conhecimento	Aprendizado
	Família	Equipe
	Curto prazo	Longo prazo e curto prazo
	Transações	Sistemas
O modelo operacional	Burocracia	Responsabilização
	Tomada de decisão centralizada	Tomada de decisão distribuída
	Autossubmissão eletrônica	Participação focada

Exigências culturais

A cultura normalmente compreende vários elementos (não apenas um) que se mostraram relevantes para o sucesso em algum momento no passado. Voltando para nossa analogia agrícola, pense nos elementos da cultura como as raízes de uma árvore. As raízes geralmente não estão visíveis, mas exercem grande influência na saúde e na força da árvore. Quando essas raízes foram incorporadas, elas representaram uma força para impulsionar o bom desempenho. À medida que as companhias e os negócios vão evoluindo, algumas dessas raízes entravam o progresso. Ter as raízes misturadas com as exigências dos negócios torna difícil o sucesso. Considere este exemplo:

> ### Exemplo
> *Através de uma análise estratégica eficaz, uma importante companhia de transportes decidiu focar mais em logística. Esta companhia cresceu rapidamente através de muitas aquisições durante um curto período. Ela ganhou dinheiro através de seus ativos – por exemplo, leasing ou aluguel de caminhões, com ou sem motoristas; paradas de caminhões; instalações*

para manutenção; e coisas do gênero. Conhecer os ativos (quantos existiam, onde se situavam e em que condições) era de fundamental importância. Os caminhoneiros enfrentam todos os riscos associados à viagem pela estrada; assim, era importante conhecer e seguir todas as exigências de manutenção dos caminhões e obedecer às exigências de segurança nas estradas. O transporte rodoviário é de uso intensivo de capital e, para ter sucesso, a empresa precisa monitorar os retornos sobre os ativos existentes e identificar quando investir em novos.

A logística, por outro lado, é um tipo diferente de negócio. Ela envolve todos os elementos que cercam coleta, transporte, armazenagem e recuperação de componentes ou produtos, muitas vezes exigindo inspeção do governo ou desembaraço aduaneiro. Às vezes, faz parte do processo a necessidade de embalar ou refazer a embalagem. O requisito central é encontrar o melhor conjunto de opções para o transporte de componentes e materiais que são insumos para os fabricantes e depois levar os produtos acabados para clientes ou consumidores. Os principais desafios são representados pela aprendizagem das principais opções, quais seriam os parceiros corretos para os projetos atuais ou de longo prazo e qual a melhor maneira de se manter informado sobre a localização dos bens transportados. Essa companhia também tinha de responder à evolução das necessidades dos clientes, tais como fazer negócios com outros países, e à crescente expectativa dos clientes em relação à prestação do serviço. Estavam sendo exigidos muitos tipos novos de trabalho e a maneira de esse trabalho ser realizado era bastante diferente do transporte tradicional.

Como você pode imaginar, os líderes da companhia tinham dificuldade com as novas exigências do trabalho de logística. Um exame de perto sobre o desempenho dos líderes levou à conclusão de que, culturalmente, eles eram "de conhecimento", e não "de aprendizado".

Raiz	**Práticas Observadas**	**Valores Subjacentes**
Conhecimento	*Evitar erros*	*Conhecer a companhia*
	Aprender cada vez mais sobre um universo bastante pequeno, os ativos	*Experiência em Operações*
	Utilizar listas de checagem	*Controle*

As práticas e valores exigidos para a "aprendizagem" são totalmente diferentes.

Raiz	Práticas Típicas	Valores Subjacentes
Aprendizado	*Aprender com os erros*	*Novas ideias*
	Mudar rapidamente para uma nova abordagem	*Aperfeiçoamento contínuo*
	Conduzir pesquisas	*Melhores práticas e novos métodos*

A nova raiz ou exigência é o aprendizado com algum conhecimento; isso representa uma mudança importante da exigência anterior, totalmente baseada em conhecimento. Isso significa que as exigências de um novo aprendizado tinham de estar incorporadas no trabalho de cada líder. Conforme você pode ver nas tabelas, os líderes tinham de ser medidos de acordo com o aprendizado com os erros e a fazer mudanças e aperfeiçoamentos, em vez de aderir a práticas antigas e evitar assumir qualquer risco. Os desafios da logística estão em muitos locais, não apenas na autoestrada. Sem esse tipo de mudança na cultura, o pipeline de desempenho nunca alcançaria seu potencial de desempenho para a companhia com foco novo em logística.

De forma semelhante, outra mudança cultural foi de uma raiz familiar para uma raiz em equipe. No passado, o contexto da companhia de transporte envolvia um forte foco na família e nos valores da família. O CEO enfatizava a importância da lealdade e do compromisso, e os empregados, por sua vez, dependiam automaticamente da figura paternal do CEO por orientação. A pergunta que as pessoas sempre faziam para si próprias e para os outros, era: "O que o CEO acha?"

À medida que a estratégia de logística era implementada, muitas pessoas novas foram contratadas para ocupar os novos tipos de trabalhos que haviam sido criados. Para poder executar a transição para a logística, eram necessárias muitas habilidades e experiências novas, mas a contratação não ia bem. Os candidatos externos sentiam a bagunça entre suas necessidades e o ambiente da empresa. Os negócios e funções eram convidados a indicar candidatos para esses trabalhos novos, mas não o faziam. Assim, realizou-se uma análise minuciosa da situação. Ficou claro que a "família" tinha alguns requisitos contextuais inibidores.

Raiz	Práticas Observadas	Valores Subjacentes
Família	Recruta clones	Pessoas que são parecidas conosco
	Contrata internamente	Lealdade
	As pessoas de fora precisam ser especialistas	Barreiras para a entrada
	As pessoas novas procedem com cautela	Proteção dos membros
	"O pai sabe mais"	Tudo que o CEO quiser

Um contexto diferente era necessário para alocar pessoal de forma apropriada para a companhia voltada para a logística. Foi adotada uma abordagem baseada na "equipe".

Raiz	Práticas Típicas	Valores Subjacentes
Equipe	Recrutar aqueles que têm mais a oferecer	Talento
	Recompensar o desempenho da equipe, assim como os resultados individuais	Vencer
	Livrar-se daqueles com fraco desempenho	Elevado desempenho
	Manter todos os membros informados	Cooperação

A "família" é uma ideia excludente, no sentido de que, se você não nasceu na família ou não foi "adotado", então não pode ser um membro. "Família" e "conhecimento" juntos são extremamente excludentes. A família é restringida pela crença de que "o pai (o CEO) sabe mais". Todas as decisões importantes sobem para o CEO. As famílias podem lutar o dia todo e não conseguir nada, mas, no final das contas, continuam sendo uma família. A "equipe" exige a capacidade de desempenho; assim, aqueles que conseguem realizar são bem-vindos. Se os membros da equipe lutam todos os dias sem realizar nada, logo desaparecerão.

Assim, a companhia introduziu medições baseadas na equipe com um amplo conjunto de objetivos. O trabalho em equipe se tornou um critério para a seleção e um item de discussão regular na agenda de reuniões do CEO. Isso não significou descartar todos os aspectos da cultura da empresa baseada na família, e sim integrar suas melhores características com as *novas exigências em termos de equipe. A organização continuou a valorizar aspectos como lealdade e dedicação, mas não ao ponto de dar passe livre para os que apresentam um fraco desempenho.*

Em consequência dessa alteração contextual e do uso do pipeline de desempenho, essa companhia alcançou o primeiro lugar entre os clientes para logística terceirizada nos Estados Unidos.

Outros elementos culturais

As alterações nas exigências culturais que as organizações precisam fazer podem cobrir um amplo espectro, mas é útil você se familiarizar com algumas das mais comuns. Tratarei de duas que constatei terem surgido em anos recentes e que podem causar profundo impacto no desempenho.

Os varejistas e os jornais tradicionalmente vinham tendo uma *orientação de curto prazo, mas muitos fatores ambientais necessitam de líderes treinados que também possuam uma perspectiva de longo prazo.* As considerações sazonais, por exemplo, são especificamente observáveis em varejistas de roupas. O pensamento em longo prazo é afastado pela busca frenética dos estilos da próxima estação e pela liquidação das sobras ou cores ou estilos não vendidos nessa estação. O ciclo de fabricação, com o trabalho normalmente feito em outro país, incentiva o pensamento anual; não fosse isso, o ciclo estratégico seria de um trimestre. Alguns varejistas argumentaram comigo que a moda e os estilos não são previsíveis; assim, por que investir em pensamento e planejamento em longo prazo?

No entanto, a identidade de marca, terceirização, parcerias, quadro de pessoal, instalações (lojas), tecnologia da informação e capital requerem pensamento e planejamento em longo prazo, e esses fatores vêm tendo impacto crescente no desempenho do segmento de varejo. Os varejistas de roupas estão constantemente buscando CEOs fora de suas companhias, em parte por conta do fracasso em fazer o planejamento de longo prazo necessário para desenvolver seu próprio pessoal para ocupar o cargo. O excesso de expansão também é um problema comum, pois os varejistas respondem às demandas do momento, em vez de avaliar a curva da demanda com o tempo. Claramente, o pensamento e o planejamento em longo prazo fariam diferença para os líderes em níveis hierárquicos superiores. Portanto, voltando aos níveis do Pipeline de Desempenho, o pensamento em longo prazo seria uma nova exigência de resultados para executivos de nível sênior, e o pensamento de curto prazo permaneceria como um requisito para Gestores de Outros e para a população de Autogestores.

Raiz	**Práticas Observadas**	**Valores Subjacentes**
Curto prazo	Pensamento de curto prazo	Resultados para hoje
	Trabalho árduo sem-fim	Esforço
	Altamente focado no aqui e agora	Fazer acontecer

Raiz	**Práticas Típicas**	**Valores Subjacentes**
Longo prazo e curto prazo	Eventos frequentes de pensamento estratégico	Vantagem competitiva sustentável
	Construção de relacionamentos	Parcerias duradouras
	Desenvolvimento de líderes	Continuidade do negócio
	Processo robusto de alocação de capital	Sucesso em longo prazo

Uma das alterações culturais necessárias mais abrangentes envolve o *pensamento em termos de transações* versus *o pensamento em termos de sistemas*. As companhias de serviços financeiros exibem um pensamento voltado para transações em detrimento de si próprias e com grande incômodo para seus clientes. No mercado atual, o pensamento em termos de sistemas geraria muito mais satisfação dos clientes e custos menores. Não faz sentido atualmente incorrer em custos de marketing para aspectos como solicitações de cartões de crédito, geralmente pré-aprovadas, para pessoas que já possuem cartões com esse banco ou empresa, ou para pessoas que não podem tê-los.

Se houvesse uma visão dos clientes em termos de sistema (quais são todas as coisas que sabemos ou podemos saber sobre os clientes), os resultados de serviços financeiros seriam muito menos voláteis e os custos acabariam muito menores. O pensamento em termos de transações olha para as partes, e o pensamento em termos de sistemas olha para o todo (como as partes estão ligadas e como afetam umas às outras).

Raiz	Práticas Observadas	Valores Subjacentes
Transações	Pensamento de curto prazo	Novos clientes
	Organização em compartimentos (feudos)	Cumprir minhas metas
	Planos não integrados	Vencer individualmente
	Conflito em cada interface	Meu sucesso

Raiz	Práticas Típicas	Valores Subjacentes
Sistemas	Buscar conexões	Pensamento em termos de sistemas
	Utilizar a organização toda	Nosso sucesso
	Construção de uma continuidade para o produto	Novos clientes e retenção de cliente

Mais uma vez, não estou sugerindo que o pensamento em termos de transações deva ser eliminado como um dos resultados que o líder deve esforçar-se para obter e ser medido. Trata-se apenas do fato de que ele não é suficiente. Com o mundo cada vez menor, novos participantes no mercado impulsionando a concorrência e os eventos mundiais impactando todos os negócios, nenhuma empresa pode se dar ao luxo de possuir pensadores apenas em termos de transações nas posições de liderança.

Neste ponto você pode estar refletindo sobre os programas de mudança de cultura que sua empresa lançou. Esse esforço de mudança não é suficiente para criar um novo contexto e alterar as exigências para todos os níveis hierárquicos de liderança? Infelizmente, a resposta é não. Faixas, palavras de ordem, cartazes e discursos não provocam uma mudança fundamental. Embora seja útil a compreensão da necessidade de mudança e esteja claro sobre o que precisa mudar, o principal motivador para a produção de novos resultados é a responsabilização individual. O Pipeline de Desempenho permite que você mude rapidamente a responsabilização individual. É mais provável que ocorra a mudança de cultura se houver um pipeline de desempenho que distribua a responsabilização pelos novos resultados associados à mudança e que estabeleça novos parâmetros. Mantenha em mente esse relacionamento de simbiose entre resultados e mudança e nunca se esqueça de que esse relacionamento é que produz um grande desempenho.

Modelo operacional

Empresas iniciantes, pequenas companhias e até empresas maiores e tradicionais muitas vezes operam com um modelo paternalista ou baseado no fundador. Para permanecer no negócio, muitas decisões são tomadas pelo proprietário ou fundador. Trata-se do dinheiro, da ideia e da reputação deles. A regra é manter-se nesse modelo o máximo possível. As reuniões são convocadas quando o proprietário ou o CEO paternalista assim o deseja; esse tipo de líder determina a agenda e a discussão. As pessoas em volta do CEO ficam normalmente voltadas para questões operacionais; elas estão lá para executar as tarefas. Somente quando as evidências são convincentes é que esses CEOs consideram a possibilidade de deixar passar ou delegar (a abertura de novas instalações que exigem uma gestão local é um exemplo óbvio da necessidade de delegar). Visão, missão e valores são suas bases para a definição de sucesso; assim, referem-se a elas com frequência. Para esses tipos de líderes, uma das prioridades mais elevadas é fazer todos se associarem à empresa e às suas crenças. Os sucessores muitas vezes adotam o mesmo estilo de gestão.

Se a companhia tem sucesso e cresce, esse "modelo operacional" inicial começa a incomodar. A velocidade advinda de um líder proprietário que toma decisões se transforma em esperar na fila pelo tempo de um chefe com excesso de trabalho. Os novos contratados não recebem a mesma doutrinação sobre visão, missão e valores desse líder ocupado. Para lidar com tudo isso e manter o negócio lucrativo, é necessário contar com mais disciplina e processos melhores. Em outras palavras, essas companhias precisam de um modelo operacional novo e diferente.

Exemplo

A companhia C vinha sendo um pequeno prestador de serviço regional no Meio-Oeste dos Estados Unidos. Tendo como base uma ideia extraordinariamente clara e convincente do fundador, a Companhia C corajosamente entrou em um setor de atividade difícil. Nos primeiros anos, ela lutou pela sobrevivência sem muita reserva financeira. Os especialistas se envolviam na prestação do serviço, enquanto o fundador administrava o lado do negócio. O negócio era dirigido no dia a dia e os problemas eram enfrentados à medida que surgiam. Os primeiros 10 anos foram difíceis, mas começou a haver uma aceitação no mercado. A empresa passou a assinar contratos;

usuários satisfeitos começaram a se multiplicar e a comentar com outros sobre o sucesso da companhia; e novos serviços foram acrescentados.

O crescimento do negócio exigiu a contratação de novos executivos para ajudar a lidar com funções mais complexas e compartilhar a tomada de decisão na empresa. Em vez de o proprietário tomar todas as decisões, uma pequena equipe (o Gabinete da Presidência) discutia as opções e tomava as decisões difíceis. O proprietário, agora intitulado "Presidente", ainda era quem tomava a decisão final em muitos itens fundamentais.

À medida que os negócios cresceram, foram construídas ou adquiridas novas instalações. A Companhia C se transformou em um grande negócio com publicidade e uma base de clientes em todo o país. A folha de pagamento passou a ser composta por vários milhares de funcionários. As receitas ultrapassaram $1 bilhão. A quantidade de decisões crescia de forma rápida e acelerada. Os novos executivos sentiram a necessidade da instalação de processos (tais como planejamento estratégico) e a alta gerência passou a realizar reuniões mensais. Esses esforços tiveram resultados heterogêneos porque os participantes não estavam convencidos de que o proprietário queria adotar essas iniciativas.

Esse modelo operacional produziu uma carga de trabalho excessiva e frustração com o ritmo de progresso. Os líderes de função recusavam-se a trabalhar em conjunto. Começaram a surgir conflitos entre as unidades operacionais em termos de ofertas de produtos, processos a serem seguidos e atribuições de usuários; esses conflitos não eram administrados ou resolvidos. A Companhia C ficou maior do que seu modelo operacional.

Mudar o CEO ou mudar os principais líderes não iria corrigir esta situação; era um problema de contexto. O modelo operacional não se adequava à realidade atual. Era preciso um novo modelo operacional que permitisse que as decisões fossem tomadas nos níveis hierárquicos corretos, na velocidade necessária. Havia necessidade de uma nova abordagem mais disciplinada para a adição de novos produtos e serviços, a fim de assegurar que todos os usuários recebessem a mesma qualidade de serviço. Novas exigências importantes envolviam a necessidade de mais planejamento estratégico para mapear o futuro (e de como alcançá-lo), mais desenvolvimento de líderes para incorporar um novo tipo de liderança e maior aprendizagem organizacional.

Para transmitir as mudanças necessárias, o CEO e Presidente concordou com uma grande mudança no modelo operacional (Tabela 9.1).

O "solo" precisava ser enriquecido para que o valor ao cliente pudesse ser fornecido de forma consistente e pelo custo correto. A Companhia C promoveu mudanças importantes nas rotinas de qualidade do produto, no desenvolvimento da liderança e no planejamento estratégico para garantir que todo usuário, em qualquer unidade que escolhesse, recebesse o mesmo serviço dentro dos padrões corretos.

A Companhia C definiu o novo presente e o provável futuro para comunicar a viabilidade deste novo modelo para todos os líderes. Eles precisaram transmitir que não seria muito bom mudar ainda mais o presente. Todo líder precisava saber que ocorreriam muito mais mudanças, mas que viriam em etapas administráveis.

Desenho organizacional

As escolhas organizacionais precisam ser reexaminadas periodicamente. À medida que o negócio evolui e surgem novas estruturas, normalmente é preciso revisar o desenho das funções, implantar melhores processos e proceder a uma realocação de autoridade. Alguns exemplos que encontrei de mudanças necessárias em organizações tornarão mais claras essas questões.

Da burocracia para a propriedade

Os jornalistas de negócios e outros especialistas nos dizem que a gestão é um conceito que está morrendo e que é chegado o momento para algo novo. Certamente existem muitas práticas de gestão ruins, mas isso não significa o fim da administração. Em termos ideais, significa o fim da "gestão ruim" – um rótulo pejorativo que normalmente se aplica à administração burocrática. Ao elaborar seu pipeline de desempenho, você precisa ter em mente essa questão de contexto, pois, se sua organização for altamente burocrática, então descobrirá que isso sabotará seu pipeline, a menos que você enfrente esse problema. A burocracia subverte a eficácia do pipeline porque tira a responsabilidade e a autoridade dos gestores e as transfere para auxiliares de escritório, equipes de apoio, auditores, contadores e assim por diante. Os líderes perdem o sentimento de propriedade, e a observância e a apatia passam a substituir a motivação e o compromisso. Independentemente de onde esteja a burocracia (em nível de empresa, grupo ou negócio), o líder sente que "alguém está tomando as minhas decisões". Em consequência, muitas grandes corporações dos Estados Unidos contam com

	Passado	Presente	Futuro
	Modelo de Pequena Empresa "Algumas boas pessoas" Da Fundação até Agora	*Modelo de Negócio Maior Focado na Excelência* "Uma grande equipe" De Agora até Cinco Anos à Frente	*Modelo de Líder Mundial* "Melhores práticas no mundo" Mais de Cinco Anos Depois
Direcionamento	- Líderes visionários – Conceito Visionário de Produto	- Clareza de direcionamento e identidade – administrada de forma estratégica e focada no cliente	- Uma única companhia – trabalho em equipe e práticas de vanguarda
Cultura	- Cultura de conhecimento com elevada lealdade e forte orientação familiar	- Cultura de aprendizado com elevada responsabilização	- Renovação cultural impulsionada pelo negócio e pela realidade do ambiente
Liderança	- Empresa com fortes valores e compromisso com a liderança - Estratégia e tomada de decisão em um círculo bastante fechado	- Definição clara do "Líder da Companhia" – mentalidade de negócio e de talento é fundamental, transformando-se no melhor lugar para se trabalhar - Relacionamentos transparentes, honestos e diretos – clientes, diretoria, empregados, fornecedores	- Antecipa e define o futuro - Os melhores líderes e o melhor lugar do mundo
Modelo de Gestão	- Voltada para aspectos operacionais; foco no curto prazo - Disciplina de processo e responsabilização insuficientes; sem identidade única	- Novo modelo de gestão para conduzir a disciplina de processo, o trabalho em equipe e a velocidade - Ambiente de trabalho voltado para a inovação e a colaboração - Consistência de serviço, marca, liderança	- Empreendedorismo em todos os níveis hierárquicos - Líder mundial em inovação e serviços centrados no cliente - Carteira em evolução de serviços inovadores
	Nicho de negócio sob o radar	Negócio diferenciado e conhecido, com energia e tensão para mudar mais rapidamente	Negócio visível e respeitado que define o próprio futuro e que o puxa para o presente
	Visão, Missão, Valores, Promessa ao Cliente e Vínculo com o Empregado		

alguns líderes que apenas "marcam posição". Eles não estão tentando fazer nada importante; participam de reuniões importantes, como as de estratégia e orçamento (para poder proteger seu império), usam os ingressos para partidas de esportes e jantares e possuem belos escritórios, mas não tentam melhorar ou mudar nada. Essa perda de sentimento de propriedade prejudica o desempenho em todos os níveis hierárquicos.

O desempenho da liderança precisa ser estimulado e orientado pelo seu sistema de apoio, e não sufocado e incapacitado. Por esse motivo, analise como é feita a distribuição da autoridade para tomada de decisão antes de começar a elaborar seu pipeline de desempenho. Determine o impacto da burocracia sobre os gestores e líderes, e, se o impacto for significativo, procure o realinhamento do sistema para que exista um verdadeiro sentimento de propriedade e as pessoas estejam motivadas e comprometidas. Conforme demonstrado pela história a seguir, esse realinhamento pode gerar dividendos significativos em termos de desempenho.

Exemplo

Uma companhia seguradora tradicional decidiu entrar nas áreas de assistência médica e banco de investimento como extensões naturais de sua principal missão: gestão de risco para os clientes. Ao longo dos anos, surgiu uma grande burocracia corporativa, concebida para fornecer maior controle para a empresa em resposta às regulamentações e às frequentes auditorias do governo. Esses inúmeros controles não se encaixavam bem com a área de assistência médica e com as aquisições de bancos de investimento. Seus líderes se ressentiam com a intromissão: os procedimentos de controle não se adequavam às transações e os novos tipos de risco precisavam ser compreendidos e administrados. Em consequência disso, os líderes dessas companhias adquiridas ignoraram as diretivas corporativas.

O CEO decidiu redefinir a forma como a companhia funcionaria. A primeira grande decisão foi registrar por escrito e adotar políticas que dessem poderes – políticas que dissessem o que você deve fazer para ter sucesso, e não o que você não pode fazer. Por exemplo, os sistemas de recompensa existentes e normalmente utilizados em seguros, assistência médica e banco de investimento eram bastante diferentes entre si. Provavelmente não seria encontrado um método único para recompensar o desempenho. Tentar estabelecer um único programa de pagamento concebido pela área de Recursos Humanos Corporativo não seria eficaz. Assim, a política de delegação de poderes disse: "Tenha um sistema de recompensas que se encaixe em seu setor (seguro, assistência médica, banco de investimento), desde que utilize nossos princípios."

A segunda grande decisão foi reformular os processos de poder e controle para que os líderes tivessem maior liberdade para tomar decisões, assim como maior atribuição de responsabilidades. Por exemplo, um sistema de revisão prévia foi posto em prática: um sistema que determinava que se mostrasse o plano ou programa a um executivo para que houvesse uma discussão antes da implementação; mas isso não dava aos executivos um poder de veto unilateral. Eles podiam expressar suas objeções para o CEO e seus subordinados diretos sobre um plano ou programa, mas não podiam eliminá-lo.

Em função dessa e de outras medidas contra a burocracia, a companhia colaborou para que as pessoas se tornassem gestores mais eficazes. Os líderes das companhias adquiridas adotaram essas políticas e processos de poder e controle, permitindo que eles trabalhassem mais rapidamente e com maior compromisso dentro da estrutura corporativa.

Da autossubmissão eletrônica para a comunicação organizada

Seu pipeline de desempenho ficará obstruído se as pessoas rotineiramente abusarem de seus privilégios de comunicação eletrônica. Não sou ludita e reconheço como o e-mail, telefones celulares e outras tecnologias ajudaram os líderes a operar com maior eficiência; mas, com muita frequência, o desempenho é prejudicado – e não melhorado – pelos comunicadores eletrônicos excessivamente indulgentes.

Nesse contexto, não é possível conduzir uma reunião sem interrupções. Se os telefones celulares não tocam porque os participantes foram alertados para deixá-los mudos, então as mensagens de texto silenciosamente provocam seu dano. O vício em e-mails, mensagens de voz, mensagens de texto, tweets e assemelhados está em nível crítico. Um custo óbvio em termos de desempenho é a perda do contato frente a frente dos líderes com seus subordinados diretos. Os dias de trabalho começam com um tempo no escritório lendo e respondendo a uma mensagem eletrônica depois de outra, e o tempo para caminhar pela empresa e se comunicar pessoalmente é diminuído. As reuniões são menos eficazes porque ninguém presta atenção na discussão mais do que alguns minutos de cada vez.

Assim, como reformular nossas políticas em relação à comunicação eletrônica para que ela facilite o desempenho, ao invés de prejudicá-lo? Quando eu estava trabalhando com uma grande companhia da África do Sul, um jovem sugeriu algumas regras para o uso de e-mail. Em resposta à minha pergunta "O que devemos fazer em relação a esse problema?", ele passou uma noite na elaboração destas possíveis regras:

- Sem cópias. Se você não for uma parte interessada, não deve ser sobrecarregado. Ninguém precisa saber de tudo.
- Não passe para os superiores. Seu chefe não deve receber a reclamação ou a avaliação negativa antes de você ter a chance de responder.
- Não mais do que duas trocas de e-mail. Se vocês não conseguem resolver sua situação com dois e-mails cada, então precisam se encontrar pessoalmente.
- Sem e-mails entre as 10 horas e as 14 horas. Estabeleça uma zona livre de e-mail durante o dia, para dar algum espaço a todos.
- Coloque respostas curtas na área destinada ao assunto. Uma resposta positiva ou negativa pode ser facilmente colocada neste espaço e, assim, o e-mail não precisa ser aberto.

Essa companhia da África do Sul desabilitou a função "cópia para todos". Artigos de revistas falam de "sextas-feiras livres de e-mail". Não sou presunçoso a ponto de sugerir que tenho a solução para esse problema universal, mas sei agora que toda organização que quer utilizar o pipeline de desempenho deve pelo menos criar algumas regras para evitar que os e-mails, celulares e afins impactem negativamente os resultados. A introdução de processos melhores ou o desenho de cargos de forma a aumentar a disciplina na comunicação corresponde a pelo menos parte da resposta.

Do crescimento aleatório para a evolução disciplinada da organização

A estrutura de sua organização pode estar causando problemas para seus líderes. Várias práticas comuns têm gerado um desenvolvimento ruim das habilidades de liderança ou a se subestimar o trabalho da liderança. O maior erro é quando os líderes, principalmente nas camadas hierárquicas inferiores, têm apenas dois, três ou quatro subordinados diretos. Eles não possuem trabalho de liderança suficiente para preencher um dia inteiro, quanto mais uma semana ou um mês. Muitas vezes, essas posições são criadas como prêmios para colaboradores técnicos ou profissionais excelentes. Esse pessoal com elevado desempenho não consegue preencher a semana com tarefas de liderança ou gerenciamento; assim, eles procuram trabalho técnico para poder contribuir.

Exemplo

Em uma companhia líder do setor de produtos de saúde e beleza, o rápido crescimento dos negócios gerou o crescimento de quase 30% do quadro de pessoal. A excelente missão da companhia e o sucesso dos produtos transformaram-na em um lugar atraente para se trabalhar. No entanto, a alta administração queria reduzir a contratação, tornando a empresa mais eficiente. Através de entrevistas de trabalho com Gestores de Outros e Gestores de Gerentes, ficou claro que mais de 75% do trabalho de gestão da linha de frente estava sendo executado pelos Gestores de Gerentes. Os Gestores de Outros possuíam, em média, 2,5 subordinados diretos e utilizavam 95% de seu tempo fazendo trabalhos técnicos. Todo o pessoal técnico promovido a Gestor de Outros buscava um substituto para si próprio, mesmo continuando a fazer uma grande quantidade de trabalho técnico. Os Gestores de Gerentes estavam administrando diretamente qualquer coisa entre 25 e 50 pessoas, muito embora não tivessem realmente aprendido como administrar. A confusão imperou e a companhia perdeu o controle sobre o trabalho das camadas hierárquicas mais baixas.

Os executivos seniores reclamavam que nunca conseguiam obter o que queriam. Quando pediam um trabalho modesto (pense Volkswagen), sempre recebiam a versão banhada a ouro (pense Mercedes). Os programas que já não se encaixavam mais na estratégia não eram eliminados porque as pessoas continuavam trabalhando neles de acordo com sua própria interpretação da missão. Essa companhia era financeiramente bem-sucedida por causa das margens sobre seus produtos, mas os empregados pareciam confusos e infelizes, enquanto os consumidores pagavam demais pelos produtos. A solução seria menos líderes e gestores melhores, com maior abrangência de controle e mais ênfase no desenvolvimento de habilidades, mas, em vez disso, a empresa foi comprada e muitos executivos seniores saíram.

Recomendações para melhorar seu contexto

Existem muitas maneiras de se criar um contexto melhor para seu pipeline de desempenho. Já mencionei algumas, desde a mudança de elementos da cultura, passando pela reformulação do modelo operacional, até a colocação de alguns limites na comunicação eletrônica. No entanto, gostaria de finalizar este capítulo retornando à nossa analogia da agricultura. Eis algumas recomendações mais específicas:

Examine regularmente o solo. Não confie em consultores e outras pessoas de fora lhe dizendo o que está ocorrendo. Reúna-se periodicamente com seu pessoal, individualmente ou em grupos pequenos (e certifique-se de esses grupos representarem todos os níveis hierárquicos). Você deve ter contato com mais de 10% de seus líderes todo trimestre. Faça perguntas como as seguintes sobre o trabalho deles:

- Qual trabalho está sendo feito da maneira correta no prazo certo?
- Qual trabalho não está sendo feito ou está sendo feito a um preço muito alto?
- O que ajuda para que o trabalho seja feito?
- O que impede que o trabalho seja feito?
- O que deve ser mudado para que o trabalho seja feito de uma forma melhor, mais barata e mais rápida?

Não reaja nem faça promessas até ter conversado com muitas pessoas e poder enxergar os padrões ou os temas. Evite culpar ou julgar, porque não se trata de indivíduos; trata-se de contexto (o solo, e não as sementes). Deixe que todos saibam o que você constatou e observe suas reações antes de fazer algo. Eles podem não ter articulado exatamente aquilo que queriam na primeira vez. Invariavelmente, você descobrirá questões que surgem dentro das categorias de contexto discutidas neste capítulo.

Remova pedras, ervas daninhas e outros impedimentos ao crescimento. Antes de acrescentar qualquer coisa ao contexto, remova aquilo que está no caminho e veja o que acontece. É rara a situação que exige que todos os problemas sejam enfrentados separadamente. A remoção de alguns bloqueios pode fazer outras coisas saírem junto. Na falta de algum outro critério, pense em começar com o problema mais frequentemente mencionado, ou seja, aquele que é mais notado. Eis alguns exemplos de impedimentos e sua remoção:

- Os líderes e gestores que não lideram ou administram devem ser designados para posições em que possam sobressair; ou devem ser removidos se apresentarem problemas de atitude.
- Os grupos que escondem informações devem ser obrigados a compartilhar imediata e completamente, conforme medido pelas reações favoráveis junto aos beneficiários.

- A autoridade para a tomada de decisão que é mantida em um nível hierárquico elevado deve ser trazida para baixo, pelo menos em base experimental.
- As equipes e unidades que sufocam as ideias deveriam ser obrigadas a trazer novas ideias todo mês.
- As pessoas que não aprendem deveriam ser solicitadas a apresentar as práticas e os métodos utilizados em setores paralelos ou em companhias de bens de consumo.

Verifique se todas as suas fileiras estão alinhadas. Certifique-se de que sua estratégia, a capacidade da organização e a competência de seu pessoal estejam alinhadas. Pense nisso da seguinte maneira:

- Qual trabalho nossa estratégia está exigindo?
- Este trabalho foi atribuído? Que parte não foi atribuída ou deveria ser transferida?
- Nossos processos, práticas e valores nos permitem fazer esse trabalho?
- Nosso pessoal está fazendo o necessário, conforme requerido pela estratégia?

O progresso de seu planejamento de sucessão é uma boa ferramenta para se examinar o alinhamento.

Se você mudar a maneira de plantar, seja transparente a esse respeito e estabeleça um compromisso com seus novos métodos. Seja um exemplo, faça algum barulho, seja específico, fale sobre isso, acompanhe, meça, discuta o assunto em reuniões de equipe, e assim por diante. Há muito entulho para atravessar, há muitas práticas profundamente arraigadas para refazer ou substituir e resistências de grupo e pessoais para superar. Se estiver apenas experimentando, você nunca conseguirá fazer as mudanças, ou os que resistem garantirão que o experimento não funcione.

Utilize as melhores ferramentas disponíveis. Um dos principais pontos fortes do Pipeline de Desempenho é sua facilidade de uso. Você pode definir, camada por camada, os resultados que deseja. As exigências de mudanças para todas as pessoas conseguem ser definidas e comunicadas em minutos, não em dias. O pipeline de desempenho ajuda a mudar o contexto, e o contexto ajuda o pipeline a funcionar de forma eficaz.

10

Permitindo Transições de Camadas Hierárquicas

Empresa após empresa, em todo o mundo, tenho observado líderes atuando no nível hierárquico incorreto. Não estavam ociosos; eles geravam resultados, mas não os resultados que deveriam fornecer. Haviam sido promovidos, alçados a um cargo superior, recebido um aumento de salário, mas não estavam realizando o trabalho novo. Na verdade, eles se agarravam ao trabalho de sua camada hierárquica anterior. Os novos líderes *não estão fazendo a transição*. Não estão fornecendo os resultados esperados ou ainda mais perturbador: os resultados estão sendo fornecidos por seus chefes; por sua vez, o chefe do chefe também deve ter recuado uma camada hierárquica para gerar resultados. Esse puxão para baixo aumenta o custo da liderança (pois os líderes pagos para trabalhar no nível hierárquico x estão trabalhando no nível x menos 1) e prende os executivos mais graduados no aqui e agora quando deveriam estar muito mais preocupados com o futuro. Os gestores em níveis inferiores também são puxados para baixo e fazem o trabalho de um nível hierárquico subordinado. Embora seja um problema geral, ele não está perfeitamente definido. Com isso quero dizer que em uma determinada empresa qualquer, alguns líderes individuais podem estar, por algum motivo, trabalhando na camada hierárquica correta; alguns podem estar trabalhando na camada correta apenas durante parte do tempo; e alguns ainda estão trabalhando o tempo todo na camada hierárquica inferior. Essa variedade de situações pode mascarar o problema do desempenho; assim, não assuma que só porque João e Maria estejam fazendo o trabalho de liderança correto para seu nível hierárquico, então Pedro e Joana também estão seguindo esse exemplo. Na verdade, a melhor hipótese é de que pelo menos uma parte dos líderes não esteja fazendo o trabalho correto.

Criando risco para a pessoa e para o negócio

Quase todo líder faz uma transição quando inicia seu novo trabalho. Ele pode fazer uma transição para cima a partir de uma camada hierárquica inferior ou para uma nova companhia (as movimentações laterais dentro de uma companhia não chegam a exigir uma transição, mas não são tão comuns). Não há garantia de que as habilidades necessárias tenham sido suficientemente desenvolvidas para permitir o sucesso na nova posição. Portanto, quase todo novo líder está em risco profissional até que domine as novas habilidades e alcance os resultados exigidos para sua camada hierárquica. Se os líderes estão em risco, então as organizações também estão em risco pelos mesmos motivos; os resultados esperados podem não estar sendo fornecidos em qualquer camada hierárquica.

Assim, esse não é apenas um "problema de recursos humanos": não é uma questão que pode ser enfrentada apenas através de coaching. As transições precisam ser vistas e trabalhadas como um *problema substancial do negócio* que efetivamente representam. Embora o fracasso de um líder possa não afundar o negócio ou a empresa, o efeito acumulado de muitas transições fracas ou fracassos em posições bastante elevadas certamente afundarão. Pense no caso de sua empresa contar com pessoas em posições de liderança que estão sendo pagas em excesso pelo trabalho que realizam e que não estejam desenvolvendo as habilidades necessárias para suas funções. Talvez o maior risco para o negócio venha do trabalho de alto nível hierárquico que não está sendo feito (definir o futuro e se preparar para ele). As empresas não enfrentam esse problema com a seriedade que ele merece. Felizmente, este capítulo lhe fornece uma oportunidade e as ferramentas para enfrentá-lo de forma eficaz.

Descubra o que está errado

O Pipeline de Desempenho pode ser utilizado como uma ferramenta de diagnóstico para ajudar a encontrar o problema. A correção requer um claro entendimento sobre o motivo da existência do problema. Analisaremos algumas das principais razões para as pessoas acabarem atuando em níveis hierárquicos inadequados. Conforme você descobrirá, às vezes a fonte do problema está na companhia ou no negócio; às vezes, o chefe é o culpado; outras vezes, o novo gestor é responsável pela desconexão. Vou sugerir uma variedade de soluções, mas primeiro vamos focar os problemas.

Problemas na situação

As empresas têm maneiras de fazer as coisas que estão incorporadas em sua cultura ou são práticas aceitas. Algumas impedem seriamente as transições de camadas hierárquicas.

Problema de Transição nº 1: Escolhendo a pessoa errada

Algumas empresas não são boas na hora de escolher as pessoas certas para as funções. Elas não possuem estatísticas de desempenho, os métodos de avaliação ou a coragem para fazer a combinação certa entre um indivíduo e uma posição de gestão. Elas podem acabar fazendo a escolha segura, e não a correta, ou podem selecionar alguém por expedientes políticos (um cliente solicita que a empresa contrate o primo de sua esposa). Seleções baseadas na antiguidade ou lealdade, e não na capacidade ou no potencial, também são comuns. Escolher a pessoa errada para a função acabará transformando a alegria em sofrimento. As pessoas podem ficar encantadas ao serem selecionadas para uma posição importante, mas, quando descobrem que estão mal preparadas para as exigências desse nível gerencial, acabam ficando tremendamente infelizes. O convincente trabalho de Mihaly Csikszentmihalyi sobre a felicidade esclarece que esse estado é atingido quando existe uma combinação entre nossos desafios e nossas capacidades. A verdadeira felicidade é gerada quando buscamos nossos desafios com alguma crença em nossa capacidade para enfrentá-los. Aqueles que conseguem vencer seus desafios, isto é, que produzem resultados em sua camada hierárquica são os que, provavelmente, terão mais chances de serem promovidos. Tornar-se um líder ou ser promovido para uma camada hierárquica superior coloca a felicidade em risco. Até que as novas habilidades sejam dominadas, é difícil, se não impossível, sentir que existe uma correspondência. A felicidade vivenciada na posição anterior pode não ser sentida na nova por algum tempo. Se as habilidades nunca corresponderem ao desafio, as pessoas sofrerão enquanto mantiverem essas funções, e os resultados requeridos podem nunca aparecer.

Problema de Transição nº 2: Impedimentos culturais

As *culturas por conhecimento* (ver Capítulo 9), por não tolerarem erros ou não saberem as respostas, tornam difícil para os novos gestores pedirem auxílio ou admitirem que lhes faltam conhecimento ou habilidades. Consequentemente, muitos gestores nessas culturas têm dificuldade com as transições, porque o aprendizado necessário para ganhar força no novo papel tem de ser efetuado abaixo do radar executivo. Em geral, o conhecimento não é compartilhado de bom grado, pois é uma fonte de poder; assim, o líder recentemente indicado ou promovido pode ter problemas para encontrar as respostas. Na melhor das hipóteses, o processo será lento ou incompleto. Em alguns casos, os gestores em culturas do conhecimento acabam fazendo seus trabalhos anteriores, pois lhes faltam as habilidades e os conhecimentos para operar com eficácia em seu novo nível hierárquico.

Em muitos casos, as *culturas de família* utilizam a antiguidade ou lealdade como base para promoções, em vez de capacidade ou potencial. Aqueles que permaneceram por mais tempo ou que apoiaram o chefe mais vigorosamente obtêm a promoção. A gestão muitas vezes deixa de avaliar a capacidade para ter um bom desempenho; assim, os líderes promovidos podem não estar aptos para o novo desafio. Por segurança, eles se agarrarão no antigo trabalho. A companhia pode não notar esse problema se as promoções forem sempre feitas com base na antiguidade e na lealdade. Aquilo que parece "normal" pode, na verdade, ser destrutivo ao desempenho por toda a companhia.

Culturas altamente estabelecidas em feudos representam um desafio especial no sentido de permitir transições eficazes. Os feudos são essencialmente muros que inibem o livre fluxo de informações e bloqueiam a formação de relacionamentos. A falta de diálogo com outras funções ou organizações torna difícil o ajuste a uma nova camada hierárquica. Os gestores em transição geralmente têm dificuldade para aprender a partir de um grupo mais amplo de colegas, tanto de fora de sua função quanto de dentro dela. Tipicamente, esses gestores aprendem de maneira estreita e não funcional; eles não aprendem a compartilhar e logo passam a fazer parte do problema.

Com o tempo, passa a ser "normal" segregar-se de outras funções ou organizações na empresa. As definições da função e os resultados esperados são truncados, frágeis ou incompletos, porque seu quadro de referência é limitado àquilo que conseguem ver ou tocar.

Gostaria também de salientar outro tipo de ambiente organizacional que impede o desempenho – uma *cultura de baixo desempenho*. Certamente nenhuma empresa luta de forma consciente por tal cultura ou admite que ela exista, mas ela é mais comum do que você possa imaginar. Suas características reveladoras são: fazer apenas o suficiente, quase cumprir os orçamentos, passar relatórios para cima contendo erros factuais e tolerar pessoas com fraco desempenho. O novo líder sabe, ou logo aprende, que "suficientemente bom é bom o suficiente". Provavelmente não acontecerá uma transição completa, nem o fornecimento de todos os resultados esperados, pois os padrões são baixos.

Problema de Transição nº 3: Desenho organizacional ruim

Muitos negócios e companhias não são organizados muito bem e, portanto, os papéis não são bem definidos; as conexões que permitem um fluxo suave de trabalhos e informações não estão colocadas; e os resultados esperados não são claros. Uma consequência natural dessas condições é a delegação ruim. Os líderes ficam focados nos detalhes por autodefesa. Para ter certeza de que o trabalho importante está sendo realizado, eles microgerenciam cada etapa do processo por não terem confiança na organização. Quando, por ato reflexo, as companhias formam comitês e forças-tarefa para abordar problemas e oportunidades, este é um sinal seguro de uma organização fraca. Quando a organização trabalha direito, os novos desafios vão para o gestor apropriado e não são dados para um comitê ou força-tarefa. Certamente às vezes esses grupos são necessários, mas as companhias bem organizadas não os constituem por qualquer motivo.

Os líderes recém-promovidos em companhias mal organizadas constatam ser quase impossível fazer a transição e atuar com eficácia em sua nova camada hierárquica. Eles realmente não compreendem a função que possuem e o novo trabalho é igualmente ambíguo. Prejudicando ainda mais o desempenho, as pessoas mais produtivas e com mais habilidades são normalmente aquelas designadas para compor os comitês e as forças-tarefa.

Assim, elas possuem uma ou mais atribuições especiais consumindo tempo, e essas atribuições, por sua vez, podem gerar funções e projetos adicionais. A grande confusão e a incerteza inibem a transição. Um novo título de cargo não é suficiente para esclarecer as exigências de um novo papel em uma nova camada hierárquica.

Problemas com origem no chefe

O papel do chefe é fundamental para o êxito da transição e para ajudar as pessoas a apresentarem um desempenho no máximo de sua capacidade, embora, como veremos, eles não desempenhem seu papel com eficácia por dois motivos.

Problema de Transição nº 4: Chefes negligentes

Quando uso a palavra negligente, não estou sugerindo que esses chefes deixem de falar sobre expectativas, metas, desafios, estratégias e problemas com seu pessoal recém-promovido. Muitas vezes, porém, os chefes são negligentes quando se trata de abordar os requisitos para a transição: o que deixar para trás, o que será diferente, mudanças necessárias, utilização do tempo e as consequências de não se fazer a transição. Os líderes recentemente indicados também encontram dificuldade de levantar esses tópicos (eles não querem ser vistos como tendo fraquezas ou incertezas durante sua primeira conversa com o chefe) e, assim, essas questões importantes não surgem completamente à tona. Cabe aos chefes iniciarem essas conversas e, considerando que já passaram por essa mesma transição, eles devem saber a importância de se abordar esses assuntos.

Talvez tão importante quanto isso: devemos considerar que o chefe é que organizou o processo de seleção para a posição e, portanto, deve ter uma boa percepção dos pontos fortes e fracos da pessoa promovida para o novo cargo. Não há momento melhor para discutir essas capacidades e deficiências do que no primeiro dia. Quando os chefes não aproveitam esse conhecimento de forma oportuna, trata-se de negligência, pois os novos gestores precisam saber de que forma não estão preparados para se desempenhar plenamente nesse nível hierárquico, para poderem fazer algo a respeito.

Problema de Transição nº 5: Oprimido com informações

Os chefes às vezes oprimem um líder novo ou recém-indicado com excesso de informações. Em muitos casos, os chefes cometem esse pecado em duas circunstâncias distintas: quando supõem que o novo líder é um especialista e que foi contratado para corrigir problemas; e quando o chefe está sobrecarregado ou se sente oprimido em função das duras condições de mercado, da queda de desempenho do negócio ou de possuir uma equipe com desempenho insatisfatório. Raramente se faz uma revelação completa da situação durante o processo de seleção; assim, muitos novos líderes são atingidos por uma tonelada de más notícias já no primeiro dia de seu novo trabalho. Normalmente, tais líderes reagem a essa situação difícil passando a fazer o urgente, e não o importante. Eles correm para limpar as coisas em vez de dedicar algum tempo para pensar na transição e estabelecer a agenda apropriada. Os novos líderes muitas vezes entram de cabeça no trabalho monótono do qual não conseguem sair, e ficam muito apressados e aflitos para apresentar um desempenho de acordo com seu nível hierárquico.

Problemas com origem na pessoa que foi promovida

Assumir uma nova função pode ser estimulante, divertido e motivador, ou ameaçador, assustador e avassalador. Muitos líderes recém-indicados ou líderes pela primeira vez reagem de forma altamente emocional, mesmo quando seus chefes lidam com as coisas de maneira pragmática e não emocional. Surgem muitos desafios difíceis, pois os sentimentos intensos podem perturbar a capacidade de julgamento e fazer as pessoas agirem irracionalmente.

Problema de Transição nº 6: Não quer a função

As pessoas bem-sucedidas, que gostam de seu trabalho e que se relacionam bem com seus colegas parecem ser "passíveis de promoção". Assim, recebem a proposta para subir de cargo. Muitas aceitam as ofertas para assumir a gestão em níveis hierárquicos mais elevados por causa do status, do dinheiro e do poder associados a essas novas posições, mas, conscientemente ou não, talvez não queiram fazer o novo trabalho. Na verdade, elas adoravam o trabalho e os colegas em sua função anterior e se sentem como se estivessem "coagidas" a aceitar a promoção. Sem motivação para aprender, evoluir e enfrentar atribuições difíceis ou desconhecidas, elas apresentam um desempenho que, no máximo, pode ser considerado adequado. Mas não desempenham dentro do nível exigido.

Problema de Transição nº 7: Não valorizam o novo trabalho

As pessoas formadas ou treinadas em uma área específica, que têm sucesso nessa área e que são remuneradas e reconhecidas por esse sucesso provavelmente não querem largar tudo. Passar pela primeira vez para a área gerencial ou subir para uma função gerencial de maior nível hierárquico não significa que estejam dispostas a abandonar aquilo que, por anos, teve tanto significado para elas. Esse aspecto afeta especialmente os gestores pela primeira vez, mas, com frequência, também ocorre em níveis hierárquicos superiores. Trabalhar em contato com clientes, tocar pessoalmente no produto ou serviço, analisar os números e acrescentar novos talentos normalmente são aspectos extremamente valorizados. Consequentemente, muitas pessoas julgam seu valor pelo trabalho que realizam nessas áreas. Ensinar, orientar, dar feedback e lidar com pessoas de fraco desempenho normalmente não são atitudes tão valorizadas em muitas organizações. Para poder apresentar um desempenho dentro do nível hierárquico apropriado, portanto, geralmente se faz necessária uma mudança fundamental nos valores de trabalho; em níveis hierárquicos superiores, ensinar, orientar, e assim por diante, são comportamentos cruciais. Se os valores de trabalho não mudam, o trabalho realizado não mudará.

Problema de Transição nº 8: Não consegue se relacionar com os pares

Apesar da melhoria de status, o novo grupo de colegas pode não ser tão divertido quando comparado com o anterior, ou pode ser menos eficaz como equipe. Qualquer que seja o motivo, existe uma distância entre os líderes recém-nomeados e seus grupos. Frequentemente, as pessoas que acabam de começar em uma posição de liderança com a qual estão pouco familiarizadas não veem mais a si próprias como um membro do clube; elas sentem falta da camaradagem existente em seu trabalho anterior. De fato, a crença de estar olhando o grupo pelo lado de fora pode ter origem em uma experiência anterior com um chefe dessa camada hierárquica – o novo líder foi mal gerido por esse chefe ou teve experiências negativas com alguém mais neste grupo. Consequentemente, o gestor recém-promovido reverterá para seu trabalho anterior e se associará com os velhos amigos. Neste momento, a transição é perdida.

Problema de Transição nº 9: Narcisismo

Alguns líderes assumem suas novas funções e pedem que seja feita uma pausa em todo o trabalho até que entendam o que está acontecendo e que aprovem ou concordem com cada atividade. Os subordinados normalmente consideram essa atitude frustrante e destrutiva; eles tendem a achar que as tarefas importantes foram usurpadas por um "neófito". Os líderes que interrompem o trabalho dessa maneira o fazem para se sentir confortáveis, bem preparados e no controle, mas não percebem que, na verdade, estão forçando que as atividades "girem em torno deles", em vez de girar em torno das outras pessoas do grupo. Quando conduzem revisões detalhadas, pedem novas justificativas do projeto e discutem um monte de coisas antigas, acabam se afastando de seu pessoal. Ainda pior do que isso: os líderes narcisistas não percebem a dor que estão causando. Assim, a inimizade que criam prejudica sua aceitação como líder e, em geral, afeta o desempenho do pessoal.

Problema de Transição nº 10: Focando muito cedo na grande ideia

É tentador começar uma nova função em alto estilo fazendo pronunciamentos sobre grandes novos planos e estratégias. "As coisas passarão a ser diferentes por aqui", essa parece ser a frase favorita de abertura, principalmente em posições de nível hierárquico mais alto. Pronunciamentos desse tipo suscitam medo, raiva, euforia, entusiasmo ou incerteza. Não há garantia alguma de que o efeito desejado será alcançado. Focar energia em grandes ideias, em vez de enfrentar os obstáculos ao desempenho ou corrigir problemas, pode prejudicar os resultados. A execução geralmente requer que as pequenas coisas sejam feitas e, quando todos se concentram em entender o novo panorama geral, essas pequenas coisas escapam pelas frestas. Além disso, os subordinados diretos podem não se lançar para o trabalho nessa grande ideia até entender o que ela envolve e até aceitar sua parte nisso. Não estou sugerindo aqui que os líderes devam evitar pensar em grandes ideias, mas que eles precisam de uma pausa por um período razoável antes de lançá-las sobre seus novos subordinados.

Transições e neurociência

Por quase 40 anos, tenho buscado novas maneiras de ajudar as pessoas a fazerem transições com sucesso. A ciência comportamental foi de alguma ajuda, mas nunca respondeu à questão central: "Por que os líderes recém-indicados não realizam o trabalho correto?" Em termos lógicos, não deveria ser assim difícil; as exigências específicas podem ser identificadas com pouco esforço. No entanto, todos os tipos de pessoas (motivados ou menos motivados, os mais espertos e os mais lentos) geralmente têm dificuldades para gerar o desempenho exigido deles. *Pipeline de liderança* certamente ajudou a diagnosticar problemas, mas algo acontecia no cérebro das pessoas que provocava comportamentos contraproducentes que eu não conseguia entender.

Em um encontro de CEOs nas cercanias de Sydney, na Austrália, compartilhei a condução do programa com Peter Burow. Peter é consultor de empresas e escritor, sediado em Brisbane, que tem se concentrado na aplicação da neurociência no trabalho e na vida pessoal. Muitos neurocientistas concentram seus estudos na compreensão de como o cérebro funciona, e não sobre a aplicação do aprendizado. Peter é um dos poucos que trabalham na aplicação prática das ideias no mundo das empresas. Gostei das informações que ele trouxe. Trabalhando juntos, geramos uma ferramenta dinâmica que facilita as transições para novas camadas hierárquicas. Essa ferramenta leva em consideração como o cérebro funciona, identificando por que alguns comportamentos (tais como os de não fornecer os resultados em um dado nível hierárquico) não parecem ser racionais.

O cérebro possui um sistema racional e um sistema emocional ou intuitivo. O cérebro racional está acostumado a lidar com novas situações que nunca experimentamos antes. O cérebro emocional ou intuitivo, por sua vez, nos habilita a responder rapidamente às situações rotineiras, permitindo-nos acessar memórias emocionais de situações semelhantes no passado e aplicar aquilo que fizemos da última vez quase instantaneamente na atual situação. Enquanto o cérebro racional é lento e lida com uma coisa de cada vez, aplicando princípios aprendidos ou estruturas de raciocínio, o cérebro emocional é rápido, mas, muitas vezes, atua de forma equivocada, porque assume que uma nova situação seja cópia idêntica de uma antiga. Ambos os sistemas influenciam as escolhas que fazemos.

Em termos práticos, os eventos no mundo à nossa volta são geralmente filtrados primeiro pelo sistema emocional. Se a situação for completamente nova, como em um novo trabalho ou em uma nova camada hierárquica, a informação é enviada para o sistema racional para avaliação e desenvolvimento de uma resposta situacional apropriada. Se essa nova resposta se alinha com alguma experiência do passado, o indivíduo traduz a nova ideia em ação. Porém, se nenhuma ação similar foi experimentada e se o resultado antecipado for estranho, a nova ideia permanecerá muitas vezes congelada na parte racional do cérebro como uma intenção ou ideia. Somente quando a parte emocional do cérebro se sentir confortável é que o comportamento mudará para se alinhar com a nova ideia. Agir sem validação emocional é geralmente chamado de "estar fora da zona de conforto" e demanda coragem.

Se um funcionário é promovido e o novo ambiente se parecer com aquele do qual ele acabou de vir, os novos desafios podem contornar o cérebro racional e passar a acessar os centros habituais do cérebro emocional – não havendo mudança de comportamento. Isso explica por que as pessoas que não fazem a transição apropriadamente não parecem estar se comportando de forma racional, isto é, não fazendo seu trabalho. Aquilo que fazem parece ser consistente com a lógica e os padrões habituais em torno do antigo trabalho (e, em geral, isso é completamente inconsciente).

O remédio para essa situação está na utilização de uma abordagem sequencial que ajuda os indivíduos a integrarem seus sistemas emocional e racional de uma forma que promova a mudança desejada no comportamento. Isso significa tirar as pessoas de sua habitual zona de conforto e criar um ambiente que lhes dê a capacidade de fazer a mudança. O cérebro possui seis redes funcionais principais ou "necessidades" nesse processo de mudança. Se todas as seis são abordadas na sequência correta, a mudança ocorre. Entretanto, muitas pessoas se concentram em apenas uma ou duas necessidades das quais estão cientes, deixando as outras quatro ou cinco insatisfeitas; assim, elas ficam "presas" ao longo do processo. Essa forma de reação origina um padrão de crença emocional central que nos dá certeza sobre a vida à custa de nossa flexibilidade. Nós fincamos o pé em vez de mudar e nos sentimos muito fortalecidos sobre o motivo de essa ser a coisa certa a fazer. Para uma análise mais completa deste assunto, leia *NeuroPower*, de Peter Burow.

O Modelo SEAAIR*

O modelo que desenvolvi com Peter para ajudar as pessoas a fazerem a transição de uma camada hierárquica para a seguinte é composto de seis fases. A ideia central consiste em abordar as necessidades do indivíduo na ordem em que surgem para que as partes emocional e racional do cérebro trabalhem unidas e o indivíduo se sinta confortável com a transição que estamos pedindo que ele faça. Ao abordar de forma estruturada essas necessidades emocionais e racionais, conseguimos engajar a pessoa em uma jornada de transformação, desde o colaborador individual até o Gestor de Outros, ou Gestor de Função ou Gestor de Negócio, e assim por diante. Temos de romper a resistência emocional a essa transformação.

Nosso processo compreende seis etapas (Figura 10.1):

1. *Significado*. O indivíduo constrói um significado para a companhia e para si próprio através de uma absoluta clareza sobre a função e uma nova identidade. O pipeline de desempenho fornece a clareza do papel. A identidade requerida (não ser um da gangue, mas o líder da gangue ou um dos líderes) tem de passar pela transição logo no início. O sentimento de pertencimento é uma de nossas primeiras necessidades e nós desenvolvemos nossa identidade em grande parte com base em onde nos sentimos mais aceitos e valorizados. Isso significa que estabelecer ligações com sua nova camada hierárquica é fundamental para a transição do indivíduo. Se isso não for benfeito, o indivíduo acreditará que é único e

---

Nota do Tradutor: MEALER, no original em inglês (*meaning, engagement, action, learning, embedding, reinvigoration*) – SEAAIR (significado, engajar, agir, aprender, incorporar, revigorar).

	Criação de Valor			Realização de Valor		
Significado	Engajar	Agir	Aprender	Incorporar	Revigorar
O indivíduo obtém **significado** para a companhia e para si próprio através de uma **absoluta clareza** sobre a função e uma **nova identidade**.	O indivíduo utiliza o conhecimento e o poder da posição para **distribuir responsabilidades a outros** e resiste à tentação **de competir** com eles. Isso envolve ser menos egocêntrico e mais centrado nas necessidades e aspirações da equipe. Os problemas de desempenho e os obstáculos são definidos e resolvidos de forma a facilitar o trabalho em equipe e o desempenho como um todo.	O indivíduo cria um claro curso de ação, torna suas intenções conhecidas e gera oportunidades para a equipe. Ele tem a coragem de tomar atitudes que traduzam a estratégia ou os planos operacionais em ações apropriadas **voltadas para resultados.**	O indivíduo raciocina, pensa e ajusta conforme o feedback. Ele vence seu medo de fracasso. Isso envolve identificar claramente o negócio relevante ou os **princípios pessoais e exigências da função** e utilizá-los, em vez da política para **conduzir os planos.**	O indivíduo encontra maneiras de se **incorporar na** formação da equipe de negócios e nos ganhos sistêmicos obtidos em fases anteriores. Ele olha para os sucessos e os duplica o tempo todo.	O indivíduo corre o risco de complacência (quando ele não quer perder o que possui, mas qualquer outra coisa parece ser um monte de trabalho difícil). Em vez disso, ele sai da possível desilusão para o **discernimento dos objetivos futuros,** bem como de seus **pontos fortes e fracos.** Ele descobre a energia para revigorar.

Egoísmo   Medo   Indiferença

Superar os três "pecados" capitais da transição pessoal

Figura 10.1 As Seis Fases da Transição Pessoal

Fonte: NeuroPower and Drotter Human Resources.

"especial" ("não sou como eles") e a transição necessária para a próxima camada hierárquica não se aplica a ele.
2. *Engajar.* O indivíduo utiliza o conhecimento e o poder da posição para distribuir responsabilidades para outros e resistir à tentação de competir com eles. Isso envolve ser menos egocêntrico e mais centrado nas necessidades e aspirações da equipe. Os problemas de desempenho e os obstáculos são definidos e resolvidos de forma a facilitar o trabalho em equipe e o desempenho como um todo. A superação das tendências egoístas e narcisistas é fundamental nesse estágio. A força e o valor do trabalho em equipe devem ser compreendidos e internalizados. A percepção do indivíduo de seu próprio narcisismo e a disposição de que isso passe raramente acontecem sem apoio externo. Talvez sejam necessárias – e certamente são recomendadas – a ajuda e a assistência do chefe ou do RH. Se isso não for benfeito, o indivíduo começará a competir com sua equipe.
3. *Agir.* O indivíduo desenvolve então um claro curso de ação e torna conhecidas suas intenções. É preciso coragem para tomar atitudes que traduzam a estratégia ou os planos operacionais em ações voltadas para resultados. A ação como terceira etapa é uma das ideias que tornam esse modelo diferente. As ações não ancoradas em fazer o trabalho certo na camada hierárquica correta ou não focadas na distribuição de responsabilidades para a equipe levam a um desastre prematuro. Se essa etapa não for benfeita, o novo líder se torna chato e exigente e se transforma em um chefe impossível – queimando o pessoal, assumindo riscos excessivos e levando a equipe a trabalhar em demasia.
4. *Aprender.* O indivíduo raciocina, pensa e ajusta conforme o feedback. Ele precisa superar o medo do fracasso. Isso envolve identificar claramente o negócio relevante ou os princípios pessoais e as exigências da função e utilizá-los no lugar da política para conduzir os planos. As ações assumidas na etapa 3 fornecem uma experiência da vida real que o indivíduo e a equipe, o chefe e colegas podem utilizar para o aprendizado. Ao ser aberto para o feedback, o aprendizado sobre o que funciona ou não fornece uma grande motivação para seguir adiante no caminho certo e trabalhar com as coisas corretas. Se essa etapa não for benfeita, o novo líder fica paranoico e para de compartilhar informações dentro da equipe, e, em vez disso, concentra-se na política e na construção de relações com

os superiores. O desempenho cai à medida que a política e a retenção de informações se transformam no foco da atenção.
5. *Incorporar.* O indivíduo encontra maneiras de se incorporar nos negócios ou organização, no treinamento apropriado à equipe e nas melhorias dos métodos, em ganhos que já foram obtidos. O indivíduo olha para os sucessos e os duplica o tempo todo. Neste ponto é que as melhorias reais de produtividade ou capacidade ficam institucionalizadas. Se esta etapa não for benfeita, as abordagens e os modelos errados são duplicados. Em vez de duplicar o sucesso, as equipes podem atuar visando o ego do líder, ou o líder duplica os aspectos que ele aprecia.
6. *Revigorar.* O indivíduo corre o risco de complacência quando não quer perder o que possui e os novos objetivos parecem muito difíceis. Ele pode ter atingido os objetivos originais estabelecidos pelo chefe ou pela estratégia. O indivíduo precisa passar para objetivos novos (provavelmente mais difíceis) para que o desempenho continue a melhorar. Ele precisa descobrir a energia para revigorar ou arriscar se tornar apenas outro "ocupante de espaço reservado" que permanece estacionado.

Conforme você pode ver, o processo de transformação necessária para fazer a transição de camada hierárquica é complicado e desafiador. Alguns conseguem fazê-lo por si, mas a maioria precisa da orientação de um chefe que dê apoio e da ajuda de uma pessoa experiente do RH. A transição não termina em uma semana ou um mês. Ela pode continuar até que novos objetivos sejam estabelecidos e alcançados dentro de um processo natural. Felizmente, já se tem comprovado que o cérebro pode e vai evoluir. As conexões cerebrais não são imutáveis.

Há uma última complicação. Cada etapa se baseia, engloba e transcende a anterior. Isso sugere que a etapa de significado estabelece os termos do engajamento, que, por sua vez, determina a ação e o aprendizado e, finalmente, a incorporação. Desse ponto de vista, o significado é a etapa mais importante e, infelizmente, a que, na maior parte das vezes, fracassa.

O erro comum é concentrar-se nas etapas de ação e aprendizado, em vez de observar corretamente as etapas de significado e engajamento. Esse método imperfeito para a transição cria a ilusão no curto prazo de sucesso pela atividade, mas rapidamente se reduz a apagar incêndios (e não a fazer a transição). Cuidado com os planos de transição que se resumem apenas a "ações".

Recomendações para o chefe

Os chefes que contrataram líderes em transição são os principais responsáveis pelo funcionamento dessas transições, embora muitos deles façam pouco mais do que despejar informações sobre os novos líderes e verificar o progresso de forma irregular. Seja por acreditar que caiba ao indivíduo fazer a transição por si só ou por não terem certeza sobre o que fazer para facilitar essa transição, eles geralmente deixam de cumprir sua responsabilidade. Para possibilitar a transição utilizando o Pipeline de Desempenho e o Modelo SEAAIR, seguem oito passos que se mostrarão úteis:

1. Trate a transição como o problema de negócio que ela efetivamente representa. Você pode estar criando um risco gerencial através de suas ações (ou inação). Pense no assunto, reserve um tempo em sua agenda, tenha um plano, deixe a pessoa nova saber o que esperar de você e dê apoio. Pense em tudo o que você faria para um cliente novo bastante importante. O novo funcionário pode tornar sua vida agradável ou infeliz.
2. Utilize a transição como uma oportunidade para fazer as mudanças necessárias. Conte para a atual equipe (individual e coletivamente) como você se sente em relação ao desempenho deles e o que precisam mudar (se precisarem mudar). Livre-se do trabalho desnecessário, elimine projetos que não vão a lugar algum, retire os que apresentam fraco desempenho e seja bastante claro sobre regras e responsabilidades. Elabore um pipeline de desempenho para ajudar no esclarecimento de todos.
3. Certifique-se de estar atuando no nível hierárquico correto. Examine objetivamente sua agenda para ver como seu tempo está sendo realmente distribuído. Delegue o trabalho de nível hierárquico inferior que você gosta, mas que não deveria estar fazendo. Converse com seu chefe e entre em acordo no sentido de que ambos atuarão na camada hierárquica correta.
4. Obtenha alguma ajuda do RH e utilize o Modelo SEAAIR. O RH deve participar de muitas das sessões e ajudá-lo a avaliar o progresso do novo líder. Procure entender e aceitar o Modelo SEAAIR. O RH deve substituí-lo quando você não puder participar.
5. Envolva-se desde o primeiro minuto em que a nova pessoa assumir o cargo. Comunique os resultados esperados e o prazo dentro do qual você os espera. Analise o Modelo SEAAIR junto com ele para que o novo

líder compreenda como funcionará o processo de transição. Apresente-o para o pessoal de RH que lhe fornecerá assistência. Faça-o saber que não se espera nenhum resultado até que ele estabeleça o significado e o engajamento de forma apropriada.

6. Enfrente os pessimistas e outros que talvez não cooperem. Deixe claro que o novo líder foi sua escolha, conta com seu apoio e deve ter a chance de provar seu valor. Fale com aqueles que manifestaram interesse no cargo, mas que não foram escolhidos. Ajude-os a ver onde poderá estar sua próxima oportunidade. Em culturas de feudos, rompa os muros para ajudar a melhorar as conexões com outras organizações para a nova pessoa e para o restante de sua equipe.
7. Crie uma comunidade em que os indivíduos possam assumir e experimentar a transformação. Pode haver outras pessoas na equipe que estiveram por um tempo em seu nível hierárquico, mas não fizeram apropriadamente a transição. Todos precisam estar na camada hierárquica correta para maximizar o valor de sua equipe.
8. Controle o ímpeto de despejar cada bit de informação sobre o novo líder no primeiro dia. Pense em como as informações podem ser agrupadas e sequenciadas para melhor compreensão. Verifique se a pessoa está entendendo as exigências da primeira discussão antes de começar a segunda.

Recomendações para o indivíduo

Pensando em termos ideais, você trabalhará em sintonia com seu chefe para fazer a transição. Porém, mesmo que seu chefe não adote esse método, você pode fazer algumas coisas para ajudar a si mesmo:

1. Aprenda o Modelo SEAAIR e efetue seu caminho através dele. O melhor seria fazer isso com seu chefe, mas, se ele não estiver disposto ou disponível, procure encontrar um amigo, mentor ou profissional de RH para ser seu parceiro enquanto você avança no processo. Preste atenção especial em encontrar significado e redefinir sua identidade.
2. Evite a busca prematura da "grande ideia". Não faça pronunciamentos grandiloquentes sobre grandes mudanças ou grandes resultados que você planeja realizar. Em vez disso, concentre-se na solução de problemas e

na remoção de obstáculos ao desempenho que seu pessoal identifica. Construa, desde o início, um bom relacionamento com a equipe, mostrando que se preocupa com os problemas de seus membros.
3. Esteja ciente de seu estado emocional. Nessa nova situação, é possível que surjam medo do fracasso, farisaísmo sobre a nova função, sensação de não pertencer ao novo grupo, desejo de vingança e apatia ou complacência. Mantenha-se focado no processo de transição definido pelo Modelo SEAAIR. Peça feedback sobre quais sentimentos mostrar e como eles estão sendo recebidos.
4. Não entre em competição com seu pessoal. Você tem mais poder, mais informação e mais acesso; assim, isso seria um jogo de cartas marcadas. Deixe que façam o trabalho deles, e incentive-os a serem excelentes. O sucesso deles é seu sucesso.
5. Peça avaliação e feedback sobre o que você e sua equipe fazem. Aprenda com os sucessos e os fracassos. Experimente e inove, sempre que possível, para encontrar a melhor maneira de obter os resultados requeridos.
6. Não fique preso a resolver problemas. Resolva um pouco de problemas no início, mas, quando começar a ocorrer progresso, trabalhe na replicação daquilo que funciona em toda a sua organização.
7. Não cante vitória muito cedo. Leva algum tempo para se dominar uma nova camada hierárquica. Continue lutando para ser o melhor. Caso contrário, você se transformará em alguém que "ocupa o mesmo lugar", vivendo do sucesso do passado e moendo água.
8. Aprenda a ver a camada hierárquica pelos olhos de seu grupo de pares. Eles possuem a experiência que lhe falta. As ações e os comportamentos são compreendidos de forma melhor através do olhar deles; assim, aprenda o que estão tentando fazer e não siga adiante apenas com o que você ouve ou observa por sua própria conta.

Recomendações para recursos humanos

A área de Recursos Humanos consegue auxiliar melhor na transição de camada hierárquica quando entende o processo de transformação e tem clareza sobre os resultados requeridos para a pessoa que está ajudando. Esses passos ajudarão o RH em ambas as áreas:

1. Procure conhecer em profundidade o Modelo SEAAIR, para que você possa apoiar apropriadamente o chefe e a pessoa, fazendo as perguntas corretas e dando as sugestões adequadas.
2. Converse com o chefe para obter sua própria percepção sobre os resultados exigidos antes que a pessoa apareça (é possível que você já tenha feito isso como parte do processo de seleção).
3. Envolva-se no mesmo momento que o chefe; isto é, desde o momento em que os líderes começam em suas funções. A prática padrão tem sido dar um tempo para as pessoas se estabelecerem. Na verdade, elas estão mais receptivas à sua ajuda no primeiro dia. A compreensão delas sobre o emprego pode estar incorreta ou incompleta, e é menos ameaçador perguntar ao RH do que ao chefe.
4. Esteja envolvido como uma caixa de ressonância ou como um coach. Envolva o chefe quando necessário. Esse processo não estará terminado até que a pessoa tenha sucesso.

Juntando tudo

A transição para uma nova camada hierárquica é difícil e arriscada para a pessoa e para o negócio. O sucesso em transições não deve ser deixado ao acaso. O gestor contratante e o RH devem colaborar para garantir que a transição ocorra de forma ordenada, na velocidade apropriada. Analise a situação da pessoa em relação aos 10 motivos para a transição ser difícil. Decida quais se aplicam. Comece desse ponto para trabalhar com a pessoa, seus novos colegas e outras partes da organização, a fim de remover obstáculos, ajudar o líder a entender qual desempenho é necessário, explicar o Modelo SEAAIR e trabalhar nas etapas de transição. Lembre-se de que a transição não estará completa até que a pessoa tenha alcançado seu primeiro conjunto de objetivos e esteja enfrentando um conjunto mais desafiador. O desempenho deve continuamente ficar melhor, e não estabilizar.

11

Implementando seu Pipeline de Desempenho

Ao longo deste livro, detalhei o propósito e os principais resultados que devem ser comunicados e alcançados em cada camada hierárquica. Somente a definição dessas expectativas de resultados, fazer com que as pessoas certas nas camadas hierárquicas corretas as conheçam e recompensar aqueles que fornecem ou superam os resultados é que podem ajudá-lo a criar um pipeline de desempenho. De forma realista, porém, reconheço que a tradução desses conceitos do papel para a prática pode ser bastante difícil. Por mais que tenha fornecido informações e ideias para facilitar a implementação, sei que o mundo real tem uma maneira de colocar você em situações que não são abordadas em livros.

Por esse motivo, gostaria de focar este último capítulo naquilo que você deve fazer para tornar o Pipeline de Desempenho útil e eficaz. Aqui estão as seis chaves para a implementação do pipeline:

- Assuma corretamente sua filosofia de desempenho
- Elabore o próprio pipeline de desempenho personalizado
- Comprometa-se e execute discussões motivacionais sobre desempenho
- Envolva-se com todos os níveis hierárquicos, e não apenas com seus subordinados diretos
- Consiga que o RH entenda e aceite as mudanças necessárias
- Persiga incansavelmente melhorias no desempenho

Assumindo corretamente sua filosofia

Sua filosofia (o que você acredita sobre as pessoas no trabalho, seus propósitos e motivações, o provável sucesso delas e quão arduamente trabalham) faz você buscar o desempenho de determinada maneira. Se não estiver obtendo o desempenho que deseja de sua equipe ou de seu negócio, então você precisa fazer mudanças. Se sua filosofia permanecer a mesma, suas mudanças não durarão, e não importa se funcionaram bem no início. Sistemas e princípios são mais eficazes que regras e políticas. Os primeiros fornecem a flexibilidade necessária para as pessoas fazerem as próprias escolhas. No século XXI as pessoas reagem com maior entusiasmo e criatividade quando tratadas como participantes bem informados; elas enxergam os resultados que devem buscar com suas equipes e encontram os próprios caminhos para gerar esses resultados. Por outro lado, as regras e políticas demonstram rigidez; elas forçam as pessoas a fazerem o que você diz que é bom para elas. Forçar o pessoal a seguir o Pipeline de Desempenho como se ele fosse a "lei do país" só incentiva a transgressão da lei.

O Pipeline de Desempenho é um sistema para determinar o que deve ser gerado em cada camada hierárquica, e funciona melhor quando é implementado como um sistema flexível, e não como uma doutrina. Para abordá-lo de forma flexível, os seguintes princípios são úteis:

Princípio nº 1: *Estamos todos aqui para realizar o trabalho.*
A área de negócios envolve competição. Neste exato momento, as pessoas em outras companhias estão sentadas em reuniões tentando descobrir como conquistar os clientes de sua empresa, piratear seu melhor pessoal e ultrapassar seus produtos. Todos os seus funcionários precisam permanecer focados naquilo que é mais importante. Deixe seus concorrentes tirarem os olhos do real propósito do trabalho, em busca de maior status, mais poder e a construção de impérios. Concentre seus esforços em agregar valor fazendo o trabalho ser realizado, ou seja, fornecendo os resultados exigidos em cada camada hierárquica. O Pipeline de Desempenho flui melhor quando todos se concentram nos resultados esperados para o trabalho em cada camada hierárquica específica.

Princípio nº 2: *Os resultados (agregar valor) devem ser diferenciados por camada hierárquica.*
Existe muito trabalho demandando muitas habilidades diferentes para cada líder fazer ao mesmo tempo. Precisamos diferenciar entre trabalhar no presente e trabalhar no futuro. Também precisamos distinguir entre trabalho estratégico, trabalho operacional e trabalho tático. A definição do pipeline de desempenho esclarece a diferenciação exigida e qual trabalho deve ser feito em que lugar. Ele é um guia para toda a organização.

Princípio nº 3: *As conversas sobre o trabalho devem motivar, e não julgar.*
Após conversar com chefes e colegas, devemos nos entusiasmar a respeito do fornecimento de resultados. Entretanto, muitas avaliações de desempenho acabam desestimulando. Nós nos sentimos pessoalmente julgados e respondemos com pensamentos como: "Ele não sabe o que estou enfrentando", "Ele não sabe o que realizei" e "Ele é um problema". Para sermos motivados, precisamos falar frequentemente sobre desempenho. Não é motivador ficar lamentando sobre o ritmo lento do progresso, fazer julgamentos pessoais ("Você não está se esforçando") e discutir o desempenho em profundidade somente uma ou duas vezes ao ano. Assim, adote o pipeline de desempenho como uma ferramenta para motivar, e não como um método para fazer julgamentos.

Princípio nº 4: *As decisões referentes a recompensa e reconhecimento exigem objetividade e análise da situação.*
O pipeline de desempenho é uma ferramenta contextual. Em outras palavras, ele é concebido para se adaptar a determinado ambiente (em vez de exigir que o ambiente se adapte a ele). Assim, quanto mais você enxergá-lo de um ponto de vista situacional e objetivo, mais eficaz ele será. Vamos dizer que você atinja 90% de sua meta. Quais foram as circunstâncias? Eventos naturais, mudanças de mercado, colapsos do setor financeiro, inovações dos concorrentes e outras circunstâncias atenuantes podem muito bem sugerir que 90% foi um resultado heroico. Por outro lado, superar o orçado em 5% quando o mercado cresceu 10% pode não ser um grande desempenho. Portanto, abrace a análise situacional objetiva antes de decidir quais devem ser os aumentos de salário ou se alguém deve ser promovido ou ainda tirar conclusões sobre as realizações de um indivíduo (ou falta de). Não se deixe desviar pela bagagem de

relacionamento, informações obsoletas ou pressão política. Faça perguntas para entender o contexto, bem como o resultado. A adesão servil aos orçamentos (na melhor das hipóteses, feitos 18 meses antes) não ajuda, principalmente em ambientes que estejam mudando rapidamente. Se estiver utilizando o pipeline para avaliar o desempenho de alguém, tenha o cuidado de considerar os resultados com uma pitada de sal. Dependendo da situação, uma pessoa que forneceu três de cinco resultados pode ter tido um excepcional desempenho, enquanto outra que forneceu quatro de cinco resultados pode ter desempenhado apenas de forma competente, diante dos recursos colocados à sua disposição. Ao longo de dois a três anos, todos os resultados devem ser alcançados.

Elaborando o próprio pipeline personalizado

Não tente forçar seu negócio ou empresa para dentro de um Pipeline de Desempenho existente. Em vez disso, procure personalizar o pipeline para que ele se encaixe nas características de sua companhia. Você pode não ter todas as camadas hierárquicas que discutimos; assim, redistribua o trabalho. Se você não tiver Gestor de Grupo redistribua esses resultados para o CEO e para os Gestores de Negócio. Se sua empresa só possui um negócio, você não terá Gestores de Negócio e o CEO funcionará como Gestor de Negócio e CEO. Sinta-se livre para reorganizar as camadas hierárquicas se parecer vantajoso.

Personalizar significa utilizar a linguagem e a terminologia de seu negócio ou empresa. Substitua os nomes pelos títulos dos cargos de sua empresa; por exemplo, Executivo Regional em vez de Gestor de Grupo, Gerente de Unidade em vez de Gestor de Gerentes (como utilizei em meu modelo). Buscando autenticidade e relevância, baseie-se nos principais termos da linguagem de seu negócio na parte de padrões de desempenho do pipeline. Esses padrões precisam ser reconhecidos e confiados instantaneamente. Se você quiser contar para sua organização que precisa ver alguma mudança, a utilização de uma linguagem nova pode ajudar.

Quase todo conjunto de padrões de desempenho tem um parâmetro que diz "cumpriu todas as metas e orçamentos". O pipeline de desempenho é concebido para se ajustar em seu processo de planejamento e fixação de metas, não para substituí-lo. Junte as metas, KPIs, orçamentos e afins aos padrões para criar uma definição completa dos resultados esperados. Essa combinação forma uma descrição de cargo eficaz e pode ser atualizada rapidamente à medida que os planos mudam.

Conduzindo discussões motivacionais de desempenho

O pipeline de desempenho ganha mais valor através de conversas. Ele não é uma ferramenta esotérica vinda da área de recursos humanos, mas um instrumento que realmente surge quando subordinados diretos e chefes discutem sobre as contribuições esperadas e quando precisam avaliar o desempenho. Essas discussões devem ocorrer no início de um novo período de medições ou no início de um novo trabalho, esclarecendo exatamente o que é esperado. Após essas conversas iniciais, devem ocorrer outras conversas que levem a uma discussão sobre medições de desempenho.

Se você voltar aos quatro princípios citados, então entenderá por que essas discussões devem ser motivacionais. Para que o trabalho seja realizado, para ter os resultados corretos na camada hierárquica correta, e assim por diante, precisamos ser desafiados e estimulados. Isso é o oposto de uma discussão típica de avaliação de desempenho com um chefe, que muitas vezes deixa a pessoa desmotivada e desestimulada. Os chefes mal preparados para essas conversas, que se baseiam em opiniões, e não nos fatos, que não reconhecem a mudança de contexto, ou que são muito pessoais em suas críticas, geralmente não motivam. Existe uma maneira melhor, realmente muito fácil de fazer. Sugiro que você aproveite a oportunidade para ter excelentes discussões que são possibilitadas pelo modelo do Pipeline de Desempenho, seguindo alguns passos simples:

- *Tenha uma discussão ampla mensal.* Se quiser que o trabalho seja realizado de forma completa, então você precisa discutir com frequência o trabalho completo. A posição de um projeto, o fechamento de uma venda, a conclusão de um plano e muitos outros eventos acarretam inúmeras conversas sobre a evolução (as coisas mudam e essas mudanças precisam ser discutidas com frequência). Para se avaliar o progresso em relação aos orçamentos e às metas, são necessárias discussões mensais com toda a equipe. Estou sugerindo que você dê mais um passo e que também avalie mensalmente os indivíduos.

A discussão do desempenho ao fim do primeiro mês é especialmente vantajosa porque ainda restam 11 meses para corrigir quaisquer problemas.

Ao fim do segundo mês, ainda restam 10 meses para corrigir os problemas. Seu propósito é que o trabalho seja feito. Discussões de fim de ano não atendem a esse propósito.

Tenha uma discussão completa de todos os itens dos parâmetros de desempenho junto com objetivos e KPIs. Transmita a importância de realizar o trabalho todo, e não conversar apenas sobre aqueles itens mais quentes que normalmente são tratados. Essas discussões amplas ensinam para muitos gestores jovens (e mesmo os mais velhos) o valor de se desenvolverem pessoas ou de trabalhar em um projeto futuro enquanto se buscam as metas de produção. Não importa o que você diga sobre a realização do trabalho todo, seu pessoal aproveitará as sugestões daquilo que você perguntar.

- *Reúna evidências e não opiniões, todo mês.* Nas discussões mensais, anote as principais coisas que foram realizadas. A Tabela 11.1 é um exemplo de como seria esse relatório ao fim do ano. Os padrões de desempenho oferecem uma estrutura para essa abordagem. Coloque todos os padrões de desempenho na primeira coluna e identifique as evidências nas colunas seguintes. Agora você tem um registro factual. No fim do ano, a "avaliação de desempenho" estará evidente e nenhum esforço adicional será necessário, exceto o de uma avaliação geral.

Reunindo e comunicando evidências

A evidência é um conceito que muitas pessoas interpretam mal ou não entendem plenamente; ou não sabem como reunir evidências relacionadas ao desempenho e transmiti-las de forma motivadora. Assim, para implementar de forma eficaz esse elemento de discussão motivacional, você precisa aprender um pouco sobre como utilizar a evidência baseada no desempenho.

Vamos começar com uma definição: a evidência é composta por resultados alcançados e o contexto dentro do qual foram alcançados. Por exemplo, "a receita cresceu 10%" é uma evidência, mas "a receita cresceu 10% em um mercado em baixa" ou "a receita cresceu 10% em um mercado que cresceu 15%" são evidências muito mais fortes. Nosso trabalho é ajudar as pessoas a entender se agregaram ou não um valor apropriado. Assim, buscamos por informações até que também tenhamos o contexto correto.

Tabela 11.1 Avaliação do Pipeline de Desempenho, Gestores de Outros

Mudança nos Valores de Trabalho
- De resultados pessoais para obtenção de resultados através de outros
- De valorizar o próprio sucesso para valorizar o sucesso de outros

Nome: Johanna Johnson
Cargo: Gerente 1 Auditoria
Data: 15/12/2009
Período Coberto: 2009
Preparado por: B. Ramires

Resultados	Ainda Não Completado	Completado	Excepcional	Avaliação
Resultados Operacionais/Técnicos				Completado
• Pessoalmente/equipe sempre cumpre metas, prazos e padrões de qualidade	Ultrapassou o orçamento de desenvolvimento da equipe em 10%, em grande parte com cursos não relacionados ao trabalho.	O trabalho do grupo cumpriu todos os KPIs neste ano. Ver relatório de KPI de dezembro. O trabalho do grupo cumpriu todas as metas neste ano devido à excelente disciplina de gestão. Realizou mensalmente discussões sobre desempenho.	A equipe desenvolveu métodos rápidos para completar auditorias que estão em conformidade com a regulamentação, resultando em maior eficiência.	
• Resultados confiáveis produzidos por manter os empregados em conformidade com métodos e medições				
• Inovação por se manter atualizada tecnicamente com o estado da arte dos métodos de desenvolvimento de produto e regulamentações do setor				
• Orientações operacionais/técnicas/profissionais para a equipe asseguraram o cumprimento de metas e resultados				
Administração				Completado
• Todos da equipe têm metas e objetivos claros, atualizados e mensuráveis	A conclusão do projeto de Monitoramento foi prejudicada pela má programação, exigindo recursos adicionais em termos de pessoal para realizar o trabalho dentro do prazo.	Papéis e responsabilidades claramente definidos. Conduziu um diálogo franco e aberto pelo menos uma vez por mês. As medições de desempenho da equipe estão ligadas a objetivos e metas. A realização pode ser claramente acompanhada. A crítica e o aperfeiçoamento do trabalho da equipe, durante as reuniões semanais, resultaram na determinação de maneiras para cortar os custos em 10%. Todos os membros da equipe apresentaram um desempenho completo.		
• O planejamento anual assegurou uma alocação eficaz de recursos para alcançar metas/objetivos				
• Os sistemas de controle asseguraram resultados dentro do prazo e sem surpresas				
• Forneceu feedback periódico e contínuo para subordinados diretos				
• Pessoas certas nos trabalhos certos no momento certo				
• Transmitiu um quadro claro do desempenho atual para os membros da equipe de projeto*				
• Os membros da equipe de projeto receberam coaching e feedback*				

Resultados	Ainda Não Completado	Completado	Excepcional	Avaliação
Liderança • Lidera pelo exemplo; adota os valores da empresa • Sucessor viável desenvolvido e retido na empresa • O estudo de caso para a mudança foi bem transmitido e executado com eficácia • Os planos de desenvolvimento foram estabelecidos para todos e estão sendo ativamente seguidos	Seguiu atalhos na validação de dados para atender aos prazos. Nenhum backup viável foi estabelecido. A capacitação da equipe não foi melhorada. Escolheu as ações/ programas de desenvolvimento errados.	Os membros da equipe tiveram as informações corretas no momento certo devido às reuniões de planejamento semanais.		Ainda Não Completado.
Relacionamentos • Comunicação aberta com associados, colegas e gerente(s) • Demonstra justiça, exibe confiança e obtém respeito através das próprias ações e comportamento • Buscou e obteve a plena compreensão das necessidades dos clientes e as exigências dos colegas • Estabelece e mantém de forma proativa relacionamentos com partes interessadas internas e externas • Capacidade de ouvir as necessidades, agendas e prioridades de outros		Colocou-se à disposição de clientes pelo menos uma vez por mês e dos colegas, em bases semanais. Amplamente visto como fornecedor e parceiro confiável.	Exemplo de participação Superior em reuniões de equipe e de projeto. Rede de contatos com colegas no setor resultou em aprendizado da equipe e incorporação de métodos de auditoria mais eficazes.	
Inovação • A melhoria do processo aumentou a produtividade em relação ao ano anterior • Uma inovação útil a cada ano		Esforço consistente para melhoria de processo tanto pessoalmente quanto pela equipe. Fonte de ideias e melhorias para os colegas.		Completado.

*Para empregados em equipes de projeto.

A evidência pode ser absoluta, tal como em "o plano operacional foi produzido no prazo", ou pode ser relativa, como em "o plano operacional foi melhor que o do ano anterior". Ao reunir evidências, devemos acrescentar informações contextuais suficientes para permitir que qualquer leitor ou ouvinte fique convencido. Nas evidências relativas, precisamos dizer por que o plano operacional é melhor que o do ano anterior: "Foi utilizada uma nova pesquisa de mercado para direcionar o planejamento." Caso contrário, a afirmação sobre a melhoria passa a ser apenas uma opinião.

Relatórios com base em evidências

Os padrões de desempenho para cada camada hierárquica fornecem um guia eficaz para nos ajudar a entender em quais evidências focar e como julgá-las. Este é o principal motivo para termos desenvolvido os padrões.

Para simplificar o registro das evidências, baseie-se no formato de avaliação do pipeline de desempenho apresentado em seguida (ou sua própria variação dele). Coloque a evidência coletada durante a discussão na coluna apropriada. Compartilhe esse formato com seus subordinados diretos para que possam trazer as evidências nesse formato para suas discussões.

Evidências do Pipeline de Desempenho

Resultados	Desempenho Ainda Não Completado	Desempenho Completo	Desempenho Excepcional
Resultados do Negócio			
Cumpriu todas as metas e orçamentos.	Gastou todo o orçamento, mas não atualizou os PCs conforme planejado.		

Não espere ter evidência para cada padrão, principalmente quando são novos e pelo fato de que um trabalho específico talvez não exija todos eles em determinado ano.

Evite relatar atividades quando não foram alcançados resultados reais ou realizações; por exemplo, "visitou 10 distritos; analisou vários processos; trabalhou em novos conceitos". Essas são atividades. A questão fundamental deve ser: "Que melhoria ou diferença tangível resultou disso?"

Evite afirmações gerais quando a contribuição não está clara, tais como "deu uma contribuição pessoal para a engenharia de processo" ou "visualizou novos conceitos na análise de dados". Nenhuma dessas generalidades identifica resultados, realizações ou efeitos.

O que deve ser discutido

Discutir primeiro as evidências ajuda você e seus subordinados a encontrarem um terreno comum sobre a situação do trabalho. O primeiro objetivo deve ser o de cobrir todos os padrões relevantes (com frequência, há um ou dois que não se aplicam no momento), mas ele não deve tomar todo o tempo da discussão. Reserve a maior parte do tempo da reunião para falar sobre *o trabalho a ser feito*. Mais especificamente, pergunte sobre o que exatamente deve ser feito, como será feito, quais os riscos e obstáculos existentes e qual ajuda será necessária; utilize essas perguntas como catalisadoras da discussão. O verdadeiro coaching e o aprendizado ocorrem nesse momento. As pessoas passam por um desenvolvimento acelerado em conversas periódicas desse tipo. Quando compartilha insights importantes com seu pessoal, discute como lidar com os obstáculos, e assim por diante, você motiva seus subordinados diretos a terem melhor desempenho – você dá informações e responsabilidades que os ajudam a realizar melhor seu trabalho. Envolver-se profundamente antes do fato, em vez de fazer julgamentos após o fato, produz resultados melhores e ajuda a evitar erros onerosos e a necessidade de refazer trabalhos já executados.

Chegando a conclusões

Ao fim do período de medições, você terá de chegar a uma conclusão sobre o desempenho desse indivíduo. Para fazer uma avaliação, utilize as seguintes questões:
- O que as evidências preponderantes sugerem? O que está mais evidente?
- Em qual nível hierárquico a pessoa está designada e em qual nível está atuando?
- O que ela realmente faz bem?
- Quais itens importantes dos padrões precisam ser melhorados?
- Quais itens importantes dos padrões ela não está cumprindo?

- O que ela deve fazer para passar os resultados de uma coluna para a seguinte, maior?
- Em resumo, qual avaliação geral você pode fazer sobre o desempenho da pessoa: "ainda não completo", "completo" ou "excepcional"?

Essa é a parte mais difícil de todo o processo. Ele pode ser questionado mais tarde pela pessoa. Deixe-se guiar pelas evidências. Sinta-se livre para voltar e reunir mais evidências se sentir necessidade. Um resumo desse tipo é útil para ambos. Pense em fazê-lo trimestralmente. *Coloque o foco na medição do trabalho e dos resultados, não em julgar a pessoa.*

Envolvendo-se com todos os níveis hierárquicos

Você precisa saber o que está acontecendo em cada nível hierárquico de seu pipeline de desempenho. Os relatórios que recebe não são suficientes. Veja diretamente o que está acontecendo e por que, e depois forme a própria opinião sobre o progresso e o estágio de realização do trabalho. O Pipeline de Desempenho o ajuda a determinar quais perguntas fazer e lhe dá um mapa do que deveria estar acontecendo (você sabe os resultados pretendidos; então é uma questão de determinar se as pessoas estão atingindo esses resultados).

Certamente existe um tabu em algumas empresas sobre os gestores de níveis mais graduados falarem com pessoas de níveis hierárquicos inferiores sobre seus desempenhos; o temor é que os gestores intermediários se sintam ofendidos por essa intervenção. Talvez você tenha de condicionar seus subordinados diretos e, provavelmente, os subordinados diretos deles a aceitarem esse tipo de esforço de sua parte como normal e necessário para entender o que está acontecendo e o que não está sendo realizado. Esclareça que você não está orientando ou corrigindo problemas, mas apenas reunindo informações. Tudo que descobrir deve ser compartilhado com as pessoas em níveis hierárquicos intermediários.

Você pode se envolver com todos os níveis se fizer as perguntas certas para as pessoas certas no momento certo. Essas perguntas podem ajudá-lo a obter informações sobre a qualidade de sua equipe de líderes, a situação atual do trabalho e os problemas e obstáculos que existem. Lembre-se, porém, de que você não deve fazer essas perguntas de maneira que coloque as pessoas em evidência ou que sugira que devam julgar seus chefes. Faça as perguntas em um tom simples e neutro. Por exemplo:

- Conte-me sobre seu plano de desenvolvimento. Em que ponto você está?

Pelas respostas, você saberá se existe um plano ou não, quais são suas necessidades de desenvolvimento, se estão evoluindo e que resultados poderão ser prejudicados devido a deficiências em habilidades e experiência.

- O que você fez nos últimos três, seis ou nove meses de que realmente se orgulha?

Você ouvirá sobre resultados, ou ouvirá sobre atividades. Se estiverem orgulhosos de atividades, então não está vigorando uma orientação em termos de resultados ou ela não é suficientemente forte. Você também ouvirá sobre seus valores de trabalho. Tudo isso o ajudará a entender se estão atuando no nível hierárquico correto.

- Quais são seus maiores obstáculos e como você lida com eles?

Você provavelmente ouvirá sobre problemas que não vieram à tona em seu nível hierárquico (problemas que, de outra forma, escapariam de sua atenção). Você também ouvirá sobre a engenhosidade e a capacidade de solução de problemas das pessoas, ou a falta delas.

Essas perguntas são apenas três das muitas que você poderia fazer (e faça à sua própria maneira). Quando formular questões que o ajudem a se envolver com todos os níveis, tenha em mente que você é considerado uma pessoa poderosa por aqueles que estão em níveis hierárquicos inferiores. Sua presença pode ser motivadora ou ameaçadora para eles. Portanto, deixe-os tranquilos e não peça que eles julguem seus chefes, porque não o farão. Incentive-os a fazer o melhor, não importa o que você descubra.

Valide o que ouvir com os gestores intermediários entre você e os entrevistados. Ouça atentamente o que eles dizem antes de planejar quaisquer ações corretivas. Você está tentando motivar um melhor desempenho, e não tirar a motivação de alguém.

Consiga que o RH entenda e aceite o pipeline

Em toda companhia em que trabalhei com o pipeline de desempenho, um núcleo central de profissionais do RH participou dos trabalhos (e foram parceiros entusiasmados). Porém, algumas pessoas se mostraram resistentes, desconfiadas, ressentidas e muitas vezes passivo-agressivas. Embora outras funções e a alta administração tivessem aderido à metodologia do Pipeline, esse modelo ameaça muitas ferramentas e práticas de RH estabelecidas há bastante tempo, e que vinham sendo o foco e o método desses profissionais para agregar valor.

Assim, você pode encontrar alguma resistência do pessoal de RH e, se isso ocorrer, eles deverão ser incorporados ao processo, tranquilizados e treinados. Por exemplo, se você utilizar padrões de desempenho com metas, poderá eliminar descrições de função. Muitos poderão achar isso ameaçador, pois eles trabalham fazendo descrições de função. A definição de faixas salariais não é necessária, pois as camadas hierárquicas do pipeline devem possuir uma faixa salarial com uma ampla gama de salários. As faixas salariais existentes podem não parecer lógicas quando o rigor do pipeline for aplicado. Para trabalhar de forma eficaz com o pipeline, é necessário um pensamento em termos de sistemas, e muitos profissionais de RH são treinados no trabalho em termos de transações. Portanto, planeje treinar o pessoal de RH nos métodos do pipeline e permita que eles os pratiquem – se ficarem afiados, acabarão reconhecendo seu valor não apenas para a empresa, como também para facilitar as próprias tarefas do RH. Em termos ideais, você terá outras funções na sala quando treinar o RH no uso do pipeline. O RH ouvirá a recepção que outras funções e líderes de negócio darão ao Pipeline de Desempenho. Essa recepção tem sido favorável em todas as empresas em que trabalhei; sem dúvida, haverá apoio para o RH liderar a implementação. Mantenha discussões específicas sobre mudanças em programas para dar suporte ao Pipeline de Desempenho. Provavelmente, haverá melhoria na definição dos cargos, no planejamento da sucessão, nos programas de desenvolvimento de liderança, coaching, e assim por diante.

Persiga incansavelmente melhorias no desempenho

O sucesso do pipeline de desempenho ocorre mais rapidamente quando a gestão em todas as camadas hierárquicas está comprometida com a melhoria do desempenho. O desempenho não melhorará com um apoio tímido. Os líderes precisam acreditar que é possível um grande desempenho em todos os lugares, em todos os momentos e em todos os negócios. O que parece fazer mais diferença são líderes que não se contentam com menos. Algumas ferramentas básicas como o pipeline de desempenho, acompanhadas de um compromisso genuíno, conseguem operar maravilhas.

Testemunhei empresas de todos os tamanhos passarem de um fraco desempenho para a condição de melhores do setor sob a força de um compromisso genuíno de seus líderes.

Não importa o nível de desempenho que você desfrute agora (ou com o qual você se preocupe), esse nível flutuará. Um excelente desempenho em determinado ano é muitas vezes seguido por uma forte resposta da concorrência, e esse desempenho cai. Ou as estrelas se alinham, os recursos se tornam abundantes e seu desempenho é retomado após um ano medíocre. Você não consegue controlar as condições externas que impactam no desempenho, mas pode controlar a forma como busca esse desempenho. A perseguição incansável de melhorias no desempenho é especialmente importante em condições de incerteza no mercado. O objetivo não é a perfeição; o objetivo é a oferta de produtos e serviços melhores do que os da concorrência. A clareza e o foco que o pipeline de desempenho oferece precisam ser apoiados pelos líderes de todas as camadas hierárquicas que lutem pessoalmente para melhorar a cada dia, e que possibilitem o sucesso do pessoal abaixo deles.

Conclusão

A implementação do pipeline de desempenho requer esforço e compromisso. Em todas as empresas em que trabalhei, sem exceção, os líderes me relataram os vários benefícios que obtiveram. Na opinião deles, o pipeline de desempenho valeu muito a pena.

É fundamental definir quais benefícios você quer e de quais necessita. A compreensão de que o Pipeline de Desempenho é um sistema (uma ferramenta) para ajudá-lo a alcançar esses benefícios permitirá que você mantenha o foco e a energia. O Pipeline de Desempenho não é um fim em si mesmo; é um meio para alcançar um fim: atingir o desempenho desejado para sua empresa.

A incerteza generalizada com a qual as empresas estão convivendo requer que todos os líderes melhorem sua eficácia. O Pipeline de Desempenho pode fornecer para eles a clareza e o foco que são tão críticos para seu sucesso. Toda empresa pode beneficiar-se quando todos os líderes remam efetivamente na mesma direção. Quando os líderes ajudam os que estão abaixo deles a terem sucesso, todos são vencedores.

Por favor, informe-me sobre sua evolução para que ambos possamos aprender com seu esforço.

Ferramenta 1

Pipeline de Desempenho Real da Companhia E

Gestor de Grupo

Mudança nos Valores do Trabalho

- De resultados através de negócio multifuncional para resultados através de capacidade regional
- De vantagem competitiva do negócio para alavancagem regional
- De valor para o acionista para valor para partes interessadas
- De planos estratégicos de longo prazo para estruturas estratégicas
- De valorização de todas as funções para a valorização de todos os negócios

Resultados	Desempenho Completo	Desempenho Excepcional	Habilidades, Conhecimento e Experiência
Resultados de Negócios/Funcionais • Lucro regional, lucro econômico • Vendas regionais, volume • Carteira de produtos da região • Proposição de valor • Posicionamento na região • Ambiente econômico	• Forneceu planejamento de resultados regionais no curto prazo (volume, lucro, ROI) sem comprometer o crescimento em longo prazo • Vantagem competitiva sustentável em toda a região • O conhecimento de economia, política, concorrência, mercado e setor ficou evidente na estrutura estratégica • Cada país atingiu todos os KPIs • Cada país fez uma contribuição direta para a alavancagem regional	• O lucro cresce com mais rapidez do que a receita para a região • A vantagem competitiva foi alcançada pela alavancagem dos recursos • O KPI alcançado superou todas as outras regiões • Cada país cumpriu todos os resultados pretendidos	• Equilibra os riscos • Compreende o impacto financeiro das decisões em cada país • Planejamento estratégico; profundo conhecimento da contribuição de cada país • Experiência em vários países • Capacidade de pensar estrategicamente • Experiência em dirigir um país • Sabe como ler e interpretar os dados do mercado regional e a resposta da concorrência
Administração • Planejamento operacional • Estrutura organizacional • Qualidade • Solução de problemas estratégicos • Produtividade • Trocas de recursos • Gestão da carteira	• Qualidade do produto consistentemente dentro do padrão ou acima em toda a região • As decisões envolvendo trocas de recursos asseguraram que todos os países cumprissem o planejado • A transferência de melhores práticas aprimorou cada país • Os ajustes na carteira permitiram que a região melhorasse a vantagem competitiva	• Energia organizacional superior às das outras regiões • Práticas de negócios copiadas pelos concorrentes e outras regiões • Produtividade melhorou ano após ano	• Capacidade de gerenciar uma carteira • Experiência em administrar através de líderes de Negócios • Habilidade para tomar decisões difíceis entre boas opções e coragem para manter o curso • Experiência em planejamento de contingência • Disposição para se basear e ter confiança nos líderes de países para alcançar os resultados • Habilidade para mudar recursos e enfrentar problemas • Habilidade para antecipar e evitar problemas

Categoria			
Liderança - Estratégia de carteira - Liderança pessoal - Pipeline de desenvolvimento - Possibilita liderança de Negócio - Cultura de desempenho - Visão estratégica; estratégia - Responsabilidade social - Sucesso do Comitê Operacional	- A estratégia de carteira gerou vantagem competitiva; foi entendida e aceita pelos empregados e pela companhia - Cada país gerou um desempenho "A" e o trabalho em equipe ficou evidente - Exemplo de participação em Comitê Operacional - Sucessores já prontos em todos os níveis hierárquicos - Adota os valores corporativos - Pessoa certa no trabalho certo e fracos desempenhos resolvidos rapidamente em todos os níveis hierárquicos - Cada país teve uma estratégia aprovada	- Exemplo de adoção de valores e diretivas corporativas - Os países apresentam desempenho com ou sem o envolvimento do Diretor Regional - As oportunidades para parcerias com comunidade/governo foram ativamente aproveitadas	- Desenvolver a estratégia de carteira - Orientar e ser mentor de líderes de Negócio - Elevada integridade - Habilidade para selecionar e avaliar líderes de Negócio com base na estratégia de negócio - Saber como construir alianças para que as coisas sejam feitas - Habilidade para criar um futuro do qual as pessoas querem fazer parte
Resultados de Relacionamentos - Relacionamentos com os principais clientes - Relacionamentos com os subordinados diretos e executivos seniores - Relacionamentos com pares e colegas - Porta-voz da companhia - Relacionamentos com o governo, incluindo local e nacional	- A interface com o cliente inclui o planejamento de longo prazo conjunto; planejamento regional - Fortes relações de trabalho com cada Gestor de País e membro do Comitê Operacional - O clima apoiou a construção de relacionamentos em todos os níveis hierárquicos e em toda a região - Os relacionamentos com o governo permitiram um tratamento favorável e aviso prévio, incluindo países prospectivos - Resultados alcançados de forma a ajudar outras regiões a terem sucesso	- A comunidade e os líderes do governo buscaram ideias e insights para o avanço de suas iniciativas - Procurado por colegas para coaching e pensamento estratégico	- Construção de relacionamentos pelo seu próprio valor - Habilidade para compreender o que motiva os líderes de Negócio e os líderes políticos do país - Habilidade para entender pessoas poderosas e situações complexas - Confiante em uma posição de liderança - Compreende o bem maior - Conhecimento das agendas políticas dos governos da região
Resultados de Crescimento e Inovação - Novos mercados - Aquisições - Novos produtos - Novos clientes - Novos métodos e processos	- Aprimorou continuamente os processos de negócios e explorou oportunidades de crescimento e/ou reduziu custos - Cada gestor de país implementou duas inovações - As aquisições melhoraram o crescimento em longo prazo da carteira e o potencial de lucro	- Resultados inovadores alcançados através da liderança no setor na gestão de carteira de inovações - Aquisições perfeitamente integradas	- Experiência na criação de um clima para a inovação - Capacidade e disposição de explorar novos mercados - Mentalidade aberta e tolerante em relação às diferenças - Disposição de experimentar e testar novas ideias - Experiência em negociações e integração de aquisições - Capacidade de assumir riscos de curto prazo para permitir ganhos em longo prazo

Gestor de Negócio

Mudança nos Valores do Trabalho
- De resultados através da função para resultados através de equipe de negócio multifuncional
- De resultados no estado da arte da função para vantagem competitiva do negócio
- De excelência na função para valor ao acionista
- De planejamento de resultados na função para criação de planos estratégicos de longo prazo
- De valorização de sua própria função para valorização de resultados de todas as funções

Resultados	Desempenho Completo	Desempenho Excepcional	Habilidades, Conhecimento e Experiência
Resultados de Negócios/Funcionais - Lucro, lucro econômico - Vendas, volume - Análise da concorrência - Proposição de valor - Estratégia para recursos - Ambiente econômico	- Gerou resultados planejados no curto prazo do negócio (volume, lucro, ROI) sem comprometer o crescimento em longo prazo - Vantagem competitiva sustentável - Proposição de valor atendeu e antecipou as necessidades de clientes e da Cia E - O conhecimento de economia, política, concorrência, mercado e setor ficou evidente na estratégia e na tomada de decisão - Atingiu todos os KPIs - Cada função deu uma contribuição direta para a vantagem competitiva	- Lucro cresce mais rápido que a receita - A vantagem competitiva foi obtida através da inovação - O KPI alcançado superou todos os outros países	- Assume e gerencia o risco - Compreende o impacto financeiro das decisões - Planejamento do negócio; profundo conhecimento da contribuição de cada função - Experiência multifuncional - Habilidade para pensar de forma tática e estratégica - Capaz de pensar em termos de lucratividade e sustentabilidade, e não de capacidade funcional - Deve saber como ler e interpretar os dados de mercado e a reação da concorrência
Administração - Planejamento operacional - Estrutura organizacional - Qualidade - Solução de problemas estratégicos - Executa a estratégia - Segurança - Eficácia da organização - Produtividade	- Executou a estratégia do negócio pelo custo ideal - Direcionou a energia organizacional no sentido de alcançar os resultados do negócio - As atividades das funções foram plenamente integradas e alinhadas através do plano operacional (sem fronteiras) - As revisões (revisões de projeto, orçamento, revisões de planejamento) geram decisões, em vez de compartilhar informações - Qualidade do produto consistentemente dentro do padrão ou acima	- Energia organizacional superior à dos colegas e concorrentes - Práticas de negócio copiadas pelos concorrentes e colegas - Produtividade aprimorada ano após ano	- Experiência na gestão através de várias camadas hierárquicas - Habilidade para tomar decisões difíceis e coragem para manter o curso - Experiência em planejamento de contingências - Disposição para se basear e ter confiança nos líderes de função para alcançar os resultados - Habilidade para arquitetar uma organização para apoiar a estratégia - Habilidade para antecipar e evitar problemas - Habilidade para resolver problemas no nível hierárquico em que se originaram

Liderança - Liderança pessoal - Força de equipe - Possibilita liderança por função - Cultura de desempenho - Visão estratégica; estratégia - Capacidade da Companhia - Responsabilidade social	- A estratégia de negócio gerou vantagem competitiva; ela foi entendida e aceita pelos empregados e pela Companhia - Cada membro da equipe gerou um desempenho "A" e o trabalho em equipe ficou evidente - Pessoalmente conectado com empregados em todos os níveis hierárquicos - Sucessores já prontos e pipeline de talentos melhora a cada ano - A visível liderança na comunidade reforçou a imagem da companhia - Adota os valores corporativos - Pessoa certa no trabalho certo e fracos desempenhos resolvidos rapidamente	- Exemplo de adoção de valores e diretivas corporativas - A equipe apresenta desempenho com ou sem o envolvimento do Gerente Geral - As oportunidades para parcerias com comunidade/governo foram ativamente aproveitadas	- Orientar e ser mentor de líderes - Elevada integridade - Respeitoso com os outros - Habilidade para selecionar e avaliar líderes de função baseado na estratégia de negócio - Saber como construir alianças para que as coisas sejam feitas - Habilidade para criar um futuro do qual as pessoas querem fazer parte - Comunicador articulado e ouvinte eficaz de várias camadas hierárquicas
Relacionamentos - Relacionamentos com os principais clientes - Relacionamentos com os subordinados diretos e executivos seniores - Relacionamentos com pares e colegas - Porta-voz da Companhia - Relacionamentos com a comunidade - Relacionamentos políticos	- A interface com o cliente inclui o planejamento de longo prazo conjunto; planejamento entre funções - Fortes relações de trabalho com cada membro da equipe e cada executivo sênior - O clima apoiou a construção de relacionamentos em todos os níveis hierárquicos e por toda a organização - Os relacionamentos com o governo permitiram tratamento favorável e aviso prévio	- A comunidade e os líderes do setor buscaram influência e insights para o avanço de suas iniciativas - Procurado por colegas para coaching e pensamento estratégico	- Aprecia os relacionamentos por seu próprio valor - Habilidade para compreender o que motiva outras pessoas - Habilidade para ler pessoas poderosas e situações complexas - Confiante em um papel de liderança - Possui conhecimento sobre eventos atuais - Compreende o bem maior
Crescimento e Inovação - Novos mercados - Novas aplicações - Aquisições - Novos produtos	- Aprimorou continuamente os processos de negócios e explorou oportunidades de crescimento e/ou reduziu custos - As aquisições foram feitas com base em análises de primeira classe e atenderam às expectativas de desempenho - Cada membro sênior da equipe implementou uma inovação	- Resultados inovadores alcançados através de estratégias líderes no setor - Aquisições perfeitamente integradas	- Experiência na implementação de inovação - Curiosidade intelectual - Capacidade e disposição de explorar novos mercados - Mentalidade aberta e tolerante em relação às diferenças - Disposição em assumir riscos e em aprender com os erros - Disposição em experimentar e testar novas coisas - Experiência em negociações e integração de aquisições

Gestor de Função

Mudança nos Valores do Trabalho
- De resultados através de subfunção para resultados através de função completa e uma equipe de país
- De produtividade da subfunção para resultados da função, no estado da arte
- De integração da subfunção para excelência na função
- De planejamento operacional para planejamento para a estratégia da função, alinhada com o negócio no país e a estratégia corporativa
- De valorizar sua equipe para valorizar toda a sua função
- De membro eficaz de equipe de função para membro eficaz de equipe de negócio no país e em nível corporativo

Resultados	Desempenho Completo	Desempenho Excepcional	Habilidades, Conhecimento e Experiência
Resultados de Negócios/Financeiros - Lucro, lucro econômico - Vendas, volume - Realização do orçamento - Custos/despesas operacionais - Análise da concorrência - Índice de satisfação do cliente	- Gerou resultados planejados no curto prazo para a função e o negócio sem comprometer a posição estratégica em longo prazo (rentabilidade/EBITDA, utilização de ativos/lucro econômico, crescimento/volume, ROI, capital de giro, gestão de custos, entrega, qualidade) - Atingiu todas as metas/KPIs fundamentais para a missão - A função deu contribuição direta para a vantagem competitiva - A satisfação do cliente melhorou ano após ano	- Os resultados da função permitiram que o negócio superasse o planejado - Todas as metas/KPIs fundamentais para a missão foram superadas - Cumpriu as metas ampliadas durante o ciclo de negócios - A função forneceu vantagem competitiva líder no setor dentro dos negócios do país	- Assumir riscos na função e gestão de riscos - Compreender o impacto financeiro das decisões - Planejamento da função; conhecimento profundo sobre a contribuição da função - Habilidade para pensar tática e estrategicamente - Capaz de pensar em termos de sustentabilidade na função, e não de conquistas de curto prazo da função - Deve saber ler e interpretar os dados de mercado e a reação da concorrência - Pensamento que leva em conta todas as funções

Administração
- Execução da estratégia
- Excelência na execução
- Estrutura e eficácia organizacional
- Planejamento operacional
- Solução de problemas estratégicos
- Produtividade
- Observância (União Europeia, Lei Sarbanes-Oxley etc.)
- Gestão de crise

- Executou a estratégia do negócio e da função pelo custo ideal
- Colocou em ação organização, processos e sistemas corretos para fornecer os resultados da função
- A eficácia da infraestrutura permitiu o sucesso do negócio, ao mesmo tempo que manteve processos e sistemas
- Os sistemas e ferramentas de gestão de desempenho do negócio (por exemplo, COBRA) para gestão da fronteira com todas as funções foram plenamente utilizados e os resultados, medidos com KPIs
- As decisões de trocas em termos de capital e recursos asseguraram o cumprimento do planejamento de todas as funções
- As aquisições foram integradas incorporando os objetivos do negócio e aproveitando todas as sinergias (por exemplo, obter reduções de custo)

- Energia organizacional superior visível por colegas e concorrentes
- Práticas da função copiadas pelos pares
- O planejamento otimizou as sinergias em geral

- Experiência na gestão através de gerentes
- Capacidade de arquitetar uma organização da função para apoiar a estratégia do negócio
- Experiência/conhecimento em planejamento para contingências
- Habilidade para antecipar e evitar problemas da função
- Habilidade para resolver problemas no nível hierárquico em que se originaram
- Habilidade para tomar e comunicar decisões difíceis e coragem para se manter no curso
- Capacidade de realizar avaliação de risco
- Habilidades para delegar

Desenvolvimento de Pessoal
- Força de equipe
- Sucessão
- Pipeline de desenvolvimento
- Aprendizado pessoal de liderança
- Coaching e mentor
- Desenvolvimento de talentos
- Exposição/rotação de equipe com várias funções

- Todos os subordinados diretos geraram um desempenho completo e ficou evidente o trabalho em equipe na função
- Sucessores já prontos à disposição, e o pipeline de liderança melhora a cada ano
- Pessoa certa no trabalho certo para fornecer os resultados da função
- Coaching é uma rotina padrão de gestão (discussões mensais com subordinados diretos sobre desempenho e conversas sobre desenvolvimento com dois níveis hierárquicos abaixo em uma base trimestral)
- Implementou um plano de desenvolvimento individual para todos os empregados na função

- A equipe apresenta desempenho independente do Chefe da Função no país
- Fornecedor de talentos

- Habilidade de selecionar e avaliar líderes de subfunção com base na estratégia da função
- Habilidade de distribuir responsabilidades
- Atuar como coaching de subordinados diretos e mentor de outros
- Habilidade de conduzir o aprendizado pelas funções

Resultados	Desempenho Completo	Desempenho Excepcional	Habilidades, Conhecimento e Experiência
Liderança • Visão estratégica; estratégia • Liderança da mudança • Cultura de desempenho/resultados • Capacidade na função • Liderança pessoal nos negócios • Possibilita liderança na função • Proposição de valor do empregador/marca do empregador • Satisfação em termos de envolvimento • Trabalho em equipe pelas funções	• A estratégia desenvolvida para a função demonstrou plena compreensão da posição no mercado e das necessidades dos clientes; foi alinhada para apoiar a estratégia corporativa e de negócio e foi comunicada e aceita pelos empregados • Criou um ambiente de trabalho que incentivou desafio e mudança construtivos • Os fracos desempenhos foram resolvidos rapidamente em todos os níveis hierárquicos da função • A capacidade da função (incluindo o uso de tecnologia) possibilita o sucesso do negócio • Pessoalmente conectado com empregados em todos os níveis hierárquicos da função • Adota os valores corporativos, o Código de Conduta no Negócio e o Código de Relacionamento com Empregados • Melhores práticas em exportação/importação • Plano de envolvimento em andamento e resultados melhoram a cada ano	• Estratégia da função copiada por colegas e concorrentes • A capacidade da função está na vanguarda • Liderança inspiradora • Exemplo de viver de acordo com as diretivas e valores corporativos • Os resultados de envolvimento melhoraram a cada ano e atingiram ou superaram as normas de banco de dados para prestadores de serviço	• Habilidade para traduzir a estratégia do negócio na função • Habilidade para liderar e administrar mudanças • Estabelecer padrões para o desempenho na função • Confiante no papel de liderança • Elevada integridade • Respeito dos outros; aceita/adapta-se à cultura local • Comunicador articulado e ouvinte eficaz para todas as camadas hierárquicas • Construção de equipes compostas por várias funções
Relacionamentos • Relacionamentos com principais clientes/fornecedores • Relacionamentos com todos os níveis hierárquicos da função • Relacionamentos corporativos/com pares • Relacionamentos com negócio/comércio/grupos setoriais/associações • Relacionamentos com sindicatos/conselhos de empregados • Instituições educacionais • Relações com a comunidade • Relações com autoridades públicas • Formadores de opinião e outras partes interessadas importantes	• A interface com clientes/fornecedores inclui o planejamento conjunto da função em longo prazo • As fortes relações de trabalho em todos os níveis hierárquicos na função possibilitaram rápida comunicação • As fortes relações de trabalho corporativas e com cada membro de equipe de negócio asseguraram o apoio mútuo • Os relacionamentos com autoridades públicas e outras partes interessadas possibilitaram a gestão eficaz e a cooperação	• Mais fortes relações de trabalho dentro da função no negócio • Os relacionamentos com outras funções geraram um verdadeiro trabalho em equipe • Procurado pelos pares para coaching e pensamento estratégico	• Aprecia relacionamentos por seu próprio valor • Capacidade de compreender o que motiva as pessoas em outras funções • Conhecimento sobre as contribuições de todas as funções • Bem versado em eventos atuais • Compreende o bem maior • Redes de contato e habilidade para lobby

Categoria	Descrição	Competências/Traços
Crescimento e Inovação - Novos mercados - Novos produtos - Novas categorias/canais - Novos clientes - Novas aplicações/processos - Novos métodos - Novas ideias - Iniciativas corporativas	- A função mostra um fluxo de inovações e cada subordinado direto implementou pelo menos uma inovação - Aprimorou continuamente os processos da função; explorou oportunidades de crescimento e/ou baixou custos e gerou melhores resultados - Implementação de iniciativas corporativas (EATB, SAP etc.) - Atuação proativa em melhores práticas na função incorporou e aprimorou os resultados da função e as práticas ineficazes foram eliminadas	- Resultados inovadores obtidos através de práticas de líderes no setor - Aplicou novas ideias adquiridas no estudo de setores paralelos	- Curiosidade intelectual - Mentalidade aberta e tolerante em relação às diferenças - Disposição para experimentar e testar coisas novas - Disposição em assumir riscos e de aprender com os erros - Experiência na implementação de inovações - Habilidades para melhoria de processos - Referência de melhores práticas
Responsabilidade Social (RS) - Consciência/comportamento de responsabilidade social - Educação do consumidor - Reputação do empregador - Qualidade - Saúde e segurança - Meio ambiente	- Estratégia e programas de RS totalmente implementados conforme as Diretrizes sobre Meio Ambiente, Mercado, Comunidade e Local de Trabalho - A visível liderança na comunidade reforçou a imagem da marca - Qualidade consistentemente em conformidade ou acima dos padrões, obtida pelo custo ideal - Assegurou que os sistemas e procedimentos de gestão em saúde e segurança estejam em operação e sendo seguidos	- Aproveitou ativamente as oportunidades de parcerias com comunidade/governo - Programas de Responsabilidade Social copiados pelos pares e pela concorrência - A qualidade melhorou significativamente a cada ano	- Capacidade de perceber as implicações sociais das decisões da função - Julgamento equilibrado de impactos e custos - Habilidade para implementar sistemas de gestão de qualidade, segurança e saúde

Gestor de Gerentes

Mudança nos Valores de Trabalho

- De resultados através de indivíduos para resultados através de gerentes
- De produtividade individual para produtividade gerencial
- De colaboração na equipe para integração nas subfunções
- De planejamento do trabalho e gestão do desempenho para planejamento operacional
- Da valorização do trabalho para valorização da gestão
- De influência fronteiriça para participação eficaz na equipe da função

Resultados	Desempenho Completo	Desempenho Excepcional	Habilidades, Conhecimento e Experiência
Resultados de Negócios/Financeiros - Lucro - Vendas, volume - Controle de custos - Realização do orçamento - Análise da concorrência - Índice de satisfação do cliente - Estabelecimento de preços	- Atingiu todas as metas/KPIs fundamentais para a missão - A satisfação do cliente melhora a cada ano - Gerou receitas, volume, custo e programas orçados pelo custo ideal - O processo de envolvimento com clientes possibilitou o crescimento da receita - As decisões relativas a preços refletem a realidade da concorrência	- Os resultados permitiram que a função superasse o planejado - Superou todas as metas/KPIs fundamentais para a missão - Cumpriu as metas ampliadas durante o ciclo de negócios	- Compreensão do impacto financeiro das decisões - Habilidade para pensar tática e estrategicamente - Capaz de pensar em termos de sustentabilidade da função ao invés de conquistas de curto prazo - Deve saber como ler e interpretar os dados de mercado e a reação da concorrência - Pensamento que atravessa fronteiras
Desenvolvimento de Pessoal - Desenvolvimento de gerentes da linha de frente - Força de equipe - Sucessão - Aquisição de talentos - Aprendizado pessoal de liderança - Coaching e mentor de gerentes	- Todos os gerentes da linha de frente geraram desempenho completo - Sucessor já pronto à disposição e pipeline de liderança melhora a cada ano - Pessoa certa no trabalho certo para gerar resultados - Implementou plano de desenvolvimento individual para todos os empregados - Os gerentes da linha de frente foram orientados a desenvolver seu pessoal como parte do trabalho do dia a dia	- Fornecedor de talentos em gerenciamento - Os gerentes da linha de frente de outras funções solicitaram coaching	- Habilidade para selecionar e avaliar gerentes de linha de frente - Habilidade para distribuir responsabilidades para gerentes - Atuar como coaching de subordinados diretos e mentor de outros - Habilidade para conduzir eventos de aprendizado de equipe

Administração
- Execução da estratégia da função
- Excelência operacional
- Gestão de projeto
- Planejamento operacional
- Produtividade
- Observância (União Europeia, Lei Sarbanes-Oxley etc.)

- Executou a estratégia da função ao custo ideal
- Colocou em ação organização, processos e sistemas corretos para fornecer os resultados da subfunção
- A eficácia da infraestrutura permitiu o sucesso da função, ao mesmo tempo que manteve processos e sistemas
- Os sistemas e ferramentas de gestão de desempenho do negócio (por exemplo, COBRA) para gestão da fronteira com todas as funções foram plenamente utilizados e os resultados medidos com KPIs
- As decisões de trocas em termos de força de trabalho e outros recursos asseguraram o cumprimento de todos os planos
- Os projetos foram concluídos no prazo e forneceram valor real para o negócio

- Práticas de gestão de projetos copiadas pelos pares
- O planejamento otimizou as sinergias em geral
- A gestão de recursos melhorou os resultados dos negócios em geral

- De três a cinco anos de experiência gerencial
- Conhecimento/experiência em planejamento operacional
- Habilidade para antecipar e evitar problemas operacionais
- Habilidade para resolver problemas no nível hierárquico em que se originaram
- Habilidade para tomar e comunicar decisões difíceis e coragem para se manter no curso
- Habilidade para gerenciar gerentes

Liderança
- Pensamento em longo prazo
- Liderança da mudança
- Cultura de desempenho/resultados
- Capacidade na subfunção
- Proposição de valor do empregado/marca do empregador
- Satisfação em termos de envolvimento
- Trabalho em equipe pelas funções

- A estratégia desenvolvida para a função foi entendida e aceita por todos os membros da subfunção
- Criou um ambiente de trabalho que incentivou o desafio e a mudança construtivos
- Os fracos desempenhos foram resolvidos rapidamente em todos os níveis hierárquicos
- A capacidade da subfunção (incluindo o uso de tecnologia) possibilita o sucesso
- Pessoalmente conectado com empregados em todos os níveis hierárquicos da função
- Adota os valores corporativos, o Código de Conduta no Negócio e o Código de Relacionamento com Empregados

- Exemplo de viver em conformidade com as diretivas e valores corporativos
- Estratégia de comunicação e métodos de envolvimento copiados pelos pares
- A eficácia da equipe é maior que a dos pares

- Habilidade para traduzir a estratégia da função no planejamento da subfunção
- Habilidade para liderar e administrar mudanças
- Estabelecer padrões para o desempenho gerencial
- Confiante no papel de liderança
- Respeito dos outros; aceita/adapta-se à cultura local
- Comunicador articulado e ouvinte eficaz para todas as camadas hierárquicas
- Construção de equipes compostas por várias funções

Resultados	Desempenho Completo	Desempenho Excepcional	Habilidades, Conhecimento e Experiência
Relacionamentos - Relacionamentos com principais clientes/fornecedores - Relacionamentos com todos os níveis hierárquicos da função - Relacionamentos com outras funções - Relacionamentos com negócio/comércio/grupos setoriais/associações - Relacionamentos com sindicatos/conselhos de empregados - Relações com a comunidade - Formadores de opinião e outras partes interessadas importantes	- A interface com clientes/fornecedores inclui soluções em que todas as partes ganham - As fortes relações de trabalho em todos os níveis hierárquicos na função possibilitaram uma comunicação rápida - As fortes relações de trabalho com o chefe asseguraram o apoio mútuo - Estabeleceu fortes relações de mentor com colaboradores individuais de elevado desempenho - As relações com as funções melhoraram os resultados do negócio	- As relações de trabalho dentro da função possibilitaram sinergia entre funções - Os relacionamentos com pares e outras funções geraram um verdadeiro trabalho em equipe - Procurado pelos pares para coaching e solução de problemas	- Constrói relacionamentos para melhorar os resultados - Capacidade de compreender o que motiva os pares em outras funções - Conhecimento sobre as contribuições de todas as funções - Bem versado em eventos atuais - Compreende o bem maior - Capacidade de desenvolver soluções em que todas as partes ganham
Crescimento e Inovação - Novos mercados - Novos produtos - Novas categorias/canais - Novos clientes - Novas aplicações/processos - Novos métodos - Novas ideias	- Implementou pessoalmente pelo menos uma inovação - Aprimorou continuamente os processos da função; explorou oportunidades de crescimento e/ou baixou custos e gerou resultados melhores - Incorporou melhores práticas, aprimorou os resultados e as práticas ineficazes foram eliminadas - Identificou, vendeu e implementou novos programas/processos	- Adquiriu novas ideias a partir do estudo de setores paralelos - Processos e programas amplamente utilizados por outras funções	- Aprendeu com os erros - Curiosidade intelectual - Mentalidade aberta e tolerante em relação às diferenças - Disposição para experimentar e testar métodos novos - Experiência na implementação de inovações sem rupturas - Habilidades para melhoria de processos
Responsabilidade Social (RS) - Disseminação da política - Consciência/comportamento de responsabilidade social - Educação do consumidor - Reputação do empregador - Qualidade - Saúde e segurança - Meio ambiente	- Assegurou que os sistemas e procedimentos de gestão em saúde e segurança estejam em operação, sendo seguidos pelos gerentes - Estratégia e programas de RS corporativa totalmente entendidos e implementadas em conformidade com as Diretrizes de Cidadania em relação a Meio Ambiente, Mercado, Comunidade e Local de Trabalho - Qualidade consistentemente em conformidade ou acima dos padrões, obtida pelo custo ideal	- A qualidade melhorou significativamente a cada ano - Aproveitou ativamente as oportunidades de parcerias com a comunidade - Programas de Responsabilidade Social copiados pelos pares e outras funções	- Capacidade de disseminar e aplicar políticas de segurança e meio ambiente - Julgamento equilibrado do impacto e custo de programas - Habilidade para implementar melhorias de qualidade, segurança e saúde

Gestor de Outros

Mudança nos Valores do Trabalho

- De resultados através do esforço pessoal e cooperação para resultados através de outros
- De produtividade pessoal para produtividade de equipe e produtividade individual
- De trabalhar como membro de uma equipe para construir uma equipe eficaz e de sucesso
- De planejar o próprio trabalho para gestão de equipe e desempenho
- De valorizar padrões profissionais para valorizar trabalho de gestão
- De desenvolver habilidades de trabalho individual de alta qualidade para desenvolver habilidades gerenciais

Resultados	Desempenho Completo	Desempenho Excepcional	Habilidades, Conhecimento e Experiência
Profissional/Técnica/Operacional - Cumprimento de KPIs - Vendas/volume/custo - Gestão do orçamento e despesas - Satisfação do cliente - Influência e decisões em relação a clientes/vendedores - Análise, compartilhamento e relatórios de informações - Realização do projeto	- Forneceu produto, serviço, recomendação conforme especificado, dentro do orçamento e no prazo, através da equipe - Atingiu todas as metas/KPIs fundamentais para a missão - Os projetos cumpriram todas as metas e ajudaram a realizar a estratégia da função* - As pesquisas de Satisfação do Cliente foram analisadas, gerando o desenvolvimento de planos de ação - A gestão do processo de envolvimento do cliente (externo/interno) permitiu a realização dos objetivos - Compartilhou apropriadamente informações atualizadas sobre oportunidades e mudanças profissionais/técnicas/operacionais - O vendedor certo forneceu os serviços corretos no momento certo pelo preço correto* - Os relatórios solicitados foram entregues corretamente e no prazo	- Superou todas as metas/KPIs fundamentais para a missão - Obteve novos resultados (adicionais) dentro do orçamento - Valor extra através de parcerias entre vendedores e clientes	- Práticas gerais de negócios - Capacidade de ver o "panorama geral" - Habilidade para ler e interpretar os dados de mercado e a reação da concorrência - Motivação por resultados - Compreensão do impacto das decisões em custos/receitas

Resultados	Desempenho Completo	Desempenho Excepcional	Habilidades, Conhecimento e Experiência
Desenvolvimento de Pessoal - Força de equipe - Desenvolvimento da equipe - Coaching e feedback - Desenvolvimento de sucessor - Recrutamento - Treinamento de Empregados	- Todos os membros da equipe possuem e usam a competência técnica exigida - Coaching e feedback fazem parte do trabalho do dia a dia e não houve surpresa na avaliação do desempenho - Todos os empregados têm um plano de desenvolvimento em andamento e estão seguindo-o ativamente - Implementou o plano de desenvolvimento do sucessor identificado - Pessoa certa no trabalho certo para gerar resultados - Os novos contratados têm potencial para cargos maiores	- Os membros da equipe foram procurados por outros departamentos/funções - Pessoas com desempenho excepcional quiseram trabalhar em sua equipe - Procurado como coach por outras áreas	- Identificação e seleção de talento - Habilidades de coaching - Habilidade para criar um ambiente de aprendizado - Ensinar os requisitos culturais da companhia - Habilidade para feedback
Administração - Prioridades - Planos de Trabalho - Gerenciamento da execução e processo - Solução de problemas - Produtividade - Observância (União Europeia, Lei Sarbanes-Oxley, Auditoria, impostos locais e legislação trabalhista etc.) - Gestão de Projetos	- Estabeleceu prioridades para si próprio e para a equipe com base nos objetivos do departamento/função - Todos os empregados tiveram direcionamento claro, definição de responsabilidades e concordaram com os objetivos atuais mensuráveis - Sistema de controle permitiu resultados dentro do prazo e sem surpresas - Pessoalmente e equipe em completa observância das políticas internas, processos, padrões e legislação local - Produtividade aumenta a cada ano; pessoalmente e equipe reduziram consistentemente todo o trabalho que não agrega valor ou o desperdício	- Práticas de gestão copiadas pelos pares - Tomada de decisão, solução de problemas e observância estabeleceram os padrões para as equipes dos pares - Cada indivíduo e equipe cumprindo integralmente todas as metas	- Experiência & conhecimento na subfunção - Habilidades para gestão organizacional e do tempo - Capacidade de antecipar e evitar problemas - Capacidade de raciocínio lógico - Capacidade de tomar decisões de qualidade - Habilidades para delegar - Pleno conhecimento da estratégia da função - Habilidades para gestão de projetos - Conhecimento e interpretação de políticas, processos, procedimentos e sistemas - Sólida capacidade de julgamento

Liderança
- Tradução das diretrizes estratégicas de Grupo/País/Função para propósito e direcionamento local/departamental*
- Liderança da mudança
- Gerenciamento do desempenho
- Retenção de empregados
- Motivação/reconhecimento

- Diretrizes estratégicas de Grupo/País/Função foram traduzidas para metas e direcionamento local/departamental*
- A necessidade de mudança foi claramente comunicada e aceita pela equipe
- O periódico reconhecimento dos empregados produziu um desempenho crescente
- O desempenho fraco foi resolvido rapidamente
- Adota os valores corporativos e o Código de Conduta da Empresa (e o Código para Lidar com Empregados, quando aplicável)

- Considerado um exemplo de liderança de equipes de linha de frente com elevado desempenho e com diversidade de membros
- A eficácia da equipe foi maior que a dos pares
- Modelo por assumir os valores corporativos e a diretivas nesta camada hierárquica

- Capacidade para interpretar a estratégia da função e a cultura*
- Capacidade para implementar mudança*
- Capacidade para estabelecer padrões de desempenho claros
- Elevada integridade
- Capacidade de adaptar apropriadamente o estilo de liderança
- Habilidade para identificar os principais motivadores para o desempenho individual
- Resolução de conflitos

Relacionamentos
- Clientes/vendedores/fornecedores
- Partes interessadas da função (pares, gerente, comunidade funcional)
- Formadores de opinião e outras partes interessadas importantes
- Trabalho em equipe entre funções

- A interface entre clientes/fornecedores/vendedores incluiu soluções em que todos ganham
- A comunicação aberta com os pares e gerentes assegurou que não houvesse "surpresas"
- Desenvolveu a confiança e o respeito com partes interessadas internas
- A cooperação com outras funções propiciou melhores resultados da equipe

- Os relacionamentos da função permitiram que as necessidades únicas do país/unidades de negócio/Grupo fossem atendidas
- Os planos e metas refletiram um pensamento que levou em conta múltiplas unidades

- Capacidade de construir relacionamentos que propiciem resultados
- Capacidade de comunicar com eficácia
- Conhecimento/consciência dos negócios por País/Unidade de Negócio
- Capacidade para ler a situação e entender as prioridades
- Conhecimento das necessidades e práticas locais
- Habilidades e mentalidade para trabalho em equipe
- Capacidade para desenvolver soluções em que todos ganham

Crescimento & Inovação
- Novas iniciativas técnicas/operacionais/profissionais
- Novas ideias
- Inovação técnica/funcional*
- Aperfeiçoamento de sistemas, processos e padrões

- Histórico de melhorias motivadas pela curiosidade e aplicação de novos conhecimentos e ideias*
- Processos/programas relevantes continuamente aperfeiçoados
- Iniciativas no negócio foram implementadas com sucesso

- Objetivos da equipe foram superados encontrando novas maneiras de utilizar melhorias de processos/programas da função e novas ideias
- O aperfeiçoamento contínuo foi o "estilo de vida" da equipe

- Disposição para experimentar e testar novas ideias
- Habilidades para aperfeiçoar processos
- Conhecimento do produto e do setor
- Referência de melhores práticas dentro da empresa na própria função

Responsabilidade Social
- Compreensão da política
- Saúde, Segurança e Meio Ambiente
- Reputação do empregador

- Estratégia e programa de RS plenamente compreendido e implementado conforme o caso pela equipe
- Sistemas e procedimentos de gestão de saúde, segurança & meio ambiente em andamento e sendo seguidos
- Condições (físicas) do ambiente de trabalho apoiaram produtividade, saúde e segurança
- Adota a cidadania empresarial

- Aproveitou ativamente as oportunidades de parceria com a comunidade (isto é, palestras para instituições educacionais)
- Programas de RSP copiados pelos pares
- Modelo de cidadania empresarial no país

- Habilidade para disseminar e reforçar políticas de saúde, segurança e meio ambiente
- Pleno conhecimento das políticas da companhia

*Indica as principais novas exigências para Gestor de Outros.

Autogestor

Valores de Trabalho
- Resultados através do esforço pessoal e geralmente em cooperação com outras equipes
- Produtividade pessoal
- Trabalha como membro de uma equipe
- Planeja o próprio trabalho pelo sucesso pessoal
- Valoriza a companhia e padrões profissionais, adotando valores e cultura da companhia
- Trabalho e habilidades pessoais de alta qualidade

Resultados	Desempenho Completo	Desempenho Excepcional	Habilidades, Conhecimento e Experiência
Profissional/Técnico/Operacional - Fornecimento dos resultados do cargo - Prestação de serviço ao cliente - Relatórios - Apoio em projetos - Cumprimento de KPIs	- Forneceu o trabalho (produtos, análises, apoio, serviços) e as informações no prazo e de acordo com as especificações - Atingiu todas as metas/KPIs fundamentais para a missão - Os clientes foram atendidos dentro dos padrões da companhia - Os relatórios solicitados foram entregues corretamente e no prazo	- Superou regularmente as metas e os padrões de qualidade e antecipou os prazos de entrega - Superou todas as metas/KPIs fundamentais para a missão - Alcançou resultados novos (adicionais) - A qualidade do trabalho foi modelo para os colegas	- Motivado para aprender rápido e trabalhar independentemente - Apresenta uma compreensão básica das finanças - Mentalidade de prestação de serviço ao cliente - Conhecimento das necessidades da função - Habilidade para enxergar o quadro mais amplo
Desenvolvimento Pessoal - Desenvolvimento de si próprio - Capacidade para construir sua própria área de trabalho - Compartilhamento de conhecimento e desenvolvimento	- Compartilhamento/transferência de conhecimento e informação fortaleceu a capacitação da equipe de colegas - Demonstrou ativo aprendizado através de abertura para o feedback e aplicação das competências profissionais/técnicas/operacionais	- Os colegas procuraram trabalhar com ele para aprender - A evolução pessoal estabeleceu o padrão para a equipe	- Aberto para o feedback - Autoavaliação/consciência - Aquisição e aplicação de novos conhecimentos
Administração - Planos de trabalho e prioridades - Organização, verificação e controle - Implementação de padrões e especificações - Manejo/solução de problemas - Produtividade - Gerenciamento de projeto	- O planejamento de trabalho/projetos e as prioridades foram baseados nos objetivos departamentais - As rotinas de verificação e controle asseguraram resultados no prazo e sem surpresas - A implementação completa dos padrões e especificações da companhia assegurou que não houvesse erros - Os obstáculos foram trabalhados e superados em tempo hábil - A produtividade aumentou devido à excelente organização do trabalho	- O gerenciamento do tempo e do trabalho aumentou os resultados do departamento - O manejo/solução de problemas e a implementação dos padrões e especificações da companhia estabeleceram a norma para os colegas	- Atenção aos detalhes - Habilidades analíticas - Habilidade para estabelecer prioridades e planejar - Capacidade de fornecer soluções para os problemas - Capacidade de executar tarefas repetitivas de acordo com os padrões

Liderança		
• Valores/ética	• Contribuiu consistentemente para um ambiente positivo de trabalho em equipe	• Exemplo por viver de acordo com as diretivas e os valores corporativos
• Atua com a equipe/trabalho em equipe	• O comportamento pessoal atendeu as exigências de valores/ética da companhia	• Líder respeitado entre colegas
	• Esforçou-se mais que o esperado com clientes/colegas	• Integridade
		• Habilidades para se comunicar e ouvir com eficácia
		• Habilidades de negociação
Relacionamentos		
• Clientes/vendedores	• As interações com clientes/vendedores facilitaram o cumprimento dos objetivos do departamento	• Modelo para relações de trabalho eficazes com colegas dentro e fora da função
• Partes interessadas da função (colegas, gerente, comunidade da função)	• A cooperação com colegas dentro da própria função e com outras funções assegurou resultados melhores	• Os planos e metas refletem um pensamento multifuncional
• Trabalho em equipe entre funções	• A comunicação aberta em todas as direções assegurou que não houvesse "surpresas"	• Construção de relacionamentos para apoiar o desempenho individual
		• Atuar em equipe
		• Conhecimento de metas e necessidades de outras funções
		• Conhecimento das práticas e necessidades da companhia na própria função
Crescimento e Inovação		
• Novas ideias	• Histórico de melhorias motivadas pela curiosidade e aplicação de novos conhecimentos e ideias	• Superou as metas pessoais ao encontrar novas maneiras de utilizar os processos/programas da função
• Inovação técnica/na função	• Produziu uma inovação por ano analisada para implementação	• Os novos métodos levaram a um substancial aumento da produtividade na equipe
• Melhoria da prestação de serviço	• Melhorou continuamente os métodos	• Curiosidade intelectual
• Melhoria de processos	• Adaptou as rotinas de trabalho para apoiar as iniciativas corporativas, a utilização de sistemas e as melhores práticas internas	• Disposição em expressar e experimentar novas ideias
• Referência/melhores práticas interna/externa		• Capacidade de aprender com os erros
		• Coleta de informações
Responsabilidade Social		
• Implementação da política	• Compreendeu e seguiu plenamente a estratégia e programa de RS	• Modelo para cidadania empresarial
• Saúde, Segurança & Meio Ambiente	• Seguiu os sistemas e procedimentos de gestão de saúde, segurança e meio ambiente	• Aproveitou ativamente as oportunidades para parceria com a comunidade (que lhe foram atribuídas)
• Reputação do empregador	• Reduziu o impacto ambiental da companhia (economia de energia, menor uso de papel etc.)	• Conhecimento pleno das políticas da empresa
	• Adota os valores da empresa	• Compreensão do impacto ambiental de seu próprio trabalho e do dos outros

Ferramenta 2

Questionário para Entrevistas

Perguntas e Sondagens	Ouça…
1A. Fale-me sobre o escopo de seu trabalho; por exemplo, a quantidade de pessoas que você administra, o tamanho de seu orçamento, onde ele se encaixa na cadeia de valor etc. **Sondagem:** Onde você gostaria de ter mais clareza?	- Abrangência - Grau de complexidade - Fazendo *versus* gerenciando (por resultados) - Grau de entusiasmo

1B. Pense de forma abrangente nos resultados esperados ao longo de dois ou três anos. Quais são os principais resultados esperados de sua posição?
Sondagens:
Pense em outras nuances de seu trabalho, como aspectos externos ou áreas mais administrativas (como pessoal).
Você me forneceu uma pequena lista; analise as maneiras como está sendo medido.
	- Resultados por categoria de desempenho
	  – Financeira/Operacional – Administração
	  – Clientes – Relacionamentos
	  – Liderança – Responsabilidade Social
	- Substantivos, não verbos; por exemplo, "planos", e não "planejando"
	- Clareza de entendimento do trabalho
	- Foco em resultados *versus* atividade

2. *Observação: Espere um pouco para eles refletirem nas respostas.* Quais são as tarefas mais importantes que você realizou? **Sondagens:** *O que você efetivamente faz para atingir os resultados?* *Não ouvi você falar de nenhuma tarefa associada aos resultados XX – diga-me quais são as tarefas exigidas.* *Quais são suas tarefas associadas à gestão de risco?*	- Verbos, não advérbios - Conexão com os resultados; por exemplo, os resultados em vendas requerem planejamento de vendas, visitas de vendas, visitas de serviço
3A. Por favor, dê alguns exemplos de decisões importantes que você tomou. **Sondagens:** *Especificamente o que você decide sozinho?* *Se for dada uma lista pequena ou nenhuma decisão, sonde: que recomendações você faria para seu chefe ou outros acima de você?*	- Razoável adequação com os resultados exigidos - Clareza sobre sua autoridade - Decisões *versus* recomendações
3B. Existem algumas situações em que você acha que poderia ter mais autoridade? **Sondagem:** Especificamente, o que deveria ser decidido por você para que esse trabalho tivesse sucesso? Por que essa autoridade seria necessária?	- Conexão com resultados - Especificidade da resposta *versus* ideia não aplicável - Grau de reflexão

4. Quais obstáculos precisam ser superados para se alcançarem os resultados esperados?
   Sondagens: Recursos, políticas, competição, gestão, habilidades etc.
   Quais são as consequências ou recompensas por assumir riscos?

   - Especificidade dos obstáculos
   - Amplitude da resposta; isto é, considera mais de um tipo de obstáculo
   - Relevância para resultados
   - Interno *versus* externo

5. Descreva como seu tempo é gasto; por exemplo, qual percentagem do total é aplicada em cada atividade ou resultado?
   Sondagem: *Para "reuniões" – Qual é o propósito? Quem convocou a reunião?*
   Para "clientes" – qual foi o propósito da interação?
   Para "com meu pessoal" – fazendo exatamente o quê?

   - Todas as tarefas foram levadas em conta
   - Especificidade suficiente para discernir a categoria de resultados abordada
   - A soma chega a 100%

6. Que conhecimentos, habilidades, experiência são necessários para o sucesso no trabalho?
   6A. Conhecimento – técnico, jurídico, em termos de clientes, profissional
   6B. Habilidades – liderança, gerenciamento, vendas
   6C. Experiência – trabalhos, projetos, local geográfico, tipo de negócio, linha de frente/equipe de apoio
   Sondagem: Como eles ajudam a superar os obstáculos? Ajudam na tomada de decisão?

   - Consistência com resultados, tarefas, obstáculos
   - Quadro completo
   - Fazer *versus* liderar
   - Técnica *versus* gerencial

7. O que contribui mais em sua preparação para o trabalho? Houve uma atribuição, experiência de aprendizado ou mentor especialmente importante?
   Sondagem: *Por que isso foi útil?*

   - Relevância para alcançar os resultados *versus* relevância para ser selecionado para o trabalho
   - Conhecimento/Habilidade/Experiência (obtidos)

8. Que preparação adicional teria sido útil?
   Sondagem: *Poderia ser para tomar uma decisão específica ou para a execução de uma tarefa.*

   - Conhecimento/Habilidade/Experiência (necessários)
   - Importância dos assuntos para a obtenção de resultados

9. Você enxerga grandes mudanças em sua posição ao longo dos próximos três a cinco anos?
   Sondagem: Como a estratégia da companhia impactará este trabalho?
   - Quais resultados precisam mudar e por quê; que habilidades são necessárias
   - Motivado por mudança de estratégia *versus* redução de despesa
   - Ajustando o trabalho à pessoa

10. Que desenvolvimento adicional você percebe como necessário para assegurar o sucesso no manejo dessas mudanças?
    - Trabalho *versus* projeto *versus* treinamento *versus* coaching
    - Conhecimento/Habilidade *versus* características pessoais

11. Seria necessário o treinamento em várias funções (operações, finanças, marketing, regulamentação, equipe corporativa etc.) para a realização de seu trabalho?
    Sondagem: Que outra experiência em termos de funções o ajudaria a alcançar quais resultados?
    - Conexão com resultados
    - Respostas pensadas
    - **Sem** reação instintiva

12. O treinamento entre funções deve ser incentivado?
    Sondagem: Em que negócios? Quais os benefícios a serem obtidos?
    - Conexão com resultados
    - Conexão com Conhecimento/Habilidades/Experiência

13. Vamos olhar para alguns relacionamentos que possam impactar seu trabalho.

13A. Descreva as relações de trabalho com seus pares, incluindo pares em todas as Divisões/Negócios.

13B. Descreva suas relações de trabalho com o chefe.
    Sondagem: O que você gostaria de obter de seu chefe que não está conseguindo?
    - Apoio *versus* conflito
    - Fluxo de informações
    - Confiança
    - Orientação e coaching
    - Respeito mútuo
    - Necessidades não atendidas

Índice

A
Abordagem de "busca", 160
Ação, como uma fase de transição, 213, 214, 216
Ações voltadas para resultados, apropriadas, 213, 214
Adaptação, 23, 35, 39-40
Administração do tempo, 161
Administração dos riscos, 73
Aker Solutions, 12
Alavancagem, criando, 125, 174–175
Alianças, facilitando, 75
Alinhamento: verificação do, 200; dos programas de RH, 16; da estratégia, 89–92
Alinhamento com a estratégia, 89–92
Ambiente, exames e avaliações, 68
Análise da concorrência, 107
Análise da situação, sistemas de recompensa e reconhecimento requerendo, 223–224
Análise das lições aprendidas, uso de, 161
Animosidade corporativa, 102
Antiguidade, promoção baseada na, problema com, 203, 204
Apatia, 195, 217
Aprendizado: como uma fase de transição, 213, 214–215, 216; contínuo, 165; e discussões sobre desempenho, 230; recomendações sobre, 218
Aprendendo mais, como um imperativo, 5–7
Assumir riscos: equilibrando inovação e, 124; possibilitando, 73
Autocontrole, praticando, importância do, 160
Autodisciplina, 162
Autogestores: definindo o papel dos, 157–158; e mudanças nas valorizações de relacionamentos, 37; e o Pipeline de Desempenho Técnico, 172–178; e pensamento de curto prazo, 188–189; e retorno sobre a liderança, 125; e vantagens do Pipeline de Desempenho Técnico, 174–175; em um Pipeline de Desempenho real, 250–251; estabelecendo o clima de trabalho para, 123; evolução natural dos valores de trabalho para, exemplos de, 36, 37; foco dos, no Pipeline de Desempenho, 14; fornecendo contexto para, 136; ignorando, 158–159; impacto dos chefes nos, 133; orientando, 118; padrões de desempenho para, desenvolvendo, exemplo de, 167–171; passagem de, no modelo do Pipeline de Liderança, 13; passando para posições como, exemplo de, 130; possibilitando desempenho excepcional dos, 172–174; pressupostos sobre, 157; propósito dos, 158–159; resultados adicionais esperados dos, 175–178; resultados do trabalho completo para, 167–171; resultados esperados para, 159–171; resultados inadequados para, 171; resultados subjacentes para, 159–167; sendo diretamente supervisionados por Gestores de Gerentes, 126, 130; transição mal sucedida a partir de, indicadores de, 155; voltando a ser, evitando, 144–145; *Ver também* Camada hierárquica de fornecimento
Autoridade, delegação de. *Ver* Delegação de autoridade
Autoridade para tomada de decisão, distribuição de, análise, 195
Avaliação de desempenho, exemplo de, 227–228
Avaliação, pedindo, 218
Avaliações de desempenho, princípio sobre, 223
Aversão ao risco, Gestores de Empresa e a, 52

B
Balanced scorecards, questões com, 7
Barreiras ao desempenho, removendo, focando em, 217
Barreiras, evitando, 113. *Ver também* Obstáculos
BHP, 12
Bravo Enterprises (Snelling Company), 77-79
BRC, 104-107
British American Tobacco, 12
Burocracia, mudando de, para a propriedade, 193, 195-196
Burow, P., 210, 212

C
Cadeia de suprimento, 104
Caixa de ressonância, 219
Camada de concreto, evitar uma, 113
Camada hierárquica da carteira: breve descrição da, 11; e como ela se conecta com o Pipeline de Liderança, 14; no modelo do Pipeline de Desempenho, 10; no Pipeline de Desempenho Técnico, 173. *Ver também* Gestores de Grupo
Camada hierárquica da produtividade: breve descrição da, 11; e como ela se conecta com o Pipeline de Liderança, 14; no modelo do Pipeline de Desempenho, 10; no Pipeline de Desempenho Técnico, 173. *Ver também* Gestores de Gerentes
Camada hierárquica da vantagem competitiva: breve descrição da, 11; e como ela se conecta com o Pipeline da Liderança, 14; no modelo do Pipeline de Desempenho, 10; no Pipeline de Desempenho Técnico, 173. *Ver também* Gestores de Função
Camada hierárquica de fornecimento: breve descrição da, 11; e como ela se conecta com o Pipeline de Liderança, 14; no modelo do Pipeline de Desempenho, 10; no Pipeline de Desempenho Técnico, 173. *Ver também* Autogestores
Camada hierárquica de perpetuação: breve descrição da, 11; e como ela se conecta ao Pipeline de Liderança, 14; no modelo de Pipeline de Desempenho, 10; no Pipeline de Desempenho Técnico, 173. *Ver também* Gestores de Empresa/CEOs
Camada hierárquica do lucro: breve descrição da, 11; e como ela se conecta com o Pipeline de Liderança, 14; no modelo do Pipeline de Desempenho, 10; no Pipeline de Desempenho Técnico, 173. *Ver também* Gestores de Negócio
Camada hierárquica que capacita: breve descrição da, 11; e como ela conecta com o Pipeline de Liderança, 14; no modelo do Pipeline de Desempenho, 10; no Pipeline de Desempenho Técnico, 173. *Ver também* Gestores de Outros
Camadas hierárquicas, transições, abordando. *Ver* Transições, possibilitando
"Caminhar pelo perímetro", abordagem, 89, 91–92, 94
Caminhar em volta, como um mecanismo de controle, 59
Candidatos à sucessão: para Gestores de Negócio, 65, 71; para CEO, 65, 84; para Gestores de Função, 71
Candidatos externos para CEO, 84
Candidatos internos para CEO, 84
Capacidade da equipe, focando na, 137, 143, 144
Capacidade da organização, alinhamento com, verificação da, 200
Capacidade na função, 11
Capacidade técnica organizacional, desenvolvendo, 177
Capital, alocação, 67–68
Caráter de uma função, principal fator impactando, 30
Categorias de trabalho, escolha, 33–34
CEO, da empresa. *Ver* Gestores de Empresa/CEOs
Cérebro emocional, 210, 211, 212, 217
Cérebro racional, 210–211, 212
CFO: como candidato à sucessão do CEO, 84; e alocação de capital, 68; em empresas de bens de consumo, Autogestores fazendo negócios com, 37; falta de um, abordando, exemplo de, 44, 45; faltando responsabilização pelos resultados da empresa, exemplo de, 66; fundadores/CEOs como, 118; *Ver também* Gestores de Função
Chefes: bons vs. ineficazes, impacto, 133; recomendações para, 216-217
Chefes negligentes, 206
Cidadania, boa, 164–165
Ciência comportamental, 16, 210
Citigroup, 12
Clareza. *Ver* Clareza de papel
Clareza de papel: grande necessidade de, 65; maior, 15, 234; no processo de transição, 212, 213; como imperativo, 7–8
Clientes: cuidando dos, 140; demandas do, 43; envolvimento com, 93; Gestores de Empresa e, 50–51; influenciando atitudes dos, 158; internos, tendo, problemas com,

163; necessidades dos, mudanças em, ajustando aos, 165; relacionamentos com, 75; visão em termos de sistema dos, 189
Clientes internos, problemas com o fato de ter, 163
Clima de trabalho, 109, 120, 122–123, 140
Coaching: de equipes, 137; dos Autogestores, 161; dos Gestores de Negócio, 71–72, 83; dos Gestores de Outros, 155; e análise da concorrência, 107; e discussões de desempenho, 230; e envolvimento de Recursos Humanos, 219; focando em, 45; foco estreito, exemplo de, 105, 106; limitações do, 18; melhoria em, 16, 232–233; no Pipeline de Desempenho, 11
Coca-Cola Hellenic, 12
Colaboradores individuais. *Ver* Autogestores
Comitê de Política, 72
Comitês, 205–206
Competência, modelos: inserindo, no projeto de Pipeline de Desempenho, 38; problemas com, 9
Competências: alinhamento de, para vantagem competitiva, 89, 90, 91; comportamentos e, para Gestores de Gerentes, 126, 127–129; verificando alinhamento com, 200. *Ver também* Habilidades, conhecimento e experiência
Competição: com membros da equipe, 155; com outros, resistindo, 213, 214, 218; e buscando melhoria de desempenho, 234; entre gestores, 83; princípio abordando a, 222
Competição na equipe, 155
Complacência, risco de, 213, 215, 217
Comportamento egocêntrico. *Ver* Narcisismo
Comportamentos e competências, 126
Composição da equipe, efeito da, 144
Compromisso: CEOs possibilitando, 56; com mudança de contexto, 182–184, 200; conexões e, 137; e ritmo de negócio, 94; genuíno, para melhoria do desempenho, 234; mais lento, 113; perda de, 172, 195
Comunicação: eletrônica, problema com, 8–9, 196–197; insuficiente, impacto da, sobre Gestores de Outros, 134
Comunicação organizada, mudando para, 196–197
Comunidade, criando uma, para transformação, 217
Conclusões sobre avaliação de desempenho, chegando a, 230–231
Condições de mercado, ajustando-se a mudanças nas, 165

Conexão e fluxo: falta de, como problema de transição, 205; interno-externo, 60–61; vertical, 57, 58
Conexões, criando, 137, 137, 142, 143, 144
Confiança: em Gestores de Grupo, 76; em Gestores de Negócio, 83; ritmo dos negócios construído com base na, 94; sarcasmo e, 171
Conhecimento: compartilhando, falta de, 204; gestão do, 175. *Ver também* Habilidades, conhecimento e experiência
Conselho de Diretores: demandas do, 43; relacionamento com o, 61, 76-77
Construa um bom relacionamento, 217
Construção da organização, disciplinada, mudança para a, necessidade de, 197
Construção de confiança: pelos Gestores de Empresa, 61; pelos Gestores de Negócio, 92
Construção de equipe, pelos Gestores de Empresa, 49
Consultores, confiar em, evitar, 199
Consultores técnicos, 178
Contexto do trabalho, fornecendo, 136, 137, 142, 143
Contexto para o desempenho, criando um: definindo o contexto de negócio, 183; desenho da organização e, 184, 193, 195–198; e reunindo evidências baseadas no desempenho, 226; elementos culturais e, 184–188; modelos operacionais e, 184, 191–193, 194; mudando as exigências contextuais, 182–184, 200; outros elementos culturais que surgem e, 188–190; recomendações específicas para o, 198–200; testando primeiro seu próprio contexto, 182; visão geral do, e compreendendo ao que se refere o "contexto", 181–182
Contexto para o trabalho, fornecendo, 136, 137, 142, 143
Controle de Qualidade e Segurança, 104
Conversas: individuais, como um mecanismo de controle, 59; julgando, evitar, 223, 230, 231, 232; motivacional, 223, 225–231
Conversas sobre desempenho com julgamento, evitar, 223, 230, 231, 232
COO (Chief Operating Officer). *Ver* Gestores de Grupo
Cooperação, praticando, 163
Coragem, 214
Crescimento: aleatório, mudança do, necessidade de, 197–198; removendo os impedimentos para, 199–200
Criação de valor, 213
Crise financeira global, 5, 21, 22

Csikszentmihalyi, M., 203
Cuidado equilibrado, 139-140, 143
Culturas com baixo desempenho, 204
Culturas de aprendizado, 185–186
Culturas de conhecimento, 185, 187, 204
Culturas de equipe, 187
Culturas de família, 186, 187, 204
Custo e receita, responsabilidade por, 86

D

Dados: classificar e codificar, 22, 30–38; coletando, 22, 26–30; entrevista, uso de, 32–40
Dados de entrevistas, uso de, 32–40
De Beers, 12, 88–89
Decisões: aumentando a transparência, 73; centro de todas, evitar ser, 101; emocional, evitar, 64; sobre sistemas de recompensa e reconhecimento, princípio para, 223–224
Decisões emocionais, evitar, 64
Definição do papel: clara, no Pipeline de Desempenho, 11; falta de, como um problema de transição, 205
Definição dos cargos, melhoria na definição, 232-233
Delegação de autoridade: confusão sobre, 118–119; e o modelo paternalista, 191; inapropriada, 101; promovendo, 73–74; reforçando, 63–64
Delegando trabalho/tarefas, 119, 205, 216
Demanda por líderes, reduzida, 15
Dependência, evitar, 63
Descrições de função, eliminando, 232
Desempenho completo: ainda não completo, coluna para, 227–228, 229; criando coluna para, 35–36, 100; para Autogestores, 169–170, 250–251; para Gestores de Função, 114–115, 240–243; para Gestores de Gerentes, 127–129, 244–246; para Gestores de Grupo, 80–82, 236–237; para Gestores de Negócio, 97–99, 238–239; para Gestores de Outros, 146–149, 150–151, 152–153, 227–228, 247–249
Desempenho excepcional: criando coluna para, 36, 100; para Autogestores, 168, 169–170, 172–178, 250–251; para Gestores de Função, 240–243; para Gestores de Gerentes, 244–246; para Gestores de Grupo, 236–237; para Gestores de Negócio, 97–99, 238–239; para Gestores de Outros, 146–149, 150–151, 152–153, 227–228, 247–249

Desenho da organização: estabelecido, 183; mudança do, 193, 195–198; ruim, como um problema da transição, 205–206
Desenvolver habilidades, 161
Desenvolvimento do empregado. *Ver* Desenvolvimento de liderança; Desenvolvimento de pessoal
Desenvolvimento: e análise da concorrência, 107; necessidades de, descobrindo, 232; responsabilidade pelo, 86. *Ver também* Desenvolvimento de liderança; Resultados em desenvolvimento de pessoal
Diamond Trading Company, 88–89
Direcionamento, estabelecimento, 52–54. *Ver também* Estrutura estratégica, corporativa/empresa
Disciplina operacional, impondo, 123–124
Discussões. *Ver* Conversas
Discussões de final de ano, problema com, 226
Discussões individuais, como um mecanismo de controle, 59
Discussões mensais, tendo, 226
Discussões motivacionais de desempenho: conduzindo, 225–231; importância de, princípio sobre, 223; para envolver todos os níveis hierárquicos, 232
Distribuição de responsabilidades, reforçando, 64, 213, 214
Drucker, P., 160

E

Economia global, 4-5
Egoísmo, 213, 214. *Ver também* Narcisismo
Egos, 49
Elementos culturais: estabelecidos, 183; mudança, 184–188; outros surgindo, necessitando de mudança, 188–190
Elementos de trabalho, faltando, adição de, 34–35
Eletrônica, comunicação: auto-submissão, mudando da, 196–197; problema criado pela, 8–9, 196
Emoções, administrar, 162
Encarregados de Fábrica, cargo de, 142
Engenharia: como uma função em separado, 104; e tendo uma mentalidade de prestação de serviço ao cliente, 163, 164; isolamento em gestão, 112; responsabilidade pela, 86
Entrevistas padronizadas, 29
Envolvimento: clientes, 93; como uma fase de transição, 213, 214, 216; em todos os níveis hierárquicos, para a implementação do pipeline, 231–232; empregados, Gestores de Empresa responsáveis pelo, 54–55, 61; pelos

e com os Gestores de Função, 112; pelos Gestores de Negócio, 112
Envolvimento do empregado, Gestores de Empresa responsáveis por, 54–55, 61
Equilibrar necessidades internas e externas, importância de, 43, 64
Equilíbrio, encontrando, 43, 64, 102
Erros, tolerância aos, 109
Especialistas: aprendendo com, 161; técnico, principal e líder, 177
Especialistas, gestores de, padrões para, 145, 152–153
Especialistas técnicos, principal e líder, 177
Estado da arte do trabalho, obtendo conhecimento sobre, 108–109
Estratégia: com mais informações, 175; limitação como um indicador, 22; necessidade de traduzir para camadas hierárquicas inferiores, 7–8; traduzindo em ação, 213, 214; verificando o alinhamento com a, 200. *Ver também* Estratégia de negócio; Estratégia da função; Estratégia de carteira
Estratégia da empresa, estrutura para. *Ver* Estrutura estratégica, corporativa/empresa
Estratégia da função: fornecendo uma, 109–111; período de tempo para, 37
Estratégia de carteira: Gestores de Empresa responsáveis pela, 54; no Pipeline do Desempenho, 11; período de tempo para, 37; produzindo e monitorando ameaças para a, 68; proposição de valor que se encaixa com, 87; resultados esperados para a, 70–71
Estratégia de negócio: executando uma, ingredientes fundamentais para, 87; Gestores de Empresa responsáveis pela, 54; mudando, mantendo atualizada, 165; nível de envolvimento dos Gestores de Grupo na, 70–71, 83; no Pipeline de Desempenho, 11
Estresse, 4
Estrutura da Equipe Corporativa, definindo a, 57
Estrutura da organização: problemas com horizontal e vertical, 15, 23; responsabilidade pela, 57
Estrutura estratégica corporativa. *Ver* Estrutura estratégica, corporativa/empresa
Estrutura estratégica, corporativa/empresa: como um mecanismo de controle, 59; estabelecendo a, 52–54; no Pipeline de Desempenho, 11; período de tempo para uma, 37; planos na, 56–57; proposição de valor adequada com, 87

Estrutura horizontal: Gestores de Empresa responsáveis pela, 57; problema em focar principalmente na, 15, 23
Estrutura operacional, definindo a, 57
Estrutura vertical: necessidade de focar na, 15, 23; possibilidades e benefícios da, 57. *Ver também* Pipeline de Desempenho
Eventos especiais, como um mecanismo de controle, 59
Evidências: baseadas no desempenho, definindo, 226; coleta, estrutura para, 226; como um guia para a avaliação de desempenho, 231; discutindo as, 229; relatórios com base em, 226–229; reunindo e comunicando, 226
Execução de tarefa, problema de, 139
Execução: assegurando, 138–139, 142, 143; período de tempo para, 37
Executivo de Região. *Ver* Gestores de Grupo
Executivo de Setor. *Ver* Gestores de Grupo
Executivos de nível sênior, nova exigência de resultados para, 188
Exemplo, sendo um, 200
Expectativas claras, estabelecendo, para inovação, 62
Experiência. *Ver* Habilidades, conhecimento e experiência

F

Fabricação: ciclos em, 188; como uma função em separado, 104; e tendo uma mentalidade de prestação de serviço ao cliente, 163, 164; métodos de, aprendizagem, 107; responsabilidade pela, 86
Facilitação, Gestores de Empresa responsáveis pela, 55–56
Faixas salariais, definição desnecessária, 232
Farisaísmo, 217
Favoritismo, 139, 140, 155
Feedback: aprendendo com, 213, 214, 215; focando em, 45; no Pipeline de Desempenho, 11; pedindo por, 161–162, 218; receber, importância de, 140, 159
Felicidade, discussão sobre, 203
Ferramentas de gestão altamente considerados, problemas com algumas, 9
Feudos, 44, 76, 83–84, 93, 204–205, 215, 216. *Ver também* Isolamento, evitando
Filosofia, tendo a correta, 222–224
Finanças: como parte do sistema imunológico da empresa, 59; e análise da concorrência, 107; e ter uma mentalidade de prestação de serviço ao cliente, 163; e tratando o TI como uma função em separado, 104;

gestor com foco estreito, exemplo de, 105, 106–107; isolamento na gestão, 112; responsabilidade pelas, 86; *Ver também* Diretor Financeiro (CFO)
Flexibilidade, 23, 35, 39–40, 222
Fluxo, 12, 57, 58, 61, 117, 119, 124, 204, 205
Fluxo de informações, 58, 61, 119, 124, 204, 205
Fluxo de trabalho, 58, 94, 117, 119, 124, 205
Fluxo para camadas hierárquicas inferiores. *Ver* Pipeline de Desempenho
Fluxo para cima. *Ver* Pipeline de Liderança
Foco: em fornecer valor, como um imperativo, 8–9; em resultados, mudança para, 16; em si próprio, mudando do, 140; maior clareza e, 15, 234; maior necessidade de, 65
Foco na tarefa, 143
Forças-tarefa, 205–206
Fracasso, medo de, 214, 217

G

Ganhos e lucros, Gestores de Empresa e, 48–50
Gap, The, 12
Gerente de Crédito a Empresas, cargo de, 142
Gestão de custo, 58, 96
Gestão por objetivos, 160
Gestão, treinamento genérico, 119
Gestão: opinião sobre, 193; forma de definir, 16
Gestor de Análise Financeira, cargo de, 142
Gestores: percepção dos, influências sobre, 122; podem se concentrar em, 175; transferidos com eficácia, 175–176. *Ver também* Gestores de Negócio; Gestores de Empresa/CEOs; Gestores de Função; Gestores de Grupo; Gestores de Gerentes; Gestores de Outros; Autogestores
Gestores da linha de frente. *Ver* Gestores de Outros
Gestores de Call Center de Atendimento ao Cliente, cargo de, 143
Gestores de Contas a Pagar, cargo de, 142
Gestores de Empresa/CEOs: candidatos à sucessão dos, 65, 84; compartilhando responsabilidade com, para a construção de relacionamentos, 75; definindo resultados para, em vez de criar padrões, motivos para, 40; e alocação de capital, 68; e encontrando equilíbrio, 43, 64; e pipelines personalizados, 224; e transparência, 73; efeito de feudos em, 84; em empresas de bens de consumo, Autogestores fazendo negócios com, 37; entrevistando, 28;

evolução natural dos valores de trabalho para, exemplos de, 36, 37; foco dos, no Pipeline de Desempenho, 14; fundadores como, 118, 191; gestores se reportando aos, 65, 86, 103; índices de fracasso dos, 85; melhores parceiros para, 69–70; novos, buscando os resultados corretos, exemplo de, 44–46; papel de fato dos, 86; papel de possibilitar, 47; passagem de, no modelo do Pipeline de Liderança, 13; percepção dos, influências sobre os, 122; pressão colocada sobre os, 43; relacionamento com, 76–77; responsabilidade dos, 65–66; resultados esperados dos, 46–63; resultados não apropriados para os, 63–64; *Ver também* Camada hierárquica de perpetuação
Gestores de Engenharia, cargo de, 142–143
Gestores de Função: como candidatos a sucessão, 71; deficiências envolvendo, 131; definindo o papel de, 104; e funções sem Gestores de Gerentes, 118; e produtividade, 120; e um Pipeline de Desempenho real, 240–243; empurrando os Gestores de Gerentes uma camada hierárquica para baixo, 125; enfrentando problemas com, exemplo de, papel de CEOs em, 44–45; entrevistando, 28; espaço para liderar dado para, 101, 102; evolução natural dos valores de trabalho para, exemplos de, 36, 37; ex, ficar pendurado neste papel, problema dos, 102; foco de, no Pipeline de Desempenho, 14; foco estreito, exemplo de, 104–107; orientação fornecida para, 103; padrões de desempenho para, desenvolvendo, exemplo de, 113–116; papel e propósito dos, 103; passagem de, no modelo do Pipeline de Liderança, 13; puxando para baixo, para uma camada hierárquica inferior, 119, 130; relacionamento com, 92–94; respostas em termos de fatos dos, amostra de, e mentalidade dos, 27–28; resultados esperados dos, 107–111, 113–116, 240–243; resultados importantes para, 107–111; resultados não apropriados para, 111–113; se reportando a, 117; solicitando esclarecimento de, exemplo de, 130; trabalho empurrado para baixo a partir e para, exemplo de, 25. *Ver também* Camada hierárquica de vantagem competitiva; Líderes de Função Corporativa; funções específicas
Gestores de Gerentes: abordando problemas com, exemplo de, papel dos CEOs com

os, 44–45; como candidatos à sucessão, 71; deficiências envolvendo, 131; definindo o papel de, 117–118; desenvolvendo padrões de desempenho para, exemplo de, 126–130; desenvolvendo, 125; e o problema de uma camada de concreto, 113; e pipelines personalizados, 225; em um Pipeline de Desempenho real, 244–246; entrevistando, 28; estrutura de treinamento para, 126; evolução natural dos valores de trabalho para, exemplos de, 36, 37; foco dos, no Pipeline de Desempenho, 14; fontes de confusão sobre, 117, 118–119; indicador da necessidade de intervenção, 155; motivos da dificuldade em aprender o trabalho de, 131–132; opiniões sobre a importância de, 117; passagem de, no modelo de Pipeline de Liderança, 13; questões de desenvolvimento, caso envolvendo, 18; recebendo feedback de, 140; reportando-se para, 117, 118; resultados esperados para, 120–130, 244–246; resultados não apropriados para, 130–132; substituindo Gestores de Outros, 120, 125, 126, 130, 198; trabalho empurrado para camada hierárquica inferior, exemplo de, 25. *Ver também* Camada hierárquica de produtividade

Gestores de Grupo: autoridade do, 64; como antigos Gestores de Negócio, enfrentando o problema, 73; como candidato à sucessão do CEO, 65, 84; definindo o papel de, 65; e alocação de capital, 67–68; e animosidade corporativa, 102; e Gestores de Função, resultados esperados em comum entre, 67; e pipelines personalizados, 224, 225; em um Pipeline de Desempenho real, 236–237; empresas sem, abordando, 65–66; entrevistando, 28; evolução natural dos valores de trabalho para, exemplos de, 36, 37; foco dos, no Pipeline de Desempenho, 14; padrões de desempenho para, desenvolvendo, exemplo de, 79–83; passagem de, no modelo de Pipeline de Liderança, 13; relacionamento com, 93; responsabilidade dos, 66–67; resultados do trabalho completo para, 69–83; resultados esperados dos, 66–83, 236–237; resultados não apropriados para, 83–84, 101; resultados negligenciados pelos, 66–69; sem responsabilidade em relação à empresa, exemplo de, 66; tendo alguma responsabilidade por, 86; trabalhando em conjunto com outro, 68; trabalho empurrado para baixo a partir de, exemplo de, 25. *Ver também* Camada hierárquica da carteira

Gestores de Negócio: abordando questões referentes a, exemplos de, papel dos CEOs em, 44–45; ampliando a gama de resultados para, exemplo de, 25; coaching, 71–72, 83; competição com, 83; construindo a sucessão de, 65; de fato, 86; definindo o papel de, 85, 86; desenvolvimento dos, 71–72; e alocação de capital, 68; e pipeline personalizado, 224; e um Gestor de Função com foco estreito, exemplo de, 105, 106; em um Pipeline de Desempenho real, 238–239; entrevistando, 28; envolvimento dos Gestores de Grupo na estratégia produzida pelos, 70–71, 83; estratégia de carteira ajudando, 70; evolução natural dos valores de trabalho para, exemplos de, 36, 37; ex, ficar pendurado neste papel, problema dos, 73; foco dos, no Pipeline de Desempenho, 14; fundadores como, 118; gerentes se reportando aos, 103, 104; índices de fracasso de, 85; necessidade de envolvimento equilibrado dos, 112; orientação técnica fornecida por, 103; padrões de desempenho para, desenvolvendo, exemplo de, 96–100; passagem de, no modelo de Pipeline de Liderança, 13; possibilitando melhor tomada de decisão, 68; questões de desenvolvimento, casos envolvendo, 17; resultados do trabalho completo para, 96–100; resultados esperados para, 86–100, 238–239; resultados fundamentais para, 86–96; resultados não apropriados para, 101–102; *Ver também* Camada hierárquica de lucro

Gestores de Outros: aspecto único da função de, 141–144; avaliação dos, exemplo de, 227–228; bases para promoção de, 119; confundindo Gestores de Gerentes com, 117, 118–119; definindo o papel de, 133–134; desenvolvendo padrões de desempenho para, exemplo de, 144–145, 146–153; e desempenho inadequado, exemplo de, 38; e pensamento de curto prazo, 188–189; e planos operacionais, 121; e retorno da liderança, 125; em um Pipeline de Desempenho real, 247–249; entrevistando, 28; estabelecendo o clima de trabalho para, 123; evolução natural dos valores de trabalho para, exemplos de, 36, 37; fazendo perguntas de, 119, 131; foco dos, no Pipeline de Desempenho, 14; grupo que alimenta todas as outras posições gerenciais, 140; hipóteses assumidas pelos, 157; impacto importante dos, 133; movendo-se para uma camada hierárquica inferior, exemplo de, 130; passagem de, no modelo do Pipeline de Liderança, 13; princípios norteadores para, 150, 152; problema de comportamento como colaborador individual dos, 155–156; resultados esperados para, 134–141, 144–145, 146–149, 150–151, 152–153, 227–228, 247–249; resultados não apropriados para, 154–155; resultados subjacentes fundamentais para, 134–141; substituindo os, 120, 125, 126, 130, 198; tipos de, e suas equipes, 141–144; treinados, necessidade de, 120; treinamento e desenvolvimento, dedicação a, 117, 123; voltando para o trabalho técnico, problema com, 154, 174; *Ver também* Camada hierárquica que capacita

Gestores de Outros Operacionais, padrões para, 145, 150–151

Gestores de Pagamento, cargo de, 142

Gestores de Pesquisa, cargo de, 142–143

Gestores de Projeto, cargo de, 143

Gestores de Vendas de Call Center, cargo de, 143

Gestores de Vendas, cargo de, 141–142

Gestores focados em si mesmos, 140

Global, crise financeira, 5, 21, 22

Global, economia, 4–5

Governo, relações com, 75

Grandes ideias, foco prematuro em, 209-210, 217

H

Habilidades, conhecimento e experiência: conjunto diverso de, camada hierárquica requerendo, 157–158; criando coluna para, 38, 100; falta de, e culturas de conhecimento, 204; para Autogestores, 250–251; para Gestores de Função, 240–243; para Gestores de Gerentes, 244–246; para Gestores de Grupo, 236–237; para Gestores de Negócio, 97–99, 238–239; para Gestores de Outros, 146–149, 247–249; *Ver também* Competências

Habilidades gerenciais, básicas, aprendizado, 140–140, 142, 154

I

IBM, 12

Ideias: focando prematuramente em grandes, 209–210, 217; fluxo de, 119, 124; novas, compromisso mais lento com, 113. *Ver também* Inovação

Identidade, 212, 213, 217

Impedimentos culturais para a transição, 203–204

Imperativos da liderança, 5–9

Implementação do pipeline: aspectos principais para, 221, 222–233; assumindo corretamente sua filosofia para, 222–224; conclusão na, 233–234; conduzindo discussões motivacionais para, 225–231; elaborando pipelines personalizados para, 224–225; envolvendo a área de Recursos Humanos na, 232–233; envolvendo-se em todos os níveis hierárquicos para, 231; perseguindo incansavelmente a melhoria do desempenho para, 234; princípios para, 222–224; visão geral da, 221

Incerteza: e a proposição de valor atual, 87–88; e os Gestores de Empresa, 43, 49, 64; estratégicas, examinando e avaliando, 68; generalizada, lidando com, 3, 4–20, 234; problemas levando a, 3–4; vantagem de um ritmo de negócio durante a, 94

Incertezas externas, 3–4

Incertezas internas, 4

Incorporar, como uma fase de transição, 213, 215, 216

Indicadores de desempenho. *Ver* Indicadores-chave de desempenho (KPIs)

Indicadores, da necessidade de desenvolver, 126, 127–129, 168, 169–170, 171

Indicadores-chave de desempenho (KPIs): acrescentando aos padrões, 35, 225; conversas mensais incluindo, 226; discussão dos, 226; limitação dos, 8, 22; quantidade normal de, para medição dos líderes, 39

Índices de fracasso, 85

Indiferença, 213, 215

Influência, empregados com, 166

Informações, feudos, 215

Inovação: benefícios da, 165; criando um clima de trabalho que apoia, 109; e assumindo riscos, equilíbrio, 124; e avanço técnico, 175; executando, apoio para, 62

Interrupção das transações inadequadas, responsabilidade pela, 59

Investimento, 52

Isolamento, evitando, 101–102, 112, 154–155. *Ver também* Feudos

J

Johnson & Johnson, 12

Joint ventures, construção de, 69

K

KPIs. *Ver* Indicadores-chave de desempenho (KPIs)

L

Lealdade, promoção baseada em, problema com, 203, 204
Lendo todas as entrevistas, 33
Lições aprendidas, 23, 27, 30, 32, 35, 36, 39, 40
Liderança da empresa, campeão, 72
Liderança, carreiras, fluxo para cima. *Ver* Pipeline de Liderança
Liderança: custo da, aumento de salário, 201; maneira de definir, 16
Liderança, desenvolvimento: chaves para o sucesso do, 19; coluna de orientação, 100; como uma questão fundamental, 16–17; deixando de, exemplo de, 106; erro levando a um fraco, 197; exigência para, 58; investindo em, camada hierárquica alvo de, 85; melhor ROI para, 125; motivador do, 15; necessidade de, indicadores de, para Gestores de Gerentes, 126, 127–129; *Ver também* Resultados em desenvolvimento de pessoal
Liderança, exigências no fluxo para níveis inferiores. *Ver* Pipeline de Desempenho
Liderança, imperativos, 5–9
Liderança, mudanças na, 194
Líderes de Função Corporativa: autoridade dos, 64; e alocação de capital, 68; e animosidade corporativa, 102; e responsabilidade por relacionamentos com governo, 75; e transparência, 73; enfrentando problemas com, exemplo de, 44, 45; faltando responsabilização por resultados da empresa, exemplo de, 66; Gestores de Função acumulando como, 103; responsabilidade dos, para resultados da empresa, 67; *Ver também* Gestores de Função
Logística, mudando as exigências culturais para, exemplo de, 185–188
Lucro: e ganhos, envolvimento do Gestor de Empresa com o, 48–50; responsabilidade pelo, 86

M

Mahler, W., 140
Marca, 51-52
Marketing: altamente valorizada, problema com, 113; como uma função em separado, 104; e Gestores de Negócio, exemplo envolvendo, 90–91; gestor com foco estreito, exemplo de, 104–107; isolamento na gestão, 112; responsabilidade pelo, 118; responsabilidade pelo, 86; usurpando a responsabilidade de, evitar, 50–51
Marriott, 12
Mecanismos de controle: alteração necessária nos, 195; Gestores da Empresa responsáveis por, 59– 60; Gestores de Grupo implementando, 73–74
Medição do desempenho, aprimorada, 16, 40
Medo, 213, 214, 217
Melhoria contínua, luta pela, 218
Melhoria de desempenho: possibilitando, 15; incansavelmente perseguindo, 234
Membros da equipe, competindo com, 155
Mentalidade, perguntas da entrevista demonstrando, 27-28
Mercados financeiros, desafiando, 43
Metas de lucro, não alcançando, impacto das, 52
Metas, estabelecimento, para ganhos, por Gestores de Empresa, 48, 49, 50
Metas: adicionando aos padrões, 35, 225; discussão de, 226; futuras, discernindo, 213, 215; limitações das, 8, 22; planos incluindo, 56; período de tempo para, 37; quantidade usual de, para medir líderes, 39
Método de tentativa e erro, 161
Métodos inovadores, como imperativo, 7
Microgestão, 205
Microsoft, 12
Mídia, influência, 122
Missão: como um mecanismo de controle, e o modelo paternalista, 191; responsabilidade dos Gestores da Empresa pela, 53
Modelo de gestão, mudança no, 194
Modelo de líder mundial, 194
Modelo de negócio maior, 194
Modelo de pequena empresa, 194
Modelo de transição, 212–215
Modelo organizacional focado em resultados. *Ver* Pipeline de Desempenho
Modelos operacionais: estabelecidos, 183; reforçando, 191–193, 194
Motivação, perda de, 195
Mudança: contexto, compromisso com, 182–184, 200; efeito propagador da, 25; mais lenta, 113; necessária, utilizando transições para, 216–216; no processo de gestão do desempenho, 40; relacionamento de simbiose entre resultados e, 190; resistência à, 171, 182–184, 200, 232; setor, liderança, 177; *Ver também* Inovação
Mudança de cultura, 194

Mudança de direcionamento, 194
Mudança no setor, liderando, 178
Murray & Roberts, 12

N
Narcisismo, 171, 209, 213, 214
Necessidades internas e externas, equilíbrio, importância das, 43, 64
Neurociência, aplicação prática da, 210–212
NeuroPower (Burow), 212
Newmont Mining, 12
Níveis de caminho técnico, 177, 178
Nível de empresa, resultados adicionais esperados em, 176
Nível de função, resultados adicionais esperados em, 176
Nível de negócio, resultados adicionais esperados em, 176
Novas ideias, compromisso mais lento com, 113
Novos contratados: clima para, 123; como focados em si mesmos, 140; desejo dos, 168; e chefes negligentes, 206; e culturas de conhecimento, 204; e o modelo paternalista, 191; fornecendo contexto para, 136; problemas de transição que surgem com, 207–210
Novos empreendimentos, construção, 69
Novos métodos, como um imperativo, 7

O
Objetividade, 112, 223–224
Observância, 195
Obstáculos: discutindo, 230; dominando, 162–163; removendo, 199–200
Operações: como uma função em separado, 104; gestor com foco estreito, exemplo de, 105, 106
Orçamentos: como um indicador, limitação dos, 22; juntando com os padrões, 225, período de tempo para, 37; planos incluindo, 56
Organização com elevado desempenho, construção, 109
Orientação em termos de resultados, descobrindo a, 232
Ouvir, importância de, 232

P
Padrões de desempenho: acrescentando metas e KPIs ao, 35; como um sistema para avaliar o pipeline de desempenho, 226–226; criando coluna para, 35–36; discutindo os, 226, 229; e pipelines personalizados, 225; estabelecendo, duas decisões críticas em, 35–36; flexibilidade para adaptar os, 23, 35, 39–40; motivos para definir resultados para Gestores de Empresa ao invés de, 40; para Autogestores, 167–171; para Gestores de Função, 113–116; para Gestores de Gerentes, 126–130; para Gestores de Grupo, 79–83; para Gestores de Negócio, 96–100; para Gestores de Outros, 144–145, 146–153; tendo evidências para, 229; tomando decisões sobre, dados necessários para, 32; validando o, 23, 38–39, 38–39, 58; *Ver também* Desempenho excepcional; Desempenho completo; Resultados esperados
Pagando pelo desempenho, 16
Paixão, problema com, 64, 162
Parcerias: construindo novas, 69, 75; facilitando a colaboração em, 76
Pares/colegas, aprendendo com, 161, 218
Partes interessadas, equilíbrio dos interesses, 140
Participar da função, evitar, 111–112
Paternalista, modelo, 191
Pensamento de curto prazo, 188–189
Pensamento de longo prazo, 188, 189
Pensamento em termos de sistemas, 189, 190, 232
Pensamento em termos de transações, 189, 190
Pensamento multifuncional, essencial, 109
Pensamento sazonal, 188
Pensar mais, como um imperativo, 6–7, 44–46
Pesquisa da concorrência, 107, 109
Pessimistas, enfrente os, 216
Pessoal com elevado desempenho, meta para. *Ver* Desempenho Excepcional
Pipeline de Desempenho: benefício importante do, casos ilustrando, 16–19; como ferramenta de diagnóstico, 202; como um mecanismo de controle, 59; como um ponto de partida para o desenvolvimento da liderança, 19; completo, exemplo de um, 236–251; definindo aspectos do, 21–40; e como ele se conecta com o Pipeline de Liderança, 12–13, 14; e mudança de contexto, 200; eficácia do, responsabilidade pelo, 57–59; estudo de caso para o, 13, 15–16; flexibilidade do, 222; incapacidade de gerar o, 172; introdução ao conceito de, 9–12; modelo do, 10; mudança propiciada pelo, para abordar a incerteza, 4–5; necessidade do, 3–4; possibilitando a transição utilizando o, 216; propósito do, 9,

234; resistência ao, 233; variação incluída no, para indicar atividade inaceitável, 126, 127–129; *Ver também* Padrões de desempenho; Implementação do pipeline
Pipeline de Desempenho Técnico (PDT): definindo o, 175–178; para possibilitar desempenho excepcional, 172–174; vantagens de um, 174–178
Pipeline de Liderança: aumentando o valor do, 19; como ferramenta de diagnóstico, 210; e como ele produziu o Pipeline de Desempenho, 12–13, 14; modelo do, passagens do, 13; obstrução do, 172
Pipeline personalizado, construindo o seu, 224–225
Planejamento da ação, 161
Planejamento da sucessão: defendendo, 71; e análise da concorrência, 107; falta de, exemplo de, 106; melhorar, 39–40, 232–233; para uma organização de elevado desempenho, 109; progresso no, utilizando como ferramenta, 200
Planejamento Estratégico, 104
Planejar, ações, 161
Plano de Carreira Técnica, 174
Plano/Planejamento operacional: dois anos, desenvolvendo, 120, 121–122; no Pipeline de Desempenho, 11; período de tempo para, 37; ruim, impacto nos Gestores de Outros, 134; traduzindo em ação, 213, 214; um ano ou menos, focando em, 121, 130–131
Planos: Gestores de Empresa responsáveis por, 56–57; motivador para os, 213, 214; *Ver também* Plano/Planejamento operacional
Poder, tendo todo o, evitar, 63–64
Política, 213, 214, 215
Presidente, papel de. *Ver* Gestores de Grupo
Princípios, identificando e utilizando, 213, 214
Problemas de transição: da pessoa promovida, 207–210; na situação, 203–206; relacionados ao chefe, 206–207; visão geral dos, 202–203
Problemas de transição relacionados ao chefe, 206-207
Problemas de transição relacionados ao indivíduo, 207–210
Problemas de transição relacionados com a situação, 203–206
Processo de concepção do Pipeline de Desempenho: classificando e codificando dados no, 22, 30–38; coletando dados no, 22, 26–30; e definindo os resultados desejados e os padrões, 22; permitindo alguma flexibilidade no, 23, 35, 39–40;

propósito para o, definindo o, 22, 23–26, 40; validando padrões no, 23, 38–39, 58; visão geral das etapas no, 22–23
Processo de entrevista, 28–30
Processo de gestão do desempenho, mudança no, 40
Processo de seleção: divulgação durante o, 207; orquestração do, 206; resultados esperados e o, 219
Produção, responsabilidade pela, 86
Produtividade: e custo de administração, enfatizando, 96; um dos motivos para ser fugidia, 120
Programas de desenvolvimento de liderança: melhoria nos, 232–233; problemas com, 8, 17–18
Promoções: aceitando, sem querer fazer o trabalho novo, 207–208; oferecendo, bases erradas para, 203, 204; princípio abordando, 224
Proposição de valor, fornecendo uma que os clientes querem, 87–89
Propósito, 7–8, 15, 65, 87
Propriedade, mudança de burocracia para, 193, 195–196
Proprietários da empresa, indivíduos considerados como, buscando, 56
Puxado/empurrado para nível hierárquico inferior, 26, 119, 125,130

Q
QR National, 12
Quebrar feudos, 117, 124, 125
Questões: administração vs. tarefa, 119, 131; entrevistas, 26–28, 254–256; fundamental, 229; para avaliação de desempenho, 230; referentes à recessão e à incerteza, 5; simples e neutras, para se envolver em todos os níveis hierárquicos, 231–232
Questões de gestão *versus* questões de tarefas, 119, 131
Questões de tarefa vs. questões de gestão, 119, 131
Questões para entrevistas: comumente usadas, 27–28, 254–256; decidindo sobre, 26–28

R
Realização de valor, 213
Recessão econômica, profunda, 5, 21,22
Recessão, questões relativas à, e incerteza, 5
Recrutamento: e análise da concorrência, 107; eficaz vs. ineficaz, 134; externo, diretriz para, 178
Recrutamento externo, diretriz para, 178

Recursos Humanos (RH): como parte do sistema imunológico da empresa, 59; como uma função em separado, 104; e tendo uma mentalidade de prestação de serviço ao cliente, 163; envolvendo na implementação do Pipeline, 232–233; gestor com foco estreito, exemplo de, 105–106; insights para, entrevistas fornecendo, 32; intervenção do, indicador de necessidade para, 155; líder do, faltando responsabilidade pelos resultados da empresa, exemplo de, 66; obtendo ajuda do, 215, 216, 217; recomendações para, para possibilitar transições, 218–219; responsabilidade do, 86; responsabilidade pelo, 118; utilizando o Pipeline de Desempenho antes do início planejado pelo, 40

Recursos Humanos (RH), mudanças em, mantendo discussões sobre, 233; problema com, 9; programas: alinhamento dos, 16

Regras e políticas, efeito das, 222

Relacionamentos: ampla gama de, CEOs fundamentais para estabelecer, 49; externos, principais objetivos, para Gestores de Empresa, 61; formação de, bloqueando a, 204; muito pouco tempo para, exemplo de, 107; pares/colegas, 76, 208–209, 217; que prejudicam o trabalho em equipe, 163; ruptura, evitando, 83; social vs. trabalho, 167; tipos de, para Gestores de Grupo serem responsáveis por, 74–76; valorizando, mudanças nos, definindo os necessários, 37

Relacionamentos com parceiros, 76

Relacionamentos com pares/colegas, 76, 208–209, 217

Relacionamentos externos, principais objetivos para, para Gestores de Empresa, 61

Relacionamentos internos, questões envolvendo, 107, 163

Relações com o setor, 74–76

Relatórios financeiros, frequentes e atualizados, 60

Relatórios: regulares/periódicos, como um mecanismo de controle, 59, 60; transparência nos, 73

Requisitos da função, identificando e utilizando, 213, 214

Reserva forte, falta de, 131

Resistência, 171, 182–184, 200, 233

Responsabilização/Prestação de contas: de Autogestores, 163; de Gestores de Gerentes, 44; distribuição, 9; dos Gestores de Função, 44; dos Gestores de Grupo, 66-67; dos Gestores de Negócio, 50, 86,

96; dos líderes de Funções Corporativas, 67; e desenho da organização, 195-196; individual, mudando, ferramenta para, 190; insight sobre, entrevistas proporcionando, 27-28; mudanças na, efeito propagador da, 25; para o CEO, 65; usurpando, de outros, CEO evitando, 50-51

Respostas de entrevistas agregadas, uso de, 30-32

Respostas relativas aos fatos, questionário fornecendo mais do que, 27-28

Respostas, tendo todas as, evitar. *Ver* Culturas de Conhecimento

Resultados: alcançando, evolução dos, 36; foco alterado para, 16; liderança e gestão definidas como, 16; líderes não fluentes na linguagem dos, 27; relação de simbiose entre mudança e, 190. *Ver também* tipos específicos de resultados

Resultados da empresa: responsabilidade pelos, 66–67; para Gestores de Empresa/CEOs, 40, 46–63

Resultados de administração: para Autogestores, 250; para Gestores de Empresa, 47, 56–60; para Gestores de Função, 115, 116, 241; para Gestores de Gerentes, 128, 245; para Gestores de Grupo, 73–74, 81, 236; para Gestores de Negócio, 98, 238; para Gestores de Outros, 145, 146, 151, 153, 227, 248

Resultados de autogestão, 160–163, 165, 168, 169

Resultados de crescimento e inovação: para Autogestores, 165–166, 251; para Gestores de Empresa, 47, 62–63; para Gestores de Função, 115, 243; para Gestores de Gerentes, 129, 246; para Gestores de Grupo, 82, 237; para Gestores de Negócio, 96, 99; para Gestores de Outros, 149, 150, 152, 228, 249

Resultados de inovação. *Ver* Resultados de crescimento e inovação

Resultados de liderança: para Autogestores, 168, 170, 251; para Gestores de Empresa, 47, 52–56; para Gestores de Função, 114, 116, 242; para Gestores de Gerentes, 125, 128, 245; para Gestores de Grupo, 69–70, 81, 237; para Gestores de Negócio, 98, 239; para Gestores de Outros, 148, 150, 152, 228, 248

Resultados de Negócio: motivador de, Pipeline de Desempenho Técnico como, 174; para Autogestores, 169; para Gestores de Empresa, 47, 48–52; para Gestores de

Função, 109–111, 111, 113, 114, 116, 240; para Gestores de Gerentes, 244; para Gestores de Grupo, 69, 80, 236; para Gestores de Negócio, 87–92, 97, 238; para Gestores de Outros, 150, 152; tendo evidências de, exemplo de, 229
Resultados de relacionamento: para Autogestores, 167, 170, 251; para Gestores de Empresa, 47, 60–62; para Gestores de Função, 115, 243; para Gestores de Gerentes, 121, 125, 129, 245; para Gestores de Grupo, 74–79, 82, 83, 237; para Gestores de Negócio, 92–94, 99, 239; para Gestores de Outros, 148, 151, 153, 228, 249
Resultados de Responsabilidade Social (RS): para Autogestores, 251; para Gestores de Função, 243; para Gestores de Gerentes, 246; para Gestores de Outros, 145, 149, 249
Resultados em desenvolvimento de pessoal: para Gestores de Função, 241; para Gestores de Gerentes, 244; para Gestores de Grupo, 71–72; para Gestores de Outros, 148, 247. *Ver também* Liderança, desenvolvimento
Resultados em termos de Clientes: para Autogestores, 170; para Gestores de Outros, 151, 153
Resultados em termos de estratégia, para Gestores de Grupo, 70–71
Resultados esperados: avaliação de, exemplo de, 227–228; comunicando, 216; criando coluna para, 34; definindo em pipelines personalizados, 225; diferenciando por camada hierárquica, princípio sobre, 223; falta de clareza dos, como um problema de transição, 205; focando nos, princípio envolvendo, 222; para Autogestores, 159–171, 169–170, 175–178, 250–251; para Gestores de Empresa, 40, 46–63; para Gestores de Função, 107–111, 113–116, 240–243; para Gestores de Gerentes, 120–130, 244–246; para Gestores de Grupo, 66–83, 236–237; para Gestores de Negócio, 86–100, 238–239; para Gestores de Outros, 134–141, 144–145, 146–149, 150–151, 152–153, 227–228, 247–249; para todos no Pipeline de Desempenho Técnico, 176; percepção dos, Recursos Humanos obtendo, 219; tendo evidências para, 229; *Ver também* Pipeline de Desempenho
Resultados operacionais. *Ver* Resultados de negócio, Resultados profissionais/técnicos/operacionais

Resultados profissionais/técnicos/operacionais: foco excessivo nos, evitando, 111, 154, 174, 198; para Autogestores, 169, 250; para Gestores de Gerentes, 127–129; para Gestores de Outros, 147, 150, 152, 227, 247
Resultados técnicos. *Ver* Resultados profissionais/técnicos/operacionais
Retorno sobre o investimento (ROI), liderança, 125
Reuniões: como um mecanismo de controle, 59; mensais, individuais, 45; periódicas, importância de, com indivíduos e grupos, 199; sendo pontual em, 124; validação, 38–39
Reuniões da equipe, como um mecanismo de controle, 59
Reuniões mensais, individuais, 45
Revigorar, como uma fase de transição, 213, 215
Revisões, periódicas, como um mecanismo de controle, 59, 74
Rigidez, efeito da, 222
Risco: discussão, 230; do negócio, incerteza levando a, 4; profissional, gerando, 202, 216
Ritmo de negócio estável, fornecendo um, 94–95

S
Sarcasmo, 101, 171
Sasol, 12
Satisfação do cliente, mentalidade, 163–164
SEAAIR, modelo, 212–215, 216, 217, 218
Seleção, decisões: melhora, 15–16; errada, 203
Setor de mídia, influência do, 122
Significado, como uma fase de transição, 213, 216, 217
Sistema imunológico da empresa, 59–60, 74
Sistemas de recompensa e reconhecimento, princípio para, 223–224
Slogans, 164
Snelling Company (Bravo Enterprises), 77–79
Sobrecarga de informações, 207, 217
Solução de problemas, foco na, 217, 218
Status quo, 7, 44, 166, 183
Substantivos, identificando como resultados nas respostas das entrevistas, 33
Sucesso, duplicando, 213, 215
Supervisão da equipe, 141–144
Surpresas, encontrando, a partir dos dados agregados das entrevistas, 30–32

T

Talento: atraindo e retendo, 175; Gestores de Negócio responsáveis por, 96, 100; sênior, Gestores de Empresa responsáveis por, 56
Tarefa/trabalho, delegação, 119, 205, 216
Tarefas necessárias, aprendendo quais são as, 160
Tecnologia da Informação (TI), 104
Tecnologia, estando atualizado com a evolução da, 165
Tempo da liderança, melhoria do, 16
Tempo para se estabelecerem, problema com, 219
Tipo de mentalidade, 124
Tipo de trabalho, diferenciando, necessidade de, 223
Trabalhadores contratados, função de, 143
Trabalho administrativo, criando um clima de aceitação do, 120, 122–123
Trabalho em equipe: importância do, entre Gestores de Grupo e Gestores de Função, 67; relacionamentos que prejudicam o, 163
Trabalho estratégico, diferenciando de outros trabalhos, necessidade de, 223
Trabalho operacional, diferenciando de outros trabalhos, necessidade de, 223
Trabalho tático, diferenciando de outros trabalhos, necessidade de, 223
Trabalho/tarefa, delegação, 119, 205, 216
Transformação, criando uma comunidade para, 217
Transição, pecados, 213
Transição, velocidade, 219
Transições, possibilitando: aplicação da neurociência na, 210–212; importância das, devido ao risco criado, 202, 216; modelo de, 212–215; necessidade de, 201, 202; papel da área de Recursos Humanos nas, recomendações para, 218–219; papel do chefe em, recomendações para, 216–217; papel do indivíduo nas, recomendações para, 217–218; primeiro descobrindo o problema e compreendendo o motivo, 202–210; processo completo de, 219
Transparência, 15, 73, 200
Treinamento: camada hierárquica recebendo menos, 158–159; e análise da concorrência, 107; genérico em gestão, 119; incorporando, 213, 215; necessidade de, 120; no Pipeline de Desempenho, 11; utilizando um pipeline para, 126
Trocas, gerenciando, 86

U

Usuários. *Ver* Clientes

V

Validação: das respostas do questionário, 232; dos padrões, 38–39, 58
Valor agregado. *Ver* Resultados esperados
Valores: como um mecanismo de controle, 59; e o modelo paternalista, 191; responsabilidade do Gestor de Empresa pelos, 53; *Ver também* Valores de trabalho
Valores de trabalho: descobrindo, 232; mudança fundamental necessária em, 208; para Autogestores, 167–168, 169, 250; para Gestores de Função, 114–115, 116; para Gestores de Gerentes, 127; para Gestores de Grupo, 80–82
Valores de trabalho, mudança nos: criando coluna para, 36–37; para Gestores de Função, 240; para Gestores de Gerentes, 244; para Gestores de Grupo, 236; para Gestores de Negócio, 97, 238; para Gestores de Outros, 144, 145, 146, 227, 247
Vantagem competitiva: criando, 177; fonte provável de, 175; importância do alinhamento estratégico para, 89, 90, 91; posicionamento do negócio para, 87
Vendas: dividindo, problema com, 104; e tendo uma mentalidade de prestação de serviço ao cliente, 164; responsabilidade por, 86; respostas relativas aos fatos das, sobre resultados a fornecer, 27-28; sendo altamente valorizadas, problema com, 113; usurpar a responsabilidade pelas, evitar, 50–51
Vingança, 217
Visão: como um mecanismo de controle, 59; e cidadania, 164; e o modelo paternalista, 191; responsabilidade do Gestor de Empresa pela, 53
Visitas aos locais, como um mecanismo de controle, 59

W

Westpac, 12

Z

Zona de conforto, atuando fora da, 211

CONHEÇA OUTROS LIVROS DA ALTA BOOKS

Negócios - Nacionais - Comunicação - Guias de Viagem - Interesse Geral - Informática - Idiomas

Todas as imagens são meramente ilustrativas.

SEJA AUTOR DA ALTA BOOKS!

Envie a sua proposta para: autoria@altabooks.com.br

Visite também nosso site e nossas redes sociais para conhecer lançamentos e futuras publicações!

www.altabooks.com.br

ALTA BOOKS
EDITORA

ROTAPLAN
GRÁFICA E EDITORA LTDA

Rua Álvaro Seixas, 165
Engenho Novo - Rio de Janeiro
Tels.: (21) 2201-2089 / 8898
E-mail: rotaplanrio@gmail.com